UTB 4429

Eine Arbeitsgemeinschaft der Verlage

Böhlau Verlag · Wien · Köln · Weimar
Verlag Barbara Budrich · Opladen · Toronto
facultas · Wien
Wilhelm Fink · Paderborn
A. Francke Verlag · Tübingen
Haupt Verlag · Bern
Verlag Julius Klinkhardt · Bad Heilbrunn
Mohr Siebeck · Tübingen
Nomos Verlagsgesellschaft · Baden-Baden
Ernst Reinhardt Verlag · München · Basel
Ferdinand Schöningh · Paderborn
Eugen Ulmer Verlag · Stuttgart
UVK Verlagsgesellschaft · Konstanz, mit UVK/Lucius · München
Vandenhoeck & Ruprecht · Göttingen · Bristol
Waxmann · Münster · New York

Themen der Theologie

herausgegeben von
Christian Albrecht, Volker Henning Drecoll,
Hermut Löhr, Friederike Nüssel, Konrad Schmid

Band 10

Martin Leuenberger (Hg.)

Segen

Mohr Siebeck

Martin Leuenberger, geboren 1973; Studium der Theologie in Zürich und Tübingen; 2003 Promotion; 2007 Habilitation; seit 2012 Professor für Altes Testament an der Evangelisch-Theologischen Fakultät der Eberhard Karls-Universität Tübingen.

ISBN 978-3-8252-4429-3 (UTB Band 4429)

Online-Angebote oder elektronische Ausgaben sind erhältlich unter *www.utb-shop.de*

Die Deutsche Nationalbibliothek verzeichnet diese Publikation in der Deutschen Nationalbibliographie; detaillierte bibliographische Daten sind im Internet über *http://dnb.dnb.de* abrufbar.

© 2015 Mohr Siebeck Tübingen.   www.mohr.de

Das Werk einschließlich aller seiner Teile ist urheberrechtlich geschützt. Jede Verwertung außerhalb der engen Grenzen des Urheberrechtsgesetzes ist ohne Zustimmung des Verlags unzulässig und strafbar. Das gilt insbesondere für Vervielfältigungen, Übersetzungen, Mikroverfilmungen und die Einspeicherung und Verarbeitung in elektronischen Systemen.

Das Buch wurde von pagina in Tübingen gesetzt und von Hubert & Co. in Göttingen gedruckt und gebunden.

Inhalt

Einleitung
Martin Leuenberger: Segen als Grundthema von Religion ... 1

1. Annäherungen an das Phänomen ›Segen‹ 3
2. Hermeneutisch-theologische Vertiefungen und Problemanzeigen 9
3. Überblick über die Beiträge des Bandes 12

Quellen- und Literaturverzeichnis 22

Religionswissenschaft
Andreas Feldtkeller: Segen aus Sicht der Religionswissenschaft 25

1. Theoretische Vorüberlegungen 25
2. Befunde aus der frühesten menschlichen Religionsgeschichte 28
3. Vorstellungen von Interdependenz 30
4. Das Wohlwollen der Ahnen im Konfuzianismus 32
5. Einordnung der biblischen Vorstellung von Segen 33
6. Segen im Islam 35
7. Gegenentwurf: Das indische Konzept des Karma 39
8. Gegenentwurf und Analogie: Buddhismus 41

Quellen- und Literaturverzeichnis 46

Altes Testament
Martin Leuenberger: Segen im Alten Testament 49

1. Einführung: Segensvorstellungen im alten Israel 50
   1.1. Formulierungsweisen 50
   1.2. Die Segens-Grundkonstellation 50
   1.3. Zur Quellenlage 51

1.4. Wichtigste Segensinschriften 52
1.5. Altes Testament 54
2. Die Priesterschrift 55
3. Die Vätergeschichte der Genesis 57
4. Das Deuteronomium 60
5. Der Psalter 63
6. Die Hiob-Rahmen-Erzählung 64
7. Bündelung 66

Quellen- und Literaturverzeichnis 68

Judaistik
David Hamidović: Der Segen im antiken Judentum 77

1. Segenssprüche in den Hauptkorpora des antiken Judentums 78
   1.1. Qumran und verwandte Literatur 78
   1.2. Apokryphen/Pseudepigraphen 85
   1.3. Flavius Josephus 91
   1.4. Philo von Alexandria 94
   1.5. Tannaitische Literatur 97
   1.6. Segenssprüche in antiken jüdischen Inschriften 100
2. Kontinuität und Besonderheiten der Segenssprüche im antiken Judentum 103

Quellen- und Literaturverzeichnis 107

Neues Testament
Karl-Heinrich Ostmeyer: Der Segen nach dem Neuen Testament – Kontinuitäten und Spezifika 111

1. Terminologische Grundlagen 111
2. Segen als wechselseitiger Prozess 114
3. Das Spezifikum der neutestamentlichen Segensvorstellung 116
4. Segenskonzeptionen in den Schriften des Neuen Testaments 118
   4.1. Paulus 119

4.2. Kolosserbrief 120
   4.3. Epheserbrief 120
   4.4. Pastoralbriefe 121
   4.5. Hebräerbrief 121
   4.6. Markus- und Matthäusevangelium 122
   4.7. Lukasevangelium 122
   4.8. Johanneische Schriften 123
   4.9. Katholische Briefe 124
5. Der Fluch 125
6. Segen praktisch 129
7. Schlusswort 130

Quellen- und Literaturverzeichnis 131

Kirchengeschichte
Christopher Spehr: Segenspraxis und Segenstheologie in der
Christentumsgeschichte 135

1. Einleitung 135
2. Der Segen in der Alten Kirche 136
   2.1. Gottesdienst 136
   2.2. Die kirchlichen Ämter 140
   2.3. Geheiligtes Leben 141
3. Die Vielfalt des Segens im Mittelalter 144
   3.1. Erfahrbare Gesten 144
   3.2. Lebenshaltung und Lebensschutz 145
   3.3. Liturgische Entfaltungen 148
   3.4. Theologische Deutungen 150
4. Die Neubewertung des Segens in der Reformation 152
   4.1. Luthers Theologie des leiblichen und geistlichen Segens 152
   4.2. Liturgische Neugestaltung des Segens 154
   4.3. Calvins Theologie des Segens 156
5. Der Segen in Kirche und Theologie seit der Reformation . 157

Quellen- und Literaturverzeichnis 160

Systematische Theologie
Hartmut Rosenau: Segen – Systematisch-theologisch 165

1. Zum Religions- und Segensbegriff 166
2. Religion und Segen als Rückbezogenheit auf Gott 169
3. Schöpfungsordnung als Horizont von Segen 169
4. Seg(n)en als interpersonale Ausrichtung auf Gutes und
   Lebensförderliches 173
5. Empirische Nicht-Verifizierbarkeit 175
6. Segen als präeschatisches Wohlergehen 177
7. Segen in der ›vorletzten‹ Zeit der Postmoderne 182

Quellen- und Literaturverzeichnis 184

Praktische Theologie
Ulrike Wagner-Rau: Unverbrüchlich angesehen –
Der Segen in praktisch-theologischer Perspektive 187

1. Segen als religiöse Praxis in der Spätmoderne 187
2. Wie segnen? Der Vollzug des Segens 190
3. Wann und wo? Situationen des Segens 192
   3.1. Alltagsrituale 194
   3.2. Segen im Gottesdienst 195
   3.3. Die Kasualien 197
       3.3.1. Segen und Taufe 198
       3.3.2. Segen für Heranwachsende: Konfirmation
              und Einschulungsgottesdienste   201
       3.3.3. Trauung und Segnung 202
       3.3.4. Segen über die Toten 203
   3.4. Segen in der Bildungsarbeit 204
   3.5. Segen in der Seelsorge 204
4. Was bedeutet Segen? Eine pastoralpsychologische
   Perspektive 205

Quellen- und Literaturverzeichnis 207

Zusammenschau
Martin Leuenberger: »An Gottes Segen ist alles gelegen«? 211

1. Noch einmal: Segen und Segensvorstellungen 211
2. Exemplarische Theologiegeschichte: Das Kirchenlied
   »Alles ist an Gottes Segen / Und an seiner Gnad' gelegen«   212
3. Segenstheologische Hauptaspekte 214
   3.1. Wohl und Heil – der materielle Grundzug von Segen   214
   3.2. Segen im Diesseits 215
   3.3. Einbindung in personale Begegnungssituation 216
   3.4. Magisch (un)verfügbarer Segen? 218
   3.5. Gott als Spender alles Segens? 210
4. Die Gott und Mensch verbindende
   Wirklichkeitssphäre des Segens 222

Quellen- und Literaturverzeichnis 223

Autorin und Autoren 225

Namenregister 227
Sachregister 229

Einleitung

Martin Leuenberger

Segen als Grundthema von Religion

Ein glückendes und gelingendes, gutes und sinntragendes Leben stellt wohl das zeit- und kulturübergreifend grundlegendste Ziel von Menschen dar, das sie für sich selbst und andere nach Kräften wünschen und erstreben, ohne es freilich je ganz in der eigenen Hand zu haben. Die ein solches Leben dynamisch tragende, sichernde und steigernde ›Energie‹ bildet typischerweise den Kern dessen, was man unter Segen versteht. Der Segen strahlt jedoch gleichsam sphärenhaft auf die dabei involvierten Lebensverhältnisse aus, die ebenso wie die etwa erlangten Güter auch zum Segen gehören, sodass insgesamt eine unterschiedlich dichte und verschiedene Reichweiten aufweisende Segenssphäre im Blick steht. Wie dabei die mit Segen implizierten Aspekte von Glück und Gelingen, von Gutem und Sinn im Einzelnen jeweils bestimmt werden, variiert bekanntlich in vielfältigster Weise. Hierfür erweisen sich nicht nur individuelle Präferenzen, sondern auch historische, kulturelle und religiöse Prägungen als ausschlaggebend. Versteht man Segen in der angedeuteten Weise als paradigmatische, terminologisch in einer spezifischen (altorientalischen und wirkungsgeschichtlich dann vorab biblischen) Tradition verwurzelte Abbreviatur für das erstrebte Leben, kommen außerordentlich breit gefächerte und inhaltlich vielgestaltige Phänomene in den Blick, die sich als Variationen eines Grundthemas der Kulturen, Religionen und Theologien verstehen lassen.

Eine in dieser Weise weit ausgreifend konzipierte Kulturgeschichte bleibt freilich ein Desiderat, das hier nicht eigenständig bearbeitet werden kann. Vielmehr wird im Folgenden – entsprechend dem Anliegen der »Themen der Theologie« – eine Erschließung der Segensthematik von abendländischen, (evangelisch-)theologischen Standpunkten in Westeuropa zu Beginn des 21. Jahrhunderts aus unternommen, sodass hauptsächlich religiös-theologische Segensvorstellungen aus der biblisch-christlichen Tradition behandelt werden. Doch auch für diese dezidiert perspektivischen und spezifischen Zugänge lohnt es sich, das breite kulturgeschichtliche Spektrum der Segensthematik wenigstens ansatzweise und exemplarisch in den Blick zu bekommen, weil es sich als höchst ertragreich herausstellt: Beispielhaft verdeutlichen dies im vorliegenden Band der religionswissenschaftliche Überblick einerseits (Kap. 2) und der judaistische Beitrag andererseits (Kap. 4), die je auch für theologische Segensverständnisse überaus wertvolle Einsichten erbringen und mithin gerade bei dieser Thematik nicht fehlen dürfen.

Aufs Ganze indes fokussiert das vorliegende Segensbuch sein Augenmerk – wie es auch die Herkunft und Entwicklung des Segensbegriffs nahelegen – auf Beiträge zum israelitisch-alttestamentlichen Ursprung der Segens-Vorstellung, zu ihrer verzweigten jüdischen, neutestamentlichen und kirchen- bzw. christentumsgeschichtlichen Wirkungs- und Rezeptionsgeschichte sowie zu ihrer gegenwärtigen, insbesondere systematisch- und praktisch-theologischen Relevanz. Auf diese Weise können aktuelle fachspezifische Zugänge zur Entstehung, Wandlung und Bedeutung von Segensvorstellungen geboten werden, die sich in ihrem interdisziplinären Zusammenspiel wechselseitig bereichern und sich zu einem die Einzelbeiträge synergetisch integrierenden Gesamtbild zusammenfügen.

Hierzu sollen einleitend einige elementare Annäherungen (vorwiegend im Erfahrungshorizont aktueller westeuropäischer Lebenswelten) erfolgen, die an das Phänomen ›Segen‹ heranführen (1.); anschließen können sich erste hermeneutisch-theologische Vertiefungen und Problemanzeigen (2.). Damit wird der Blick auf die folgenden fachwissenschaftlichen Beiträge eröffnet, die abschließend als Hilfestellung zur Orientierung kurz überblickt und resümiert werden (3.).

1. Annäherungen an das Phänomen ›Segen‹

Im Unterschied zu manch anderen theologischen (Spezial-)Termini, die heutzutage hierzulande oft allererst in breitere Diskurszusammenhänge eingeführt werden müssen, gehört der Begriff des Segens und ein damit verbundener *common sense* zum allgemeinen Sprachgebrauch: Segen weist bis in die Gegenwart eine im Vergleich äußerst breite und stabile Verankerung in sehr unterschiedlichen gesellschaftlichen Kontexten auf und stößt entsprechend in zahlreichen Diskurshorizonten auf substanzielle Resonanzen. Das beginnt bei alten, ursprungsnahen Redewendungen wie »das Zeitliche segnen« (s. weiter etwa die Beispiele unter http://de.wikiquote.org/wiki/Segen) und führt bis zu nach wie vor beliebten Kombinationen von Segen mit bestimmten Gütern, Techniken, Errungenschaften usf. (»Geldsegen«, »Segen [und Fluch] des Computers, der Demokratie nsf.«). Der Begriff des Segens und seine Verwendung brauchen aus diesem Grund nicht eigens eingeführt oder in einer spezifischen Weise näher bestimmt zu werden. Vielmehr soll eine kurze begriffsgeschichtliche Erläuterung an die Herkunft des Begriffs erinnern (1), um dann mithilfe einigermaßen repräsentativ ausgewählter Beispiele für die Begriffsverwendung das Phänomen ›Segen‹ in seiner Breite annäherungsweise zu erschließen (2).

(1) Das deutsche Wort ›segnen‹/›Segen‹ geht etymologisch über das althochdeutsche ›seganōn‹/›segan‹ und das altnordische ›signa‹: »(mit dem Kreuz) bezeichnen, »(Kreuzes-)Zeichen« auf das gleichbedeutende lateinische ›sīgnāre‹/›sīgnum‹ zurück (s. Kluge 2012: s. v. Segen und Spehr, in diesem Band S. 135 f.). In der lateinischen Sprachtradition (der Bibel) steht daneben ›benedicere‹: »gut sprechen, loben, preisen, segnen«/›benedictio‹: »guter Spruch, Lob, Preis, Segen«, welchen Bildungen in den romanischen Sprachen das französische ›bénir‹, das italienische ›benedire‹ und das spanische ›bendecir‹ sowie im Englischen ›to bless‹ entsprechen. Eben diese Begriffe werden für die Übersetzung der biblischen Lexeme ברך *brk* II (in der Hebräischen Bibel [HB]/im Alten Testament [AT]): »segnen« bzw. εὐλογεῖν (in der Septuaginta [LXX] und dem Neuen Testament [NT]): »segnen« vorrangig benutzt, wogegen etymologische Äquivalente zu *benedicere/benedictio* im Deutschen

fehlen (während im Jiddischen »benschen«, v. a. für den Vollzug des Tischsegens, bekannt ist). Vielmehr haben in die deutsche (Bibel-)Sprache eben nur ›segnen‹ und ›Segen‹ Eingang gefunden (was jedoch im Unterschied zu den biblischen Begriffen üblicher- und meines Erachtens bedauerlicherweise nicht für Segensaussagen mit göttlichem Empfänger benutzt wird, wofür meist Ausdrücke wie ›loben‹ und ›preisen‹ verwendet werden).

Aufs Ganze ist sprachgeschichtlich auf jeden Fall die etymologische Herleitung von ›segnen‹ und ›Segen‹ aus dem Lateinischen zur Wiedergabe der biblischen Segensbegriffe evident; die biblische Traditionsprägung zeigt sich aber ebenfalls noch deutlich in den mit ›segnen‹ und ›Segen‹ ausgedrückten inhaltlichen Vorstellungen, auch wenn hier zunehmend auch abgeleitete, sich tendenziell emanzipierende Bedeutungs- und Verwendungsaspekte hinzugekommen sind, wie sich an dem als ›Segen‹ bezeichneten Phänomen sehen lässt.

(2) Wenn dabei von Segens-Phänomenen die Rede ist, so steht ein alltagssprachlicher Gebrauch des Phänomen-Begriffs im Blick, der sich schlicht auf entsprechend verstandene und/oder bezeichnete Vorgänge bezieht. Es wird also keineswegs ein gemeinsamer ›Grund‹ der Religionen und Kulturen insinuiert, wie es forschungsgeschichtlich in der (Religions-)Phänomenologie im 20. Jahrhundert der Fall war. Vielmehr werden – von den oben genannten, terminologisch und sachlich in der (auch) biblisch geprägten Tradition stehenden Standorten aus – bestimmte Vorgänge als Segens-Phänomene bezeichnet, um sie in komparativer Perspektive als funktional vergleichbare Vollzüge in sehr unterschiedlichen religiösen Praxen (mit durchaus je eigenen Kommunikationszusammenhängen) erfassen zu können (s. dazu näher Feldtkeller, in diesem Band S. 27 f.).

Unternimmt man es entsprechend, hierzulande die aktuell aufschlussreichsten Segens-Phänomene zu überblicken, kann man etwa folgende, pragmatisch und nicht programmatisch orientierte Zusammenstellung vornehmen:

Im christlichen Bereich weithin bekannt, aber gerade evangelischerseits in jüngerer Zeit wieder mehr geschätzt sind die zahlreichen *gottesdienstlichen, seelsorgerlichen und schulischen Vollzüge*, auf die an dieser Stelle nicht näher einzugehen ist (s. ausführlich u.

Wagner-Rau, in diesem Band S. 187–209; Wagner-Rau 2008; Kluger 2011).

Eine vergleichbare Breite lässt sich auch für die jüdische Religionspraxis konstatieren, wobei vorab die *jüdischen Segenssprüche* (Berachot) hervorgehoben seien, die – biblische Ursprünge fortführend – in mischnischer Tradition (s. bereits den Traktat ›Berachot‹ im babylonischen Talmud) den gesamten Lebensvollzug engmaschig durchweben (s. dazu Homolka 2004; s. u. Hamidović, in diesem Band S. 97 f). Die so die Menschen in ihren – durchaus materiellen, sich etwa von der Nahrung bis zum Land erstreckenden – Lebensverhältnissen vor Gott dankbar würdigenden Berachot entfalten nicht nur eine nachhaltige, sondern auch die Wirklichkeit verändernde Perspektive, indem die Güter und Objekte als verdankte und nicht als bloß selbst hergestellte in einen neuen, theologisch reflektierten Gebrauch genommen werden.

Eine ähnliche, weit über den Gottesdienst hinaus in Religion und Gesellschaft ausstrahlende Segenskultur findet sich auch in der christlichen Tradition (s. u. Spehr, in diesem Band S. 143 f., 146 f., 158); sie bleibt jedoch ungleich weniger umfassend ausgeführt und systematisiert, sodass einige Beispiele mit knappen Erläuterungen angeführt seien:

Weit verbreitet ist das auch in profanen Kontexten gern *für Geburtstagskinder gesungene Segenslied*: »Viel Glück und viel Segen auf all deinen Wegen, Gesundheit und Frohsinn/Freude/Wohlstand sei auch mit dabei«. Es beginnt mit dem Wunsch nach – erfahrungsgemäß menschlicherseits unverfügbarem – Lebensglück für das Individuum und fährt dann mit bezeichnenden Variationsmöglichkeiten fort, die den Segen je nach Präferenz und (wohl auch biographischer) Situation stärker innerlich oder materiell spezifizieren. Dabei kann der religiöse Gehalt im engeren Sinn, der von den kommunikativen Akteuren mit dem anlassbezogenen Segen verbunden wird, überaus stark variieren. Diese Situationsverhaftetheit bei gleichzeitiger Deutungsoffenheit stellt ein Charakteristikum vieler Segensvollzüge dar, wie sich im Folgenden gleich mehrfach zeigt.

Deutlich gilt dies beispielsweise für den *Reisesegen*, wie er namentlich aus der irischen Tradition bekannt ist und sich heute in zahlreichen Variationen wieder großer Beliebtheit erfreut:

> May the road rise up to meet you.
> May the wind always be at your back.
> May the sun shine warm upon your face,
> And rains fall soft upon your fields.
> And until we meet again,
> May God hold you in the palm of His hand.

Gerade in höchst mobilen Gesellschaften brechen aus Anlass kleinerer oder größerer (in der Regel freilich gut durchgeplanter und abgesicherter) Reisen grundsätzlichere Unwägbarkeiten jeden Lebens hervor, aber die Grundmetapher des Lebens als eines Weges ermöglicht auch breitere (und grundsätzlichere) Rezeptionsmöglichkeiten.

Mit Bezug auf den Segensgehalt zielt der *Heilungssegen* auf das basale leibliche Wohlergehen für den einzelnen (verletzlichen) Menschen: »Heile, heile Segen …«. Der gern magisch (miss)verstandene, meist für Kinder gesprochene bzw. gesungene Vers ›funktioniert‹ aufgrund seiner einfachsten Ritualstruktur sehr effizient, wie wohl jeder aus eigener Erfahrung weiß. So gelingt die Rückkehr aus einer prekären Notlage zurück in einen geordneten und intakten Lebensvollzug, lässt sich die exzeptionelle Leidsituation lebensgünstig meistern. Auch wenn es dabei in der Regel um sehr banale Vorfälle geht, verdichtet der Vers doch sehr prägnant die Erfahrung, dass Krankheit/Unfall/Not oft eine Ausnahmeerfahrung darstellt, die in eine Lebensordnung einbricht, aber von begrenztem Umfang bleibt und über kurz oder lang (man denke an die variierenden Bestimmungen von ›böser‹ und ›guter‹ Zeit, etwa ›drei Tage‹ oder ›hundert Jahre‹) wieder in ein intaktes Leben mündet. Hier wird ein typischer Sitz im Leben von Segen mit Händen greifbar: Wo das Leben angesichts von Mangel, Leiden und Not fragil wird, zielt der Segen auf (erneute) Lebenssteigerung.

Eine erste Ausweitung über das meist im Zentrum stehende Individuum hinaus auf die Kernfamilie belegt der *Haussegen*, wie er etwa von katholischen Sternsingern jährlich gespendet und mit Kreide angebracht wird (*CMB: Christus mansionem benedicat*: »Christus segne das Haus«) oder wie er an manchen Walliser Gebäuden bis heute permanent als Inschrift zu lesen ist: »Segne, Gott, dieses Haus / und die gehen ein und aus«. Wiederum werden die

Menschen bzw. die familiäre Gemeinschaft in ihren elementaren häuslichen Lebensverhältnissen wahrgenommen. Dabei mag man an die gerade hier sichtbar werdenden Herausforderungen des menschlichen Zusammenlebens in aller Breite denken; unübersehbar präsent ist jedoch auch die materielle Dimension prosperierenden Lebens.

Wenn dabei auch ökonomisches Gedeihen als konstitutiver Bestandteil von Segen wahrgenommen wird, so beruht dies auf einer (altorientalischen und) biblischen Grundoption, der in der Neuzeit etwa in der reformiert-calvinistischen Tradition – man denke an den sogenannten *syllogismus practicus*, der in populären Vereinfachungen die göttliche Erwählung am materiellen Wohlstand ablesen zu können glaubt(e) – besondere Bedeutung zugemessen wurde (s. dazu Spehr, in diesem Band S. 156 f.). Diese grundsätzliche Dimension des *materiellen Segens* gilt es auch heute in einer globalisierten und ökonomisch geprägten Welt festzuhalten, ohne damit deren Einseitigkeiten und Auswüchse in irgend einer Weise legitimieren zu wollen. Allerdings stellen sich hier hochkomplexe wirtschaftsethische Fragen, die im vorliegenden Rahmen nicht einmal ansatzweise angesprochen werden können. An dieser Stelle kann es nur darum gehen zu notieren, dass mit dem Thema Segen der Mensch in seinem ganzheitlichen, leibseelischen Wohlergehen wahrgenommen wird, das alle seine Lebensverhältnisse einschließt.

Und dazu zählt auch – was gleichfalls eine biblische Grundoption darstellt – der Weltbezug des Menschen. Biblisch-theologisch hat dies seinen berühmtesten und berüchtigtsten Ausdruck im von Gott gespendeten *Schöpfungssegen* gefunden (s. u. Leuenberger, in diesem Band S. 55 f.), der in den letzten Jahrzehnten unter dem (verkürzenden) Schlagwort der »Bewahrung der Schöpfung« ein vielfältiges Echo gefunden hat (s. nur Schmid 2012: 1–3). Ein relativ harmloses, aber dennoch interessantes Beispiel findet sich in einem als »freundlicher Hinweis« überschriebenen Verhaltensappell an Wanderer im Teutoburger Wald bei Riesenbeck, der seine Aufforderungen zu sorgsamem Umgang abschließend wie folgt begründet bzw. motiviert:

> Alles was im Wald zu sehen ist,
> ist vom großen Gott gesegnet!

Und auch Du seist gottgesegnet,
wenn Du folgsam umweltfreundlich bist!

Angesichts des gesellschaftlichen Kontextes ist es doch bemerkenswert, wie unvermittelt affirmativ hier ein Schöpfungs- bzw. Waldsegen – in Begründungsfunktion eines klar spezifizierten Verhaltens – auftritt und formuliert wird, wobei bezeichnenderweise der »große Gott« trotz christlichen Untertons durchaus auch interreligiös anschlussfähig sein kann. Und während das überdeutliche, explizite ›gottgesegnet‹ wohl metrisch bedingt ist, präsentiert sich der konditionierte Segenswunsch außerordentlich auffällig, stellt er doch gleichsam eine deuteronomistische Aktualisierung dar (s. u. Leuenberger, in diesem Band S. 60–62).

Zusammenfassend ergeben die genannten Beispiele, die sich unschwer vervielfachen ließen, folgende erste Einsichten: Segen ereignet sich in aller Regel als Segnung bzw. Segensvollzug in vielfältigsten alltäglichen bis feierlichen Begegnungssituationen, sodass ein klassisches Übergangsritual (*rite de passage*) vorliegt, das alle Bereiche religiöser (oder gar kultureller) Praxis betreffen kann. Noch vor weiteren hermeneutischen und theologischen Überlegungen wird so das weite Spektrum von Segens-Konstellationen deutlich, das als bislang interessanteste Achsen jene zwischen materiellem und geistigem Segensgehalt (mit oft deutlich materieller Komponente), zwischen individuellem und kollektivem Empfänger (mit klarem Schwerpunkt auf dem Einzelnen), zwischen den Bereichen des gesamten Individuallebens und des ganzen Kosmos (mit starkem Fokus auf dem Individuum) sowie zwischen religiöser und profaner Geisteswelt (mit häufig implizit bleibendem göttlichem Segensspender) erkennen lässt.

Angesichts dieser aktuellen lebensweltlichen Bestandesaufnahme ist es meines Erachtens durchaus angemessen, wenn Magdalene L. Frettlöh bereits vor einiger Zeit eine »wachsende[.] Segensbedürftigkeit menschlicher Lebenssituationen« diagnostiziert hat (Frettlöh 2005: 13; s. a. 15), die es auch theologisch zu bearbeiten gilt. Diesbezüglich ist das Interesse der theologischen Disziplinen, wie auch die folgenden Fachbeiträge belegen, seit rund zwei Dutzend Jahren gestiegen, und es sind in verschiedenen Fächern eine Reihe von teilweise grundlegenden Arbeiten vorgelegt worden, sodass inzwischen eine erfreuliche wissenschaftliche Sensibilität und Intensität erreicht ist.

2. Hermeneutisch-theologische Vertiefungen und Problemanzeigen

Bevor im Folgenden die fachspezifischen Beiträge die Segensthematik detaillierter auffächern, sollen in aller Kürze einige grundlegende hermeneutisch-theologische Vertiefungen und Problemanzeigen die exemplarischen Annäherungen aufnehmen und weiterführen.

Die einleitenden Beispiele für Segen und Segensvorstellungen haben deren durchgängige Bezogenheit auf ein gelingendes Leben – wie immer es konkret bestimmt wird – bestätigt und in vielfältigen Konkretionen illustriert. Stellt Segen mithin in der Tat ein Grundthema von Religion und Kultur dar, so ergibt sich eine Affinität zur – wiederum vielfältig konkretisierbaren – Grundfunktion von Religion und Kultur, wie sie der gegenwärtig wohl leistungsfähigste funktionale Ansatz der Religionswissenschaft bestimmt: Demnach lassen sich Religion und Kultur im Kern als Weisen der Komplexitätsreduktion bzw. Kontingenzbewältigung verstehen.

In *funktionaler Perspektive* kommen Religion und Kultur damit nicht im Blick auf ihre Inhalte oder gar ihr ›Wesen‹ zur Sprache, sondern sie werden pragmatisch in Bezug auf ihre Leistungen und Funktionen wahrgenommen. In dieser Perspektive stellen Religion und Kultur die Anpassungsarbeit des Menschen an seine ›Umwelt‹ dar. Weil dies durch religions- und kulturspezifische Symbolisierungsprozesse erfolgt, welche die Wirklichkeit stets selektiv darstellen und damit immer auch deuten, kann man mit Niklas Luhmann die grundsätzliche *Komplexitätsreduktion* akzentuieren, welche die religiös und kulturell symbolisierte Wirklichkeit vornimmt (Luhmann 1982: 13f.77–84). Oder man spricht, meines Erachtens noch weiter führender, mit Hermann Lübbe von einer *Kontingenzbewältigungspraxis* und bestimmt die im Folgenden im Zentrum stehende Religion als Bewältigungspraxis absoluter, »handlungssinntranszendenter Kontingenz« (Lübbe 1998: 40.43); dabei ist freilich in Bezug auf einen rein funktionalen Ansatz kritisch anzumerken, dass hier unter der Hand doch wieder ein bestimmter inhaltlicher Religionsbegriff eingeführt zu werden scheint (s. dazu Lübbe 2004: 149–159). Wie dem auch sei, nach diesem funktionalen Modell zielen die kulturelle Arbeit und insbesondere die religiösen Überzeugungen und Handlungen darauf, mit den Unwägbarkeiten und Unvorhersehbarkeiten des menschlichen Lebens produktiv umgehen und mithin das Unverfügbare symbolisch ›verfügbar‹ machen und derart ›bewältigen‹ zu können. Wichtig ist dabei, dass diese ›Bewältigung‹ keineswegs naiv impliziert, die Kontingenz könne eliminiert werden; diese wird im Gegenteil (mehr oder weniger bewusst) ausgehalten und – gegenüber Verdrängungs-, Negierungs- oder Überwindungsstrategien potentiell durchaus kritisch – anerkannt: »Bewältigte Kontingenz ist anerkannte Kontingenz« (Lübbe 2004: 166) und Religion entsprechend »Kultur des Verhaltens zum Unverfügbaren« (ebd.: 150). In diesem Sinn lassen sich Religion und Kultur meines Erachtens plausibel als Kontingenzbewältigung verstehen.

Bei der Segensthematik mit ihrer Ausrichtung auf das gelingende Leben verdichtet sich die Problematik, Herausforderung und Bewältigung der Kontingenz offenkundig in ebenso paradigmatischer Weise, wie es in den sogenannten schwierigen Bibeltexten und ihrem Ringen mit den ›dunklen‹ Seiten Gottes (und entsprechenden Lebenserfahrungen) der Fall ist (s. dazu jetzt Janowski 2014 sowie die Übersicht von Hartenstein 2013).

Dazu trägt zum Einen die für nahezu alle Segensvorstellungen charakteristische *Fokussierung auf eine diesseitige Erfüllung* bei: Gesegnetes und gelingendes Leben muss sich in aller Regel – wie immer es (namentlich in den abrahamitischen Religionen) zu Jenseitsvorstellungen ins Verhältnis gesetzt wird (s. dazu u. Rosenau, in diesem Band S. 177–182) – im irdischen Leben realisieren, sodass diesseitige Lebenssicherungen und -steigerungen im Zentrum stehen. Für den alten Orient, dem auch die Ursprünge der biblischen Segensvorstellungen angehören, hat Claus Westermann den Sachverhalt klassisch auf den Punkt gebracht: Man muss »sich als den den Erlösungsreligionen vorausgehenden Grundtyp eine Religion vorstellen, in der es […] um die Förderung, Stärkung, Sicherung des natürlichen Daseins in der natürlichen Welt [geht]. In solch einer Religion ist Segen oder etwas dem Segen Entsprechendes der Hauptbegriff und der Hauptvorgang« (Westermann 1968: 44). Ähnliches ließe sich für viele weitere religionsgeschichtliche Kulturbereiche zeigen – auch wenn es Alternativen gibt (s. dazu u. Feldtkeller, in diesem Band S. 39–46) –, und es gilt offensichtlich auch für die rezenten Beispiele, die oben erwähnt wurden. Segen und Segensvorstellungen ›bewältigen‹ Kontingenz mithin so, dass alle menschlichen, weltlichen und göttlichen Kräfte bemüht werden, um Wohl und Heil im Diesseits zu erlangen, zu erhalten und zu befördern.

Zum Anderen wird bei der Segensthematik die Bewältigung der Kontingenz und die Reduktion von Komplexität auch dadurch besonders plastisch greifbar, dass *ein dezidiert anthropozentrisches Wirklichkeitsverständnis* entwickelt wird: Die Erlangung des göttlichen oder menschlichen Segens zielt auf die diesseitige, leibseelische Steigerung des menschlichen Lebens, und diesem Zweck dienen letztlich auch die Segnungen der sozialen, tierischen, pflanzlichen und kosmischen ›Umwelten‹ bzw. Lebenswelten. »Segen gibt es demnach nicht an sich, sondern nur für jemanden«, wie Hartmut Rosenau festhält (s. u. Rosenau, in diesem Band S. 168, S. 173–175). Damit wird letztlich die gesamte Wirklichkeit in bestimmter und mithin reduktiver Weise verstanden: Sie wird vom Segen erstrebenden Menschen in Gebrauch genommen und als ihm im Bemühen um Bewältigung seiner kontingenten Existenz zuhandene ›Umwelt‹ perspektiviert (ohne zu einem hypertrophen Anthropomonismus zu entarten). Theologisch lässt sich das folgendermaßen würdigen: »Segen ist […] die umfassende Ermächtigung zu gelingendem Leben« (Häusl/Ostmeyer 2009: 515). Dieses anthropozentrische Wirklichkeitsverständnis ist mit Absicht skizzenhaft und aus heutiger Sicht durchaus (zu) einseitig umrissen worden, um es scharf hervortreten zu lassen. Denn bei allen Missverständnissen und Missbräuchen, die insbesondere die Rezeptionsgeschichte in der westlichen Welt seit dem Zeitalter der Technologisierung aufweist und die bei aktuellen Rückbezügen eine sorgfältige materiale Abwägung erfordern, gilt es meines Erachtens in aller Deutlichkeit festzuhalten: Diese anthropozentrische – aber nicht anthropomonistische – Perspektive ist bewusst zu halten und zu reflektieren, sie bleibt aber für den Menschen letztlich unhintergehbar; und dies betrifft nicht nur die Geistes- und Sozialwissenschaften, sondern in vergleichbarer Weise auch die Naturwissenschaften, für die das sogenannte (schwache) anthropische Prinzip von fundamentaler Bedeutung ist. Die Segensthematik mit ihrem Ausgriff und Zugriff auf die ›Umwelt‹ außerhalb des Segensempfängers fußt also auf einer dezidiert anthropozentrischen Perspektive, erlaubt und erfordert aber bei der Konzipierung aktueller Segenstheologien einen reflektierten und verantworteten Umgang damit, wenn denn segenstheologische Reduktionen der Komplexität und Bewältigungen der Kontingenz weiterhin Plausibilität und Evidenz erzeugen sollen.

Aufs Ganze stellen Segen und Segensvorstellungen mit ihrer durchgängigen Bezogenheit auf gelingendes Leben ein Grundthema von Religion und Kultur dar, das – in funktionaler und komparativer Perspektive – als eine paradigmatische Weise des erfolgreichen Umgangs mit der komplexen und kontingenten Unverfügbarkeit menschlicher Existenz verstanden werden kann.

3. Überblick über die Beiträge des Bandes

In welchen fachspezifischen Auffächerungen und Ausdifferenzierungen lässt sich das umrissene Thema des Segens mit seiner Zielperspektive der Vermittlung lebensförderlicher Kraft für ein gelingendes Leben erschließen? Dazu bieten die folgenden Beiträge breit gefächerte, je eigenständig akzentuierte Einsichten. Dabei geht es weniger um eine additive Zusammenstellung unterschiedlicher Beispiele – so instruktiv und unentbehrlich diese als materialer Stoff der theologischen und kulturwissenschaftlichen Disziplinen sind –, vielmehr wird die übergreifende Thematik durch fachspezifisch unterschiedliche Perspektiven, methodische Zugangsweisen und inhaltliche Schwerpunktsetzungen je neu beleuchtet. Die so resultierende kaleidoskopartige Entfaltung verfolgt den doppelten Zweck, exemplarisch zu verdeutlichen, wie einerseits mit dem Thema ›Segen‹ in den einzelnen Disziplinen umgegangen wird und welche Gesichtspunkte sich dadurch andererseits für ein integratives Gesamtverständnis ergeben.

Eröffnet wird der Reigen mit einem religionsgeschichtlichen Überblick von *Andreas Feldtkeller*. Er setzt mit forschungsgeschichtlichen und methodischen Vorüberlegungen ein, die im Zuge der kulturwissenschaftlichen Neuorientierung auf die spezifischen Kommunikationszusammenhänge religiöser Aussagen fokussieren und dementsprechend gegenüber generellen Vergleichen skeptisch bleiben: Segen wird nicht als kulturübergreifendes ›Phänomen‹ erfasst, sondern als in israelitischen und abrahamitischen Traditionen eigensprachlich so bezeichneter Vorstellungskomplex. Damit bringen Menschen die Unverfügbarkeit zum Ausdruck, »für ihr eigenes Wohlergehen und für die Sicherung der Grundlagen ihres Lebens selbst Vorkehrungen zu treffen« (S. 27). Nur vermittelt über deren Stellung und Funktion innerhalb der religiösen Wirklichkeitsdeutung lassen sich dann Vergleichsperspektiven in Bezug auf das »Grundgefühl menschlicher Angewiesenheit und Interdependenz« entwickeln (S. 30).

Dies gilt bereits für früheste Zeugnisse der Religionsgeschichte, wenn in steinzeitlichen Malereien und Plastiken für die Nahrungsversorgung wichtige Tiere und die menschliche Fruchtbarkeit dargestellt werden: In diesen Symbolisierungen verdichten sich grundlegende Lebenserfahrungen, und auch wenn ein übermenschliches Gegenüber hier noch fehlt, scheinen »Mächte oder Wesen …, die Einfluss auf menschliches Wohlergehen« nehmen können (S. 28), impliziert zu sein, die man entsprechend zu beeinflussen sucht. Gesichert greifbar werden derartige Vorstellungen von Interdependenz jedoch erst in Kombination mit sprachlichen Quellen (schriftlichen Texten seit der historischen Zeit bzw. rezente mündliche Überlieferungen wie z. B. bei den Herero in Namibia). Analog hängt im Konfuzianismus das Wohlergehen beständig von der sorgfältigen Wahrnehmung der Sohnespflichten gegenüber dem Vater – weit über dessen Tod hinaus – sowie gegenüber weiteren Ahnen ab; der hier erkennbare generationenübergreifende Zusammenhang zeigt bei allen Differenzen eine funktionale Nähe zu den biblischen Vätergeschichten (S. 33 f.; s. Leuenberger, in diesem Band S. 57–59).

Im Islam zeigen sich rezeptionsgeschichtliche Fortführungen biblischer Vorstellungen: Hervorzuheben ist insbesondere das göttlich-menschliche Wechselverhältnis, wenn Menschen das Pflichtgebet *ṣala^t* üben, aber auch Gott *ṣl'* vollzieht; das breit belegte Lexem *brk* wird ebenso mit göttlichem Subjekt und menschlichem Objekt wie mit menschlichem Subjekt und göttlichem Objekt verwendet. Die zwischenmenschliche Weitergabe von Segen ist mithin ein virulentes Thema, das insbesondere im Sufismus erheblich an Bedeutung gewinnt.

Demgegenüber bleibt im indischen Karma-Prinzip »für Vorstellungen von ›Segen‹ oder für Entsprechungen dazu kein Platz« (S. 40). Denn hier wird die scheinbare Unverfügbarkeit menschlichen Wohlergehens bestritten und das aktuelle Ergehen – in einer Perspektivausweitung auf eine Folge von Wiedergeburten – durch früheres Handeln und Verhalten erklärt. Allerdings wird dies in der Tradition des *bhakti* relativiert, wenn hier die Hingabe an eine Gottheit von dieser diesseitige und künftige Glückseligkeit erhofft. Eine vergleichbare Stellung nimmt im Buddhismus die Bodhisattva-Vorstellung ein, nach der sich auf dem Weg zur Erleuchtung befindliche Wesen aufgrund ihres universalen Mitgefühls gutes Karma auf Mitmenschen übertragen können. Im älteren Buddhismus wird allerdings das materielle Wohlergehen prinzipiell relativiert, weil es dem leidhaften Werden und Vergehen verhaftet bleibt; gleichwohl kann durch die fünf Tugenden vorläufig sehr wohl eine prosperierende, ›gesegnete‹ Existenz erlangt werden, sodass sich hier eine beschränkte Analogie zu Segensvorstellungen ausmachen lässt.

Die religionsgeschichtlichen Wurzeln der Segensvorstellungen in den abrahamitischen Religionen kommen im alttestamentlichen Beitrag von *Martin Leuenberger* in den Blick. Der lebensförderliche Kraft vermittelnde Segen, in dem sich die Zuwendung Gottes grundlegend manifestiert, wird einführend in Bezug auf Formulierungsweisen, Grund-Konstellation und Quellenlage näher bestimmt, wobei insbesondere die althebräischen Inschriften wichtige Merkmale erkennen lassen: so etwa eine reziproke Ausprägung, einen wirksamen zwischenmenschlichen Vollzug, ursprünglich unbedingte und unbegründete Vermittlungen in Begegnungssituationen, eine theologiegeschichtliche Expansion des Segensbereiches (kombiniert mit einer Fokussierung auf Jhwh als Spender) und einen materiellen Grundzug. Vieles davon erweist sich auch im breiten Spektrum alttestamentlicher Segensvorstellungen als bedeutungsvoll.

Die die HB eröffnende Priesterschrift schafft am Ende des 6. Jahrhunderts eine profilierte Ursprungsgeschichte Israels, in der sich der unkonditionierte Segen Gottes von der universalen Schöpfung bis zum partikularen Kultbetrieb für Israel spannt. Dabei führt die Priesterschrift einerseits die nicht- und vorpriesterliche Vätergeschichte innovativ weiter und reagiert andererseits kritisch auf die konditionierte Segensvorstellung des Deuteronomiums.

Die Vätergeschichte der Genesis setzt in der frühen und mittleren Königszeit mit Einzelüberlieferungen ein, die noch urtümliche Konzepte bewahren, in denen Segen selbstwirksam, einmalig und irrevozibel erscheint (s. besonders Gen 27*; 32*). Der Jakobzyklus ist dann kompositionell von der Segensthematik geprägt und erzählt vom umfassenden göttlichen Segen für das Zwölfstämmevolk Israel, wie er im Jakobsegen Gen 49* gipfelt. Der vielleicht noch in spätvorexilischer Zeit vorgeschaltete Abrahamerzählkranz mit Gen 12,1–4a als programmatischer Eröffnung baut dies zu einer generationenübergreifenden Ursprungserzählung Israels aus, die nicht nur die – in der Vätergeschichte charakteristischerweise sowohl von Jhwh als auch zwischenmenschlich gespendeten – Segensinhalte von Fruchtbarkeit, Nachkommenschaft und Prosperität ausbaut (in Bezug auf politische Herrschaftsaspekte), sondern darüber hinaus auch den von der Stellung zu (den) Abram(iten) abhängenden Segen für die Völker ergänzt. All dies wirkt dann – über die Priesterschrift hinaus – auch in nachexilischer Zeit weiter, sodass sich hier die langzeitige Relevanz und die markanten Entwicklungslinien der Segensthematik exemplarisch verfolgen lassen.

Dies gilt auch für das zweite Hauptcorpus des Segens, das Dtn. Abgesehen vom älteren Summarium in 28,3–6* exponiert es seit dem Grundbestand aus joschijanischer Zeit den exklusiv von Jhwh gespendeten materiellen Segen für Israel, der dezidiert konditioniert ist, indem er vom ›Treueeid‹ Israels auf Jhwh abhängt; dies wird von den deuteronomistischen Bearbeitungen vielfältig ausgebaut. Ein Ausgleich insbesondere mit der priesterschriftlichen Gegenposition erfolgt erst relativ spät (s. deutlich Dtn 33) und führt zur jetzigen komplexen Synthese der Segensaussagen im Pentateuch.

Die zahlreichen Segensbelege im Psalter und die spätweisheitliche Rahmenerzählung des Hiobbuchs fokussieren auf die vertikale Segensrelation von Gott und Mensch, wobei in beiden Fällen die vom geschichtlich-kollektiven bzw. biographisch-individuellen Ergehen unabhängige, auch in Notlagen aufrechterhaltene Segnung Jhwhs durch Menschen hoch reflektierte Segenstheologien zeigt.

Eine Bündelung akzentuiert die wichtigsten segenstheologischen Akzente im Rahmen der alttestamentlichen Diesseitsreligion.

Der judaistische Beitrag von *David Hamidović* nimmt das gesamte antike Judentum in den Blick, um so einerseits die Verbindungslinien zur HB deutlich zu machen und andererseits die Kontinuitäten in den Segensvorstellungen vor und nach der Zerstörung Jerusalems und seines Tempels im Jahr 70 n. Chr. herauszuarbeiten, die bei dichotomischen Abgrenzungen der Epoche des zweiten Tempels vom antiken Judentum nach 70. n. Chr. leicht übersehen werden.

Der erste, ausführliche Hauptteil bietet daher eine Übersicht über die Segensvorstellungen in allen wichtigen Textcorpora des antiken Judentums.

In den Qumrantexten sind Segensaussagen quantitativ gesehen ähnlich häufig wie in der HB und sie zeigen eine vergleichbare Proportion von Verbal- und Nominalformulierungen. Es ist Gott, der Menschen segnet, daneben wird auch die priesterliche Segnung (nur) der Gemeindeglieder (so die Rezeption von Num 6,22 f.) oder der Nahrung wichtig; umgekehrt wird auch Gott als Schöpfer und als Gott Israels durch die Menschen, z. T. unterstützt durch Engel, gesegnet.

Die apokryphen und pseudepigraphischen Schriften nehmen das biblische Spektrum auf: So finden sich Segnungen Gottes (1Hen; LAB), zwischenmenschliche Segensvollzüge (z. B. 2Hen; Jub; JosAs), aber auch Segnungen durch Gott oder Engel (Jub; LAB), z. B. des Messias (PsSal 17) oder der Jakobsöhne (TestXII).

Während Josephus v. a. biblische Passagen paraphrasiert (z. B. Gen 12 f.; Dtn 28) und gerne auf die Segen-Fluch-Opposition abhebt, nimmt Philo eine allegorische Interpretation (etwa von Gen 27) vor, wobei er den Segen auf die Tugenden oder die *vita contemplativa* bezieht.

Die tannaitische Literatur bezeugt ein den ganzen Alltag durchwebendes Netz von Segensformeln, die seit Moses Maimonides in Lobsprüche gruppiert werden, die zu bestimmten Zeiten, vor materiellem Genuss und bei Gebotserfüllung gesprochen werden.

Die hebräisch und griechisch abgefassten jüdischen Inschriften schließlich erlauben Einblicke in die gelebte Religion v. a. der spätantiken Jahrhunderte; in vielfältigen Konkretionen bieten sie unter anderem Segnungen Gottes oder bestimmter Menschen, namentlich auch im Bestattungskontext.

Der zweite Hauptteil zeichnet dann die wichtigsten traditionsgeschichtlichen Kontinuitäten und Entwicklungslinien in den Segensaussagen von der HB bis zur Mischna und Tosefta nach (S. 103–106): Prominent steigern sich die Segnungen Gottes, insbesondere in der nachbiblisch verstärkten Du-Anrede. Dabei lassen sich in Qumran auch hervorgehobene Verwendungen an literarischen Anfangs- und Schlusspositionen beobachten: Es wird eine heilvolle Beziehung zwischen Spender und Empfänger des Segens gepflegt, sodass Segen eine transaktionale Funktion ausübt. Semantisch tritt eine Nähe zum Dank und Lob hervor, wobei sich in Qumran ein intransitiver Gebrauch von segnen als »den Segen sprechen« abzeichnet, der sich weithin durchsetzt. Insgesamt lässt sich in den späten Texten eine zunehmende Vereinheitlichung der Segensformeln beobachten, was sowohl für die liturgische Verwendung als auch für den persönlichen Gebrauch gilt.

Das neutestamentliche Segensverständnis schließt, wie *Karl-Heinrich Ostmeyer* ausführt, an die alttestamentlichen und jüdischen Traditionen an. Dies zeigt sich bereits am Lexem εὐλογεῖν: »Zuspruch von Gutem« (für hb. ברך *brk*: »segnen«). Aber auch inhaltlich bedeutet Seg(n)en im NT »ein In-Beziehung-Setzen von göttlicher und irdischer Welt« (S. 111 [dort kursiv]); es handelt sich um einen wechselseitigen Prozess, bei dem der Mensch »Zugang zur göttlichen Sphäre des Heils« erhält (S. 114 [dort kursiv]) und seinerseits darauf adäquat reagiert, indem er einerseits Gott segnet und andererseits auch objekthafte Dinge soweit in den Segen miteinbezieht, als sie »eine Verbindung zum Heilsbereich Gottes […] eröffnen und aufrecht […] erhalten« (S. 115).

In diesem Rahmen erfolgt dann die spezifisch neutestamentliche Bindung des Segens an Christus; diese christozentrische Zuspitzung umgreift alle Segenskonzeptionen des NT:

So eröffnet für Paulus Christus den Segensraum zwischen Gott und Gläubigen, der sich bis in kultische Vollzüge hinein erstreckt (s. den »Kelch des Segens« 1Kor 10,16). Dagegen tritt die Segensthematik in Kolosser und Epheser sowie den Pastoralbriefen zurück. Und der Hebräerbrief fasst Segen monodirektional als Gottes (durch Christus vermittelte) »Antwort auf eine ihm wohlgefällige Existenz« (S. 121).

Die Synoptiker fassen den Segen ähnlich wie Paulus als »Teilhabe am Reich Gottes« (S. 122), das die »göttliche Segenssphäre« vermittelt (S. 122), wie etwa das lukanische Werk in narrativ-christologischer Dynamik entfaltet.

Im johanneischen Schrifttum fehlt wiederum eine profilierte Segensterminologie, während die katholischen Briefe unterschiedliche Akzente setzen: Bei Jakobus fungiert der Segen als Gegenstück zum Fluch und beschränkt sich auf die Kommunikationsrichtung vom Menschen zu Gott; 1Petrus fasst den Segen dann – weithin gegenläufig zum alttestamentlich-jüdischen Erbe – als leidende Nachfolge Christi.

Im stark dualistisch geprägten Wirklichkeitsverständnis des NT stehen Segen, Heil und Leben insgesamt Fluch, Sünde und Tod gegenüber. Segen symbolisiert so die durch Christus eröffnete (Raum und Zeit übergreifende) Segenssphäre, in der Christen sich sowohl im Gottesdienst als auch im Alltag bewegen können und sollen, was auch in einer performativen Segenspraxis Ausdruck findet.

Die kirchengeschichtliche Übersicht von *Christopher Spehr* erläutert einleitend das lateinische *benedicere*: »segnen/loben/anbeten« im Anschluss an den biblischen Sprachgebrauch, bevor ein thematischer Durchgang durch die Christentumsgeschichte geboten wird.

Im altkirchlichen Gottesdienst bilden sich neben dem salutarischen Segensgruß zu Beginn und dem Schlusssegen schon früh ein eucharistischer Segen und segnende Dank- und Preisgebete heraus, zu denen individuelle Segensvollzüge hinzutreten können; diese Formen entwickeln sich im Mittelalter weiter fort. Hingegen eignet dem bei der Weihe zu klerikalen Ämtern gespendeten Segen ein einmalig-dauerhafter Charakter. Daneben kommen auch kasuelle Segnungen wie etwa der Ehesegen sowie die Segnung von Gaben (Benediktionen) auf.

Im Mittelalter erfahren einerseits Segensvollzüge an Individuen und Gegenständen eine starke Aufwertung, andererseits wird das wechselseitige Verhältnis des Segens durch Gott und des Gott antwortenden Lobpreisens lebenspraktisch vielfältig umgesetzt, wie etwa der (nicht nur iroschottische) Reisesegen oder der Schwertsegen, aber auch die Kirchenweihe illustrieren; dabei führt die »dingliche Aufladung des Segens« (S. 147) mitunter zu magischen Missverständnissen und droht den Segen durch Beschwörung und Zauberei verfügbar zu machen. Umgekehrt werden ab der Frühscholastik »grundlegende Segenshandlungen ... als Sakramente« (S. 151) definiert und in der Sakramentenlehre theologisch reflektiert, während religiöse Handlungen und Objekte erst in der neuscholastischen Sakramentalienlehre vertieft erörtert werden.

Die reformatorische Neubewertung des Segens wird an Luther aufgezeigt: Er akzentuiert »exegetisch, liturgisch und frömmigkeitspraktisch den Segen als gute Gabe Gottes« (S. 152), wobei er unterscheidet: »Während der leibliche oder irdische Segen die lebensweltlichen Dimensionen entfaltet[.], zielt[.] der geistliche oder himmlische Segen auf das menschliche Heil und ewige Leben« (S. 153); beiderlei Segen bleibt indes an Christus als *benedictor*: »Segner« und als Segensgabe rückgebunden. Entsprechend interpretiert Luther sowohl den gottesdienstlichen Schlusssegen, für den er letztlich den – trinitarisch ausgedeuteten – aaronitischen Segen favorisiert, als auch die lebenspraktischen Segensvollzüge. Ergänzend kommt ein Seitenblick auf die vorsehungstheologische Segenskonzeption Calvins hinzu.

Den weitgespannten Bogen rundet ein Ausblick auf die kirchlichen und theologischen Weiterentwicklungen bis in die Gegenwart ab, der markante Positionen und instruktive Beispiele herausgreift.

Die systematisch-theologischen Überlegungen von *Hartmut Rosenau* setzen bei der Beobachtung ein, dass Seg(n)en ein ursprünglicher, aber bleibender Ausdruck von Religion ist. Dies zieht

Überlegungen zum Religionsbegriff, insbesondere in seinen Auswirkungen auf und Beeinflussungen durch Seg(n)en nach sich, in deren Folge sich Seg(n)en als Querschnittthema bedenken lässt. Auf die gegenwärtigen Herausforderungen kann dabei eine vermittelnde, ›sapientiale‹ Perspektive am angemessensten reagieren.

Im Anschluss an Cicero bezeichnet Religion einerseits kultische, rituelle und liturgische Vollzüge, die eine Verhältnisbestimmung von Göttlichem und Weltlichem vornehmen. Dies trifft in markanter Weise auch für das Segnen zu, das sich von alltäglichen Bitten und Wünschen abhebt und phänomenologisch sowohl mit Beten und (sakramentalem) Feiern als auch mit Magie und Zauber verwandt erscheint. Wichtig ist dabei der performative Charakter, der die Differenzierung von realistischer und idealistischer Deutung unterläuft und sich epistemologisch wie existentiell »für jemanden« ereignet (S. 168). Andererseits kann Religion seit Cicero auch die Rückbezogenheit auf Gott ausdrücken, wie sie etwa Schleiermacher oder Bultmann prägnant reformuliert haben.

Seg(n)en nimmt – mit Tillich formuliert – einen universalen Wirklichkeitshorizont in den Blick, wovon sich das Beten unterscheidet. Denn der Segen vollzieht sich in einem umfassenden Seins- und Sinnzusammenhang, den man theologisch als Schöpfungsordnung bestimmen kann; deren Bedingungen bleiben letztlich unverfügbar und lassen sich mit dem reformatorischen *sola gratia* ebenso korrelieren wie mit dem alttestamentlichen Geistverständnis.

Anders als Magie und Zauber ist Seg(n)en stets auf (unverfügbares) Gutes und Lebensförderliches ausgerichtet, worin sich die »passivische Konstitution der menschlichen Existenz« spiegelt (S. 172). Wenn Seg(n)en entsprechend ein interpersonales Geschehen ist, erscheint das Segnen von Dingen theologisch problematisch. In der entwickelten Perspektive wird auch deutlich, dass Segen sich empirisch weder verifizieren noch falsifizieren lässt, sondern sich vielmehr als Modus des sich Verstehens darstellt.

Im Unterschied zum sakramental vermittelten eschatischen Heil spendet Segen präeschatisches Wohlergehen, was weitreichende Konsequenzen nach sich zieht: Letztlich erscheint Segen mithin phänomengerecht als synergistisches, Heil hingegen als monergistisches Geschehen, sodass gegenüber christologischen Segensinterpretationen Vorsicht geboten ist. Der präeschatische Charakter des Seg(n)ens gewinnt in der das »Vorletzte« betonenden Postmoderne eminent an Bedeutung und lässt sich angemessen in einer ›sapientialen‹ Perspektive erschließen, die sowohl interkulturell anschlussfähig ist als auch die biblisch-theologischen Eigenarten zu würdigen vermag.

Ulrike Wagner-Rau setzt in ihrem praktisch-theologischen Beitrag gegenüber der lange dominierenden Geringschätzung mit einer »Neubewertung des Segens« ein (S. 187 [dort kursiv]), die sich aus der Eigenart des Segnens als ästhetisches und deutungsoffenes »Ritual der Zuwendung« aufdrängt (S. 187 [dort kursiv]). Ihm eignet eine wirklichkeitsverändernde Kraft, insofern es »die Erfahrung von Wirklichkeit verwandelt« (S. 189).

Der Vollzug des von Gott gespendeten Segens erfolgt wort- und gestenhaft; dabei lassen sich sprachlich Bitte und jussivisches Versprechen unterscheiden, oft begleitet durch vielfältige körperliche Gesten oder Berührungen, was im zeitgenössischen Kontext durchaus ambivalent erfahren wird.

Die gemeinsame Basis der vielfältigen Segensvollzüge gründet in deren Charakter als Übergangsritual (*rite de passage*), das an gewöhnlichen oder außergewöhnlichen ›Schwellen‹ des Lebens haftet: Zunächst sind die vielfältigen alltäglichen ›Segensvollzüge‹ in den Blick zu rücken, die heute oft (nur noch) implizit erfolgen.

Demgegenüber werden die Segnungen in den gottesdienstlichen Übergangssituationen symbolisch und sprachlich explizit ausgestaltet, wobei namentlich dem (individuell unterschiedlich gedeuteten) Entlassungssegen besonderes Gewicht beigemessen wird.

Dies gilt – zumal aus der Sicht ›passiver‹ Kirchenmitglieder – in noch gesteigertem Maße für die Kasualien, in denen der Segensempfang an biographischen Übergängen von grundlegender Bedeutung ist, was inzwischen auch in der Kasualtheorie intensiv reflektiert wird. An der komplexen Verbindung von Taufe und Segen lässt sich dies besonders instruktiv nachvollziehen, wobei eine lange gängige theologische Kritik am Segen zu kurz greift angesichts differenzierter Wahrnehmungen des Verhältnisses von Taufe und Segen auch vonseiten theologischer Laien. Vergleichbares trifft auch für Segensvollzüge bei der Konfirmation, Trauung und Bestattung zu.

In der heutigen Wissensgesellschaft gewinnt der Segen seit einiger Zeit auch im Bildungskontext an Bedeutung und auch hier wiederum gerade für Personen in schwierigen Lebensverhältnissen. Schließlich spielt der Segen in der Seelsorge (besonders an Kranken) traditionell und mit vollem Recht eine herausragende Rolle, verdichtet doch der Segen hier die individuelle Zuwendung in herausragender Weise.

Eine pastoralpsychologische Perspektive vermag die ausgeführte Bedeutung des Segens in vielfältigen Lebensfeldern integrativ mit (früh)biographischen Konstitutionsprozessen zu verbinden und theologisch so fruchtbar zu machen, dass im Segen ein »Beziehungsraum« zwischen Gott und den Menschen eröffnet wird, der »unzerstörbar ist« (S. 207) und der die destruktiven Lebenserfahrungen zwar nicht vertreibt, aber in einen weiteren Horizont aufzuheben vermag.

Quellen- und Literaturverzeichnis

1. Sekundärliteratur

Frettlöh 2005: Frettlöh Magdalene L.: Theologie des Segens. Biblische und dogmatische Wahrnehmungen, Gütersloh 2005[5].

Häusl/Ostmeyer 2009: Häusl, Maria/Ostmeyer, Karl-Heinrich: Art. Segen und Fluch, in: Frank Crüsemann u. a. (Hgg.): Sozialgeschichtliches Wörterbuch zur Bibel, Gütersloh 2009, 515–518.

Hartenstein 2013: Hartenstein, Friedhelm: Ein zorniger und gewalttätiger Gott? Zorn Gottes, »Rachepsalmen« und »Opferung Isaaks« – neuere Forschungen, VF 58 (2013), 110–127.

Homolka 2004: Homolka, Walter: Segen und Segnen nach jüdischem Glaubensverständnis, JCR 476 (2004) (http://www.jcrelations.net/de/?-id=2376).

Janowski 2014: Janowski, Bernd: Ein Gott, der straft und tötet? Zwölf Fragen zum Gottesbild des Alten Testaments, 2., durchges. und um einen Literaturnachtrag erw. Aufl., Neukirchen-Vluyn 2014.

Kluge 2012: Kluge, Friedrich: Etymologisches Wörterbuch der deutschen Sprache, bearb. von Elmar Seebold, Berlin 2012[25].

Kluger 2011: Kluger, Florian: Benediktionen. Studien zu kirchlichen Segensfeiern (Studien zur Pastoralliturgie 31), Regensburg 2011.

Lübbe 1998: Lübbe, Hermann: Kontingenzerfahrung und Kontingenzbewältigung, in: Gerhart von Graevenitz/Odo Marquard (Hgg.): Kontingenz (Poetik und Hermeneutik 17), München 1998, 35–47.

Lübbe 2004: Lübbe, Hermann: Religion nach der Aufklärung, München 2004³.

Luhmann 1982: Luhmann, Niklas: Funktion der Religion (stw 407), Frankfurt a. M. 1982.

Schmid 2012: Schmid, Konrad: Schöpfung (Themen der Theologie 4), Tübingen 2012.

Wagner-Rau 2008: Wagner-Rau, Ulrike: Segensraum. Kasualpraxis in der Moderne, Stuttgart 2008².

Westermann 1968: Westermann, Claus: Der Segen in der Bibel und im Handeln der Kirche, München 1968.

2. Literaturhinweise zum vertiefenden Studium

Hahn, Udo: Segen. Grundbegriffe Christentum (Gütersloher-TB 688), Gütersloh 2002.

Hangartner, Li/Vielhaus, Brigitte (Hgg.): Segnen und gesegnet werden. Reflexionen, Impulse, Materialien, Düsseldorf 2006.

Rosenau, Hartmut: Auf der Suche nach dem gelingenden Leben. Religionsphilosophische Streifzüge, Neukirchen-Vluyn 2000.

Religionswissenschaft

Andreas Feldtkeller

Segen aus Sicht der Religionswissenschaft

1. Theoretische Vorüberlegungen

Wenn aus der Sicht der Religionswissenschaft zu einem Begriff wie ›Segen‹ ein Überblick über verschiedene religionsgeschichtliche Zusammenhänge gegeben werden soll, dann stellt sich dabei die grundsätzliche Frage nach der Vergleichbarkeit von religiösen Vorstellungen und Praktiken in unterschiedlichen kulturellen und historischen Kontexten. Die Religionswissenschaft hat in ihrer Geschichte den Spielraum zu solcher Vergleichbarkeit sehr unterschiedlich groß eingeschätzt.

In den Anfängen der Religionswissenschaft im ausgehenden 19. Jahrhundert und beginnenden 20. Jahrhundert gab es zunächst eine Tendenz dazu, über die Unterscheidung zwischen ›Magie‹ und ›Religion‹ einen großen Teil der damals in den Kolonialgebieten Afrikas, Südostasiens und Ozeaniens vorgefundenen Vorstellungen und Praktiken als ›Magie‹ einzustufen und sie damit aus dem Begriff der Religion auszugrenzen. Als ›Religion‹ wurde nur anerkannt, was in einem engeren Sinn mit dem Christentum und seiner schriftlich fixierten Reflexivität vergleichbar erschien. So wäre aus der Perspektive dieser Epoche äußerst fraglich gewesen, ob es sich bei ›Segen‹ überhaupt um eine religiöse Vorstellung im engeren Sinne handelte, oder nicht vielmehr um eine eigentlich ›magische‹ Auffassung, von der dann allerdings Relikte auch in den schriftlichen Überlieferungen und in den gottesdienstlichen Praktiken von Judentum, Christentum und Islam aufzufinden wären.

Dem gegenüber wurde in der Religionsphänomenologie, die in

den 1930er bis 1950er Jahren zur vorherrschenden Richtung der Religionswissenschaft wurde, der Begriff der Religion wesentlich weiter gefasst. Den Ausgangspunkt dazu bildete der von Rudolf Otto (1869–1937) geprägte Begriff des Heiligen bzw. des Numinosen. Darauf aufbauend ging man davon aus, dass es einen gemeinsamen Grund für alle religiösen Vorstellungen in der Menschheitsgeschichte gäbe, und man betrachtete es als eine Aufgabe der Religionsforschung, diesen Grund aus der Vielzahl der religiösen Überlieferungen und Praktiken herauszudestillieren. Die eigene religiöse Erfahrung der Forschenden wurde dabei als ein wichtiges Instrument verstanden, um ein Gespür für den gemeinsamen Grund aller Religion entwickeln zu können. Weiter ging man davon aus, dass die Wirksamkeit des gemeinsamen Grundes aller Religion sich zeigen würde in einer Vielzahl von religiösen ›Phänomenen‹. Von diesen nahm man an, dass sie zwar hinsichtlich ihrer Einzelheiten in verschiedenen kulturellen und historischen Kontexten von Religion verschiedene Gestalten annehmen konnten, dass sie aber dennoch über Wesensmerkmale verfügten, die unabhängig von kulturellen Prägungen immer dieselben seien und ihren Ursprung letztlich im ›Heiligen‹ als dem gemeinsamen Grund aller Religion hätten. Unter diesem wissenschaftlichen Paradigma rückte das Konzept von ›Segen‹ sehr weit in das Zentrum dessen, worum es in der Religionsforschung ging, denn wie kaum ein anderer religionsvergleichend angewandter Begriff ist ›Segen‹ dazu geeignet zu veranschaulichen, was man unter einem religiösen ›Phänomen‹ im beschriebenen Sinne verstand.

Ab 1960 begann die Religionswissenschaft sich als eine kulturwissenschaftliche Disziplin neu zu formieren, die Religionen als zwischen Menschen kommunizierte Systeme von Bedeutungen versteht. Damit verbunden ist einerseits eine scharfe Abgrenzung gegenüber der Art, wie die Religionsphänomenologie den Grund aller Religion zum Gegenstand der Religionsforschung gemacht hatte, andererseits eine große Skepsis, was die Möglichkeit des Vergleichs zwischen religiösen Traditionen anbelangt. Unter dem neuen Paradigma wurde und wird die Bedeutung von religiösen Überlieferungen nur in Bezug auf den jeweils spezifischen kommunikativen Zusammenhang für interpretierbar gehalten, zu dem sie gehört, während es als äußert problematisch gilt, Zusammenhänge dort herzustellen, wo sie von den Trägern der religiösen Überlieferung selbst nicht gezogen werden.

Wenn im Folgenden einige religiöse Bedeutungszusammenhänge vorgestellt werden, die sich für einen Vergleich mit israelitischen, jüdischen und christlichen Verständnissen von Segen anbieten, dann versteht sich dabei vor dem Hintergrund der Forschungsgeschichte, dass dies nicht bedeuten kann, nach einem über die verschiedenen religiösen Überlieferungen hinweg sich zeigenden ›Phänomen‹ zu suchen, das religionswissenschaftlich als ›Segen‹ bezeichnet werden könnte. Nach dem gegenwärtigen Selbstverständnis der Religionswissenschaft kommt der Begriff *Segen* für sie nicht mehr als ein wissenschaftssprachlicher Begriff in Frage, sondern nur noch als ein Begriff, der zur religiösen Sprache einiger Religionsgemeinschaften gehört, insbesondere derjenigen Gemeinschaften, die mit der Religion des alten Israel in einem Überlieferungszusammenhang stehen: Judentum, Christentum und Islam sowie einige der aus diesen hervorgegangenen neueren Religionsgemeinschaften.

Nach dem in diesem Kapitel verwendeten Verständnis von Religionsvergleich ist es über solche überlieferungsgeschichtlichen Zusammenhänge hinaus möglich, die Bedeutungen von religiösen Überlieferungen unter dem Gesichtspunkt miteinander zu vergleichen, welche Stellung und Funktion sie innerhalb der religiösen Interpretation von menschlicher Wirklichkeitserfahrung einnehmen. Dem liegt die Annahme zugrunde, dass die menschlich kommunizierten Bedeutungszusammenhänge, die wir gemeinhin als ›Religionen‹ bezeichnen, zumindest dies miteinander gemeinsam haben, dass sie zwischenmenschliche Verständigungen sind über das, was von Menschen als Wirklichkeit erfahren wird, und zwar insbesondere im Hinblick auf solche Erfahrungen, die es für Menschen möglich machen, Wirklichkeit als eine Ganzheit zu deuten.

Als Bezugsrahmen für das jüdische und christliche Konzept von ›Segen‹ kann die Erfahrung betrachtet werden, dass Menschen nur teilweise dazu in der Lage sind, für ihr eigenes Wohlergehen und für die Sicherung der Grundlagen ihres Lebens selbst Vorkehrungen zu treffen. Zum anderen Teil erfahren Menschen ihr Leben als abhängig von Bedingungen, über die sie nicht selbst verfügen. Die Grenze zwischen beidem hat sich im Verlauf der Menschheitsgeschichte durch den technischen Fortschritt zwar verschoben, zugleich aber hat der technische Fortschritt neue Aspekte von Unverfügbarkeit erfahrbar werden lassen.

2. Befunde aus der frühesten menschlichen Religionsgeschichte

Die Vorstellung, dass es außerhalb der Gemeinschaft lebender Menschen Mächte oder Wesen geben könnte, die Einfluss auf menschliches Wohlergehen auch in für Menschen unverfügbaren Bereichen hätten, gehört wohl mit zu den ältesten religiösen Vorstellungen überhaupt.

Für die Zeit seit etwa 40 000 Jahren (d. h. die Epoche des ›Spätpaläolithikum‹) lässt sich archäologisch belegen, dass Menschen tierische oder pflanzliche Nahrung, die für sie eine wichtige Lebensgrundlage hätte darstellen können, verbrannten oder willentlich an Plätzen deponierten, wo sie der menschlichen Nutzung entzogen war (Müller-Karpe 1998, Bd. 1: 20). Ein solcher freiwilliger Verzicht auf Lebensressourcen ist nur erklärbar, wenn die handelnden Menschen sich davon zugleich einen Gewinn an Lebensressourcen versprachen.

Natürlich ist eine genaue Interpretation solcher Befunde problematisch, solange sie nicht durch einen Kontext von schriftlichen oder zumindest ikonographischen Quellen begleitet werden, die bei der Deutung mit herangezogen werden können. Dennoch legt die Kontinuität zu späteren weltweit verbreiteten Opferritualen es nahe, bereits für diese frühe Zeit Vorstellungen von Mächten oder Wesen anzunehmen, die durch eine Übertragung von Lebensressourcen dazu bewegt werden sollten, einen positiven Einfluss auf menschliche Lebensgrundlagen zu nehmen. Dies würde zumindest in einem weiten Sinne eine Analogie zu dem darstellen, was die jüdisch-christliche religiöse Terminologie als ›Segen‹ bezeichnet.

Ikonographische Quellen, die für die menschliche Religionsgeschichte ausgewertet werden können, gibt es seit ungefähr

30 000 Jahren. Dabei sind die ältesten Funde einerseits Malereien, die vor allem im Schutz der Dunkelheit von Höhlen die Zeit überdauert haben, andererseits plastische Kunstwerke. Auffällig ist, dass sich die Themen dieser frühesten Kunst genau auf Aspekte konzentrieren, die für menschliches Leben und Überleben von grundlegender Bedeutung sind: Bei den frühesten bekannten Malereien begegnen als das häufigste Motiv Tiere, die von Menschen gejagt werden können und so eine wichtige Nahrungsgrundlage für sie bedeuten. Teilweise sind die Tiere in expliziten Jagdszenen dargestellt. Bei den Funden von Skulpturen aus derselben Epoche spielt daneben das Motiv menschlicher Fruchtbarkeit eine wichtige Rolle, indem Schwangerschaften zur Darstellung gebracht werden oder Geschlechtsmerkmale besonders hervorgehoben werden.

All diesen Funden fehlen allerdings ikonographische Hinweise auf ein Gegenüber, mit denen die Menschen in Austausch getreten wären, um eine Förderung der Grundlagen ihres Lebens zu erlangen. Die forschungsgeschichtlich ältesten Funde von frühgeschichtlichen Skulpturen in Menschengestalt wurden zwar im 19. Jahrhundert nach der Analogie von antiken Kultbildern selbstverständlich als Repräsentationen von Gottheiten gedeutet, doch mittlerweile besteht ein breiter Konsens darüber, dass sich figürliche Darstellungen erst sehr viel später in der Religionsgeschichte als Abbildungen von personalen Gottheiten deuten lassen (Ohlig 2002: 51 f.). Thema der Darstellung selbst sind offenbar die Aspekte menschlicher Lebenserfahrung und menschlicher Lebensgrundlagen, in denen Menschen sich als angewiesen erlebten, ohne darüber verfügen zu können. Welche möglichen Vorstellungen über Wege der Unterstützung oder Förderung in diesem Angewiesen-Sein sie dabei hatten, lässt sich jedoch nicht näher definieren. Die Gleichzeitigkeit mit dem Befund von Opfergaben legt es jedoch nahe, dass auch die bildlichen Darstellungen in einem religionsgeschichtlichen Kontext stehen, in dem Menschen sich von einem Gegenüber eine Förderung erhofften.

3. Vorstellungen von Interdependenz

Auf festerem Grund befindet sich die Interpretation von religiösen Vorstellungen überall dort, wo sie sich auf eigene Aussagen der betreffenden Religionsgemeinschaft stützen kann, d.h. wo schriftliche Traditionen vorhanden sind oder wo noch lebendige mündliche Überlieferungen erfragt werden können. Unter den religiösen Überlieferungen, für die dies der Fall ist, bieten sich besonders die für das neuzeitliche Afrika südlich der Sahara beschriebenen dafür an, das Grundgefühl menschlicher Angewiesenheit und Interdependenz zu verstehen, das in den Segensvorstellungen und ihren näheren oder weiteren Analogien in der menschlichen Religionsgeschichte variiert wird.

In der Tradition der Herero in Namibia – und analog bei zahlreichen anderen Ethnien in Afrika – steht menschliches Leben in enger Verbindung mit der Rinderzucht. Die Milch der Rinder ist eine wichtige Nahrungsgrundlage. Aus ihrem Fell bzw. ihrer Haut werden wichtige Gegenstände des täglichen Gebrauchs und Kleidungsstücke gemacht. Der Dung der Rinder wird in den Lehm gemischt, der zum Hausbau verwendet wird. Geschlachtet werden Rinder nur zu ganz besonderen Anlässen – nicht zur alltäglichen Nahrungsversorgung. Zu diesen besonderen Anlässen wird das Fleisch des geschlachteten Rindes so verteilt, dass es zur ›Landkarte‹ der sozialen Beziehungen in der menschlichen Gemeinschaft wird. Jeder Körperteil des Rindes ist einer bestimmten Person oder Personengruppe in der Gemeinschaft zugeordnet und bildet deren Stellung im Ganzen ab. Die enge Beziehung zwischen Mensch und Rind kommt auch in Handlungen zum Ausdruck, in denen Menschen sich mit Rindern identifizieren. Den Herero-Jungen werden in einem gewissen Alter die Zähne so geschliffen, dass sie einem Rinder-Gebiss nachempfunden erscheinen. Frauen werden bei den Herero so sozialisiert, dass ihr Gang den ruhigen und wiegenden Gang der Kuh imitieren soll (Sundermeier 1988: 129f.).

Die Symbiose von Mensch und Rind hat zur Folge, dass das Wohlergehen der menschlichen Gemeinschaft unmittelbar an ihrem Bestand an Rindern abgelesen werden kann. Nur ein Kraal mit

Rindern ist eine wirkliche menschliche Siedlung, und nur dort kann die Beziehung zu den Ahnen gepflegt werden.

Die Ahnen sind die dritte wichtige Größe neben Menschen und Rindern im Geflecht gegenseitiger Abhängigkeit nach den Vorstellungen der Herero. Den Ahnen wird es zugeschrieben, dass sie für das Wohl der Rinderherde sorgen, so dass von ihrem Wohlwollen auch das Wohlergehen der menschlichen Gemeinschaft unmittelbar abhängt. Gleichzeitig repräsentiert ein bestimmter Teil der Rinderherde die Gegenwart der Ahnen und wird deshalb dafür gebraucht, dass die Ahnen die ihnen zustehende Zuwendung der Menschen empfangen können. Ohne die Rinderherde würde auch die Verbindung zu den Ahnen abreißen. Das Ahnenfeuer, das die Verbindung zu den Ahnen symbolisiert, wird zwischen dem Kälberkraal und dem Haupthaus unterhalten. In Gestalt der Rinder kommen die Ahnen in die menschliche Siedlung und nehmen die Zuwendung der Menschen an. Wer zu den Ahnen sprechen will, tut dies in der Nähe der Kühe, von denen die Gegenwart der Ahnen repräsentiert wird (Sundermeier 1988: 156).

Wenn man von hier aus eine Analogie zur Vorstellung von ›Segen‹ ziehen will, so wird man sagen können, dass es in den Überlieferungen der Herero in erster Linie die Ahnen sind, die Segen spenden und von deren Wohlwollen die Lebenden abhängig sind. In der Rinderherde zeigt sich unmittelbar das Vorhanden-Sein oder das Fehlen von Segen. Gleichzeitig führt die wechselseitige Identifikation von Menschen und Rindern sowie von Ahnen und Rindern dazu, dass Subjekte und Objekte in diesem Geflecht von Interdependenzen nicht streng verteilt sind, sondern alle Positionen sich gegenseitig zum Ausdruck bringen können. Mit dieser Konfiguration gegenseitiger Abhängigkeit von Spenden und Empfangen steht die Überlieferung der Herero exemplarisch für viele andere, die ähnliche Konfigurationen beschreiben.

4. Das Wohlwollen der Ahnen im Konfuzianismus

Unter den religiösen Überlieferungen von alten Schriftkulturen ist der chinesische Konfuzianismus diejenige, bei der die Rolle der Ahnen am meisten dem eben beschriebenen Beispiel ähnelt in dem Sinne, dass sie es sind, von deren Wohlwollen das Wohlergehen der lebenden Menschen abhängt.

Im Konfuzianismus ist die weltweit verbreitete Vorstellung einer Interdependenz zwischen lebenden Menschen und Ahnen eingefangen in eine Lehre von sozialen Beziehungen, aus denen sich die Verpflichtungen von Menschen gegenüber anderen Menschen ergeben. Das Grundgerüst bildet dabei die Systematik der fünf (aus männlicher Sicht beschriebenen) menschlichen Elementarbeziehungen zwischen Vater und Sohn, zwischen Herrscher und Untertan, zwischen Ehemann und Ehefrau, zwischen älterem Bruder und jüngerem Bruder sowie zwischen Freund und Freund. All diese Beziehungen bis auf die letzte sind Beziehungen der Unter- und Überordnung, aus denen sich jeweils verschiedene Verpflichtungen sowohl für die höher stehende Person als auch vor allem für die niedriger stehende Person ergeben.

Die Beziehung zwischen Vater und Sohn ist dabei so etwas wie das Urbild jeder anderen Beziehung von ungleichartiger wechselseitiger Abhängigkeit und Verpflichtung. Der Sohn – vor allem der älteste Sohn – ist dem Vater zeitlebens zu ›kindlicher Pietät‹ verpflichtet. Dies beinhaltet unter anderem die Verpflichtung, dass der erwachsene Sohn sich soweit dies irgendwie möglich ist in der Nähe des Vaters aufhalten und für dessen Wohl sorgen soll. Der Sohn soll den Vater davon unterrichten, wenn er das Haus verlässt, und sich bei ihm zurückmelden, wenn er zurückkehrt. Reisen sind nach Möglichkeit ganz zu unterlassen, während der Vater noch lebt, und wenn sie doch erforderlich sind, sollen sie nur mit der ausdrücklichen Erlaubnis des Vaters durchgeführt werden.

Die Verpflichtung der kindlichen Pietät endet mit dem Tod des Vaters nicht, sondern sie geht dann über in die Verpflichtungen des Ahnendienstes, deren Umfang mit dem Abstand zum Todeszeitpunkt stufenweise abnimmt. Während der ersten drei Jahre nach dem Tod soll der älteste Sohn weiße Trauerkleidung tragen und sich im Alltag annähernd so verhalten, als würde der Vater noch leben. Er soll das Haus möglichst wenig verlassen und keinesfalls Reisen unternehmen. Tägliche Totenrituale verlangen u. a., dass der Sohn dem Vater ein Essen zubereitet und dieses Essen für eine Weile unbeobachtet im Zimmer des Vaters stehen lässt, bevor er es wieder abträgt. Nach Ablauf der drei Jahre darf die Trauerkleidung abgelegt werden und das Leben des Sohnes wird erstmals freier – doch noch für mehrere Generationen haben die Ahnen weiter Anspruch auf einen täglichen Erweis der ›kindlichen Pietät‹ vor dem Ahnenschrein und auf die symbolische Zuwendung von Nahrung.

Von der Erfüllung dieser Verpflichtungen den Ahnen gegenüber wird in der konfuzianischen Kultur das Wohlergehen der Lebenden als unmittelbar abhängig verstanden. Es wird davon ausgegangen, dass die Ahnen ihr Wohlwollen von den Lebenden abwenden, wenn der Ahnendienst nachlässig verrichtet wird, und dass sie sich rächen, wenn er ganz unterbleibt. So bildet in der traditionellen chinesischen Kultur eine gewisse Entsprechung zur Vorstellung von ›Segen‹ die Rolle, die den Ahnen zugeschrieben wird, solange die Lebenden ihnen gegenüber die Verpflichtungen der kindlichen Pietät erfüllen: sie sorgen dafür, dass all das nicht versiegt, worauf menschliches Leben unverfügbar angewiesen ist.

5. Einordnung der biblischen Vorstellung von Segen

Auf die biblische Vorstellung von Segen und ihre Rezeptionsgeschichte wird in den anderen Kapiteln dieses Buches ausführlich eingegangen. Daher mögen an dieser Stelle einige Hinweise zur Einordnung genügen. Im Vergleich zu der weltweit verbreiteten Vorstellung, dass das Wohlergehen der lebenden Menschen in einer Beziehung der Interdependenz zu den Ahnen steht, fällt in den Väter- und Müttergeschichten der HB auf, dass auch dort die Vorstellung von Segen prominent mit der Beziehung zwischen Vater und Sohn verbunden ist (Gen 27). Dabei wird vorausgesetzt, dass es eigentlich um die Beziehung zwischen dem Vater und dem ältesten Sohn geht (Gen 27,1), sofern dieser nicht in die Wüste geschickt wird (Gen 21,9–21) oder seinen Segen verspielt (Gen

25,29–34). Der Segen wird an die nächste Generation idealerweise dann weitergegeben, wenn der Vater an der Schwelle des Todes steht (Gen 27,4). Dies macht darauf aufmerksam, dass die biblische Vorstellungswelt Voraussetzungen teilt, die weit in der menschlichen Religionsgeschichte verzweigt sind – nämlich dass die in der Bibel mit »Segen« beschriebene Dimension des Lebens etwas zu tun hat mit der Beziehung zwischen verstorbenen Vorfahren und lebenden Nachkommen. Eine Besonderheit des biblischen Konzepts von ›Segen‹ gegenüber den exemplarisch anhand der Herero und des Konfuzianismus dargestellten Vorstellungskomplexen besteht jedoch darin, dass der Segen des Vaters gegenüber dem Sohn eine einmalige Handlung ist (vgl. Gen 27,38). Verglichen mit den beiden zuvor beschriebenen Konzepten wird damit die Beziehung zwischen verstorbenen Vorfahren und lebenden Nachkommen davon entlastet, dass um ihre segensvolle Wirkung immer weiter gerungen werden muss. In der idealtypischen Beschreibung der »Vätergeschichten« ist die Beziehung zwischen Lebenden und Toten befriedet dadurch, dass bereits alles getan ist, was zu tun ist.

Gleichzeitig ist in der biblischen Vorstellungswelt der zwischen Menschen erteilte Segen untrennbar verbunden mit dem segnenden Wirken Gottes. Die Väter- und Müttergeschichten der Genesis erzählen nicht nur von dem Segen, der vom Vater zum Sohn weitergegeben wird, sondern auch von der Segensverheißung an Abraham (Gen 12,2), die letztlich zum Segen für alle Völker werden soll (Gen 12,3). Die narrative Verbindung zwischen beiden Elementen führt dazu, dass die Lesenden die Spur der Segensverheißung Gottes entlang der Segenshandlungen zwischen Vätern und Söhnen verfolgen und deshalb ihre Wirkungen nicht über die Linie der jeweils älteren/erstgeborenen Söhne bei den Ismaelitern bzw. den Edomitern suchen, sondern über die Linie der nachgeborenen Söhne bei den Israeliten, deren Genealogie mit dem Fluss der väterlichen Segenshandlungen übereinstimmt. Von dieser narrativen Verknüpfung lebt letztlich auch die für das NT zentrale Aussage, dass die an Abraham gegebene Verheißung des Segens für alle Völker sich in Jesus Christus erfüllt (Gal 3,8f.).

6. Segen im Islam

Der Islam hat an der biblischen Vorstellungswelt Anteil, indem er eine Vielzahl von biblischen Erzählstoffen aufgreift und interpretiert, indem er das Grundanliegen der prophetischen Verkündigung des Einen Gottes und seiner Gerechtigkeit teilt, und indem auch in sprachlicher Hinsicht viele arabische Begriffe der islamischen Terminologie mit den entsprechenden hebräischen oder aramäischen Begriffen der israelitisch-jüdischen und frühchristlichen Terminologie verwandt sind. Von daher hat die Einbeziehung des Islam in einen religionsgeschichtlichen Vergleich zu einem jüdisch-christlichen Begriff einen besonderen Stellenwert. Es geht bezogen auf den Islam nicht nur um die Frage, ob sich Analogien zur Vorstellung von »Segen« hinsichtlich ihrer Einordnung in die menschliche Wirklichkeitserfahrung finden lassen, sondern es geht auch darum, wie ein mit dem Judentum und Christentum gemeinsamer religiöser Grundbegriff aufgenommen, interpretiert, abgewandelt und fortgeführt wird.

Eine für das theologische Verständnis von ›Segen‹ im Islam wichtige Beobachtung ist zunächst, dass im Koran das Verb ṣ-l-ʾ (das in der islamischen Lehrbildung schnell zum Terminus technicus für die Verrichtung des islamischen Pflichtgebets ṣalaᵗ geworden ist) auch mit Gott als Subjekt vorkommt. Laut Sure 33 (al-Aḥzāb), Vers 43 vollzieht Gott die Tätigkeit ṣ-l-ʾ über den in diesem Vers angesprochenen Gläubigen, und ebenso tun dies seine Engel. Aus der Fortsetzung des Satzes geht hervor, dass dies dazu dient, »[…] damit er euch aus den Finsternissen ins Licht hinausführt.« Dadurch wird deutlich, dass die Tätigkeit ṣ-l-ʾ von Gott zum Wohl der Gläubigen ausgeführt wird, und zwar nicht nur im Hinblick auf ihr irdisches Wohl, sondern auch zu ihrer Rechtleitung im Glauben, wofür die Metapher des Weges von der Finsternis zum Licht steht.

Die islamische Koranexegese interpretiert diese Aussage nun nicht so, dass auch Gott das Pflichtgebet verrichten würde, sondern deutet sie als ein segnendes Handeln Gottes und seiner Engel. Entsprechend wählen auch Übersetzungen in westliche Sprachen ziemlich regelmäßig Begriffe aus dem Wortfeld des Segens.

In derselben Sure al-Aḥzāb sagt Vers 56 noch einmal spezieller von Gott und seinen Engeln aus, dass sie über dem Propheten (d. h. Muhammad) die Tätigkeit ṣ-l-ʾ verrichten, und die Gläubigen werden aufgefordert, dasselbe zu tun. Aus diesem Vers leitet sich die Praxis her, dass während des fünfmal täglich zu verrichtenden Pflichtgebets um den Segen für den Propheten Muhammad gebeten wird. Nach einem Hadith hat Muhammad die entsprechende Formulierung im *Bezeugungsgebet* (*tašahhud*) selbst empfohlen:

»Man sagte: O Gesandter Gottes, wie sollen wir über dich den Segen sprechen? Er sagte: Sprecht: O unser Gott, sprich den Segen über Muhammad und seine Ehefrauen und seine Nachkommen, wie du den Segen über die Angehörigen Abrahams gesprochen hast. Und segne Muhammad und seine Ehefrauen und seine Nachkommen, wie du die Angehörigen Abrahams gesegnet hast. Du bist des Lobes und der Ehre würdig« (Khoury 2008–2011, Bd. 2: 299).

Darüber hinaus ist es unter Muslimen üblich, bei jeder Erwähnung des Propheten Muhammad oder eines anderen Propheten wie z. B. Jesus eine Segensformel über ihn auszusprechen. Auch dies hat seine Grundlage in einem Hadith: »Der Gesandte Gottes sagte: Der (wahre) Geizige ist der, bei dem ich erwähnt werde und der nicht über mich den Segen spricht« (Khoury 2008–2011, Bd. 2: 300).

Die wichtigsten arabischen Begriffe, mit denen das Wortfeld ›Segen‹ bezeichnet wird, leiten sich jedoch nicht aus der Wurzel ṣ-l-ʾ her, sondern in genauer Entsprechung zum biblischen Hebräisch aus der Wortwurzel *b-r-k*. Das arabische Nomen, das sich mit ›Segen‹ übersetzen lässt, lautet ›*baraka*‹; das ebenfalls sehr häufig begegnende Partizip passiv (»gesegnet«) lautet ›*mubarak*‹.

Für die *baraka* gilt im Islam analog zum Judentum und Christentum, dass sie letztlich immer eine Gabe Gottes ist, die jedoch auch durch menschliche Segenshandlungen zugesprochen werden kann. Umstritten ist innerhalb der muslimischen Religionsgemeinschaft, wie weit ›*baraka*‹ durch menschliche Segenshandlungen nicht nur zugesprochen, sondern auch vermittelt wird, und wie weit Menschen und Gegenstände zu Trägern von ›*baraka*‹ im Sinne einer besonderen Segensmacht werden können, die durch Berührung übertragen werden kann.

Gott selbst vollzieht im Koran die Tätigkeit *b-r-k* insbesondere in Bezug auf das Land, in das zunächst Abraham und Lot vor den Götzendienern ihrer Heimat gerettet werden (Sure 21, Vers 71), und das später das Volk Israel nach seinem Auszug aus Ägypten erhält (Sure 7, Vers 137). Die stehende Redewendung zur Bezeichnung dieses Landes ist dabei »Das Land, das Wir gesegnet haben« (vgl. auch Sure 21, Vers 81). Ebenfalls von Gott gesegnet ist nach Sure 17, Vers 1 die »Fernste Moschee« (*masǧid al-aqṣā*), die von der Tradition als der Tempelberg von Jerusalem gedeutet wird. Bereits etwas zurückhaltender ist die sprachliche Konstruktion, wenn Jesus in Sure 19 (*maryam*), Vers 31 von sich selbst sagt »Und Er (Gott) hat mich gesegnet gemacht, wo immer ich bin«. Als ›gesegnet‹ (*mubarak*) wird auch der Koran bezeichnet (Sure 6, Verse 92. 155) und die Nacht, in der die erste Sure des Koran herabgesandt wurde (Sure 44, Vers 3). Weiter wird über das Heiligtum der Kaaba in Mekka ausgesagt, dass sie gesegnet sei und eine Rechtleitung für die Welten (Sure 3, Vers 96).

Ähnlich wie im Hebräischen ist auch im Arabischen des Koran das Verb *b-r-k* so benutzt, dass es auch Gott zum Objekt haben kann. Während im biblischen Zusammenhang dafür die Übersetzung »Gepriesen sei …« üblich ist (s. aber. u. Leuenberger, in diesem Band S. 50 f.), wird die entsprechende Formulierung in Übersetzungen des Koran auch mit »gesegnet sei …« wiedergegeben. Sure 25 (*al-furqān*) beispielsweise beginnt mit der Formulierung: »Gesegnet sei, der auf seinen Diener die Unterscheidungsnorm (*furqān*) herabgesandt hat, damit er den Weltenbewohnern ein Warner sei …« (Vers 1) und setzt danach noch zweimal neu ein mit der Formel »Gesegnet sei, der …« bezogen auf Gott (Verse 10 und 61).

Die bereits im Koran angelegte Vorstellung, dass bestimmte Personen und Orte in besonderer Weise gesegnet sind, hat in der weiteren Geschichte des Islam dazu geführt, dass ›baraka‹ in manchen Kreisen als eine Art Segensmacht interpretiert wird, die sich in der Gegenwart von Personen und Orten manifestieren kann und die auf andere Personen oder auch auf Gegenstände übertragen werden kann. Insbesondere der Sufismus hat für die Verbreitung dieser Vorstellung eine wichtige Rolle gespielt.

Innerhalb der Sufi-Orden wurden und werden besondere Wissensbestände gepflegt, die sich mit Zuständen der menschlichen Seele und des menschlichen Körpers beschäftigen, und die sowohl zur spirituellen Führung von Anhängern des Ordens, als auch für Heilungen genutzt werden. Diese Wissensbestände werden nach außen hin geheim gehalten. Weitergegeben werden sie in besonderen Lehrer-Schüler-Verhältnissen, die bei erfolgreicher Entwicklung dahin führen, dass der Lehrer den Schüler damit beauftragt, selbst ein Sufi-Scheich zu werden und das Wissen seines Ordens an neue Schüler weiterzugeben. Auf diese Weise kann jeder Sufi-Scheich seine Beauftragung auf eine lückenlose Kette von Lehrern zurückführen, die bis zum Gründer des Ordens und weiter bis zum Propheten Muhammad führt.

In der islamischen Volksreligiosität wurde und wird die bei manchen Sufi-Scheichs besonders ausgeprägte Begabung zur spirituellen Führung und Heilung als eine *baraka* interpretiert, der eine geradezu physisch manifeste Kraft zugeschrieben wird, durch Übertragung Segen zu bewirken. Manche lebenden Sufi-Scheichs sind bereits von einem Nimbus umgeben, Träger von ›baraka‹ in diesem Sinne zu sein. Noch mehr wird es verstorbenen Sufi-Scheichs zugeschrieben, dass die *baraka* am Ort ihres Grabes gegenwärtig sei. Teilweise handelt es sich bei diesen Gräbern um Schreine, in deren Zentrum ein Sarkophag steht. Einen mindestens analogen Stellenwert haben die Gräber von Propheten, die in den Kernländern des Islam zahlreich zu finden sind, und die Gräber von wichtigen Gestalten des frühen Islam.

Menschen pilgern zu den Gräbern von Propheten, Heiligen und Sufi-Scheichs, teilweise um für ihr spirituelles Leben der dort anwesenden *baraka* teilhaftig zu werden; teilweise auch, um Heilung von körperlichen oder seelischen Krankheiten zu erfahren oder um einen lange erfolglos gehegten Kinderwunsch endlich erfüllt zu bekommen.

All diese Praktiken und Deutungen sind jedoch im Islam hochgradig umstritten. Die orthodoxen Schulen der islamischen Gelehrsamkeit stehen ihnen mit großer Zurückhaltung gegenüber. Im 18. Jahrhundert entstand auf der Arabischen Halbinsel die Bewegung der Wahhabiten, die sich auf die in diesem Punkt schon lange zuvor besonders strenge Rechtsschule der Hanbaliten und auf die Lehren von Ibn Taymiyya (1263–1328) beruft. Die Wahhabiten begegneten der volksreligiösen Interpretation von ›baraka‹ und den daraus hervorgegangenen Praktiken mit offener Feindschaft und teilweise auch mit Gewalt gegen Schreine von Sufi-Scheichs und gegen andere heilige Orte, an denen die Wahhabiten ein aus ihrer Sicht missbräuchliches Pilgerwesen wahrnahmen. Da die Lehre der Wahhabiten im offiziellen Islam des Königreichs Saudi-Arabien aufgegriffen wurde und von dort aus im Rahmen von gut finanzierten Projekten in die gesamte islamische Welt exportiert wird, nimmt ihre Bedeutung für den weltweiten Islam gegenwärtig stark zu, während Sufismus, Volksfrömmigkeit und die in ihrem Zusammenspiel beheimatete Deutung von ›*baraka*‹ in entsprechendem Maße zurückgedrängt werden.

7. Gegenentwurf: Das indische Konzept des Karma

Eine interessante Gegenposition zur Vorstellung von ›Segen‹ in den Religionen westasiatischer Herkunft bildet das indische Konzept des ›Karma‹: diesem zufolge ist die Unverfügbarkeit des menschlichen Wohlergehens nur eine scheinbare, die dadurch zustande kommt, dass der größere zeitliche Zusammenhang verkannt wird, in dem das einzelne menschliche Leben steht (und auch das Leben jedes anderen Lebewesens). Jedes gegenwärtige Leben gilt als ein Glied in einer schier endlos langen Kette von aufeinanderfolgenden Wiedergeburten (*saṃsāra*). In Verbindung mit *saṃsāra* beschreibt Karma (Sanskrit: *karman*) das Gesetz, nach dem sich die Qualität der einzelnen Wiedergeburten richtet: für jedes Lebewesen gibt es eine Bestimmung, die es in dieser Welt zu erfüllen hat. Bei Menschen richtet sich diese Bestimmung nach der Zugehörigkeit zu einer Kaste und nach dem Geschlecht. Jede Handlung, die in Übereinstimmung mit der jeweils eigenen Bestimmung vollzogen wird, bewirkt gutes Karma; jede Handlung, die der Bestimmung eines Lebewesens zuwiderläuft, bewirkt schlechtes Karma. Es geht also beim Gesetz des Karma nicht darum, dass Handlungen als solche ›gut‹ oder ›schlecht‹ sind, sondern solche Bewertungen können nur im Verhältnis dazu getroffen werden, wer die Handlung vollführt. Von den männlichen Angehörigen der Kriegerkaste wird erwartet, dass sie im Krieg Tapferkeit zeigen und bereit sind, zu töten. Für einen Mann aus der Priesterkaste dagegen würde es schlechtes Karma bewirken, Gewalt gegen Lebewesen auszuüben. Sowohl gutes als auch schlechtes Karma wird über die Kette der Wiedergeburten hinweg angesammelt. Je mehr gutes Karma angesammelt wurde, desto besser und angenehmer ist die Existenz, in die ein Wesen wiedergeboren wird. Je mehr schlechtes Karma angesammelt wurde, desto schlechter und unangenehmer wird die Existenz, in die das Wesen wiedergeboren wird. Demnach ist Wohlergehen also weder ›Zufall‹ noch die Wirkung eines ›Segens‹, der von Gottheiten, Geistern oder Ahnen ausgeht, sondern jedes Lebewesen hat es sich letztlich selbst zuzuschreiben, ob es ihm wohl ergeht oder ob es leidet. Bei einem streng angewandten und als ausschließliche Erklärung für den Gang der Welt genutzten Karma-Prinzip bleibt für Vorstellungen von ›Segen‹ oder für Entsprechungen dazu kein Platz.

Allerdings wird der Gedanke des Karmas nicht überall, wo er eine Rolle spielt, in dieser Konsequenz zur Geltung gebracht. Im Rahmen der Vielfalt von indischen religiösen Vorstellungen und Praktiken, die in der westlichen Terminologie als ›Hinduismus‹ zusammengefasst werden, ist es insbesondere die südindische Tradition des *bhakti*, die durchaus wieder mit ›Segen‹ vergleichbare Vorstellungen mit dem Karma-Gedanken verbindet. *Bhakti* bedeutet die ganzheitliche Hingabe des Menschen an eine Gottheit. Dies kann sich beispielsweise im liebevollen Gedenken, in der Anrufung des Namens, im tätigen Dienst oder in der Rezitation bzw. dem ›Chanten‹ von Mantras äußern. *Bhakti* versteht sich als ein Weg der Befreiung aus dem Kreislauf der Wiedergeburten (*saṃsāra*) in die immerwährende Gemeinschaft mit Gott. Dabei hängt es dann letztlich nicht mehr von selbst erworbenem gutem Karma ab, ob Erlösung sich realisiert und der Zustand ewiger Glückseligkeit erreicht wird, sondern dies ist das Geschenk der Gottheit an ihre liebevollen Verehrerinnen und Verehrer. Auch das innerweltliche Wohlergehen der Bhakti-Anhänger wird in vieler Hinsicht als Geschenk der Gottheit verstanden, wenngleich die Traditionen von *saṃsāra* und Karma dabei nicht völlig verleugnet werden. Die Zugehörigkeit zu einer Kaste spielt jedoch längst nicht eine so große Rolle wie in anderen Richtungen des Hinduismus. Es gilt nicht in demselben Maße als ausgrenzend, einer niedrigen Kaste anzugehören, und es ist viel eher möglich, dass hochkastige und niedrigkastige Männer und Frauen gemeinsam die Traditionen des *bhakti* praktizieren. Im modernen Hinduismus ist ›bhakti‹ nicht mehr nur die Praxis gesonderter Gruppierungen, sondern wird teilweise als ein notwendiger Bestandteil von hinduistischer Praxis überhaupt beschrieben. Dies hat dazu beigetragen, dass die in den Traditionen des *bhakti* enthaltene Abmilderung der Kastengrenzen sich auch auf breitere Kreise der Gesellschaft auswirken konnte.

8. Gegenentwurf und Analogie: Buddhismus

Der Buddhismus entstand in Indien zeitlich parallel zu den später als »Hinduismus« zusammengefassten religiösen Strömungen und geht ebenfalls von den Prinzipien des *karman* und des *saṃsāra* aus. Auch aus der Sicht des frühen Buddhismus stellt sich das irdische Wohlergehen von Lebewesen nicht als etwas dar, das in erster Linie vom Wohlwollen einer Gottheit oder von Geistern abhängig wäre, sondern als etwas, das dem Gesetz des Karmas unterliegt. Stärker allerdings als irgendeine Richtung des Hinduismus stellen die Lehren des Buddha heraus, dass ein nachhaltiges Wohlergehen in dieser materiellen Welt überhaupt nicht erwartet werden kann, sondern dass jede Existenz unter den Bedingungen des *saṃsāra* leidhaft verfasst ist – selbst für die Träger von ›gutem‹ Karma. Der Grund dafür liegt darin, dass es nach der buddhistischen Lehre kein ›Sein‹ gibt, das von Dauer gekennzeichnet wäre, sondern nur Werden und Vergehen. Jedes Werden und Vergehen erzeugt Leiden: unliebsame oder unangenehme Zustände sind unmittelbar mit ihrem Entstehen leidhaft, während liebgewordene oder angenehme Zustände durch ihr Vergehen Leid verursachen.

Unter den vom Buddhismus beschriebenen Bedingungen macht ›gutes‹ Karma es durchaus wahrscheinlicher, dass vorübergehend angenehme Zustände eintreten, die äußerlich so aussehen wie das, was die israelitische Tradition als ein ›gesegnetes‹ Leben beschreiben würde. Damit steigt aber auch die Herausforderung, sich nicht von diesen Zuständen abhängig zu machen – keine ›Anhaftung‹ an sie zu entwickeln, denn umso größer wird der Schmerz über den notwendig eintretenden Verlust sein, wenn das Angenehme wieder vergeht. Das äußerste Extrem dieser Erfahrungswirklichkeit bildet das Dasein der Gottheiten, die nach buddhistischer Lehre Wesen innerhalb des *saṃsāra* sind und die damit wie alle anderen Lebewesen grundsätzlich dem Leiden an Werden und Vergehen unterworfen sind. Die Existenz einer Gottheit ist der am längsten dauernde angenehme Zustand, der innerhalb des *saṃsāra* erreicht werden kann, und es erfordert viel ›gutes‹ Karma, um dorthin zu gelangen – aber der Abschied von der letztlich doch endlichen Existenz als Gottheit ist auch die größte Herausforderung eines Loslassens, die von einem lebenden Wesen erfahren werden kann.

Das buddhistische Verständnis von Karma unterscheidet sich von hinduistischen Verständnissen dadurch, dass es weit stärker verallgemeinerbaren Grundsätzen unterliegt, welche Handlungen ›gutes‹ Karma bewirken und welche Handlungen ›schlechtes‹ Karma. Die elementarsten Grundsätze dafür sind in den fünf Tugendregeln (*pañcaśīla*) zusammengefasst: schlechtes Karma wird insbesondere dadurch bewirkt, andere Lebewesen zu schädigen oder zu töten; zu nehmen, was nicht gegeben wird; ausschweifende sexuelle Handlungen zu vollziehen, zu lügen bzw. üble Nachrede zu verüben, sowie bewusstseinstrübende Substanzen zu sich zu nehmen. Dabei ist die karmische Wirkung dieser Handlungen nach buddhistischer Auffassung jedoch davon abhängig, in welcher Absicht sie ausgeführt werden. Die eigentliche Wurzel des Leidens und des schlechten Karmas sind Gier, Hass und Verblendung. Die genannten Handlungen bewirken schlechtes Karma insbesondere dann, wenn sie Ausdruck von Gier, Hass und Verblendung sind, während das versehentliche Zertreten einer Ameise nicht dieselbe karmische Wirkung hat wie das Töten aus Hass.

Auch im Buddhismus lässt sich nun beobachten, dass die ursprünglich jeder Vorstellung von ›Segen‹ konträre Wirklichkeitsdeutung durch Karma und *saṃsāra* wieder abgemildert wird durch Praktiken und Vorstellungen, die durchaus in gewisser Hinsicht als Analogien zu ›Segen‹ betrachtet werden können.

Eine erste in diese Richtung weisende Praxis ist bereits Bestandteil des ältesten Buddhismus. Sie könnte auf den historischen Buddha Siddharta Gautama selbst zurückzuführen sein und wird auch im Theravada-Buddhismus praktiziert, der als die Richtung des Buddhismus mit der größten Nähe zu den Lehren des historischen Buddha gilt.

Zur frühen buddhistischen Lehre gehört eine Aufzählung von vier Bewusstseinszuständen, die dazu in der Lage sind, die Grenzen zwischen dem (illusionär so erlebten) Selbst und den von sich selbst getrennt erfahrenen anderen Lebewesen aufzuheben. Diese vier Bewusstseinszustände sind Güte, Mitleid, Mitfreude und Gleichmut. Sie werden unter dem Begriff *brahmavihāra* zusammengefasst: die vier himmlischen Verweilzustände.

Auf der Grundlage der Lehre von den vier entgrenzenden Bewusstseinszuständen wird eine Form der Meditation gelehrt, die als *brahmavihāra-bhāvanā* bezeichnet wird. Dabei geht es darum, dass der oder die Meditierende durch Konzentration in sich der Reihe nach Güte, Mitleid, Mitfreude und Gleichmut hervorbringt und sie dann den Teilen der Wirklichkeit zuwendet, die er oder sie noch von sich selbst getrennt wahrnimmt: den vier Himmelsrichtungen und allen Lebewesen.

Die Wirkung dieser Meditation wird primär darin gesehen, die entgrenzenden Bewusstseinszustände einzuüben, sie mehr und mehr als eine dauerhafte Haltung einzunehmen und darüber zunehmend das aus buddhistischer Sicht verblendete Wirklichkeitsverständnis abzulegen, wonach das ›Selbst‹ (*ātman*) von den Wesen in seiner Umgebung getrennt erscheint. Positiv gewendet geht es darum, die Wirklichkeit der Verbundenheit von allem mit allem mehr und mehr zu begreifen.

In den Kategorien der Trennung von Selbst und Umwelt gedacht scheint es also primär um die Entwicklung des Selbst zu gehen. Gleichzeitig werden der Praxis des *brahmavihāra-bhāvanā* jedoch durchaus auch manifeste Wirkungen auf die Umwelt zugeschrieben: eine Episode aus der Legende des Buddha Siddharta Gautama berichtet davon, dass Gegner des Buddha einen wütenden Elefanten auf ihn hetzten und dass der Buddha den Elefanten allein durch die Praxis des *brahmavihāra-bhāvanā* besänftigt habe (*Cullavagga* 7,3,11–12 [s. Horner: 1938–1966]).

Gemäß dem eigentlichen Wirklichkeitsverständnis des Buddhismus jedoch ist eine solche Unterscheidung von Wirkungen auf das

Selbst und auf die Umwelt ohnehin hinfällig, da deren Trennung ja nur eine scheinbare ist und es in Wirklichkeit darum geht, die Verbundenheit von allem mit allem mehr und mehr erfahrbar werden zu lassen.

Hinsichtlich des zugrundeliegenden Wirklichkeitsverständnisses ist der *brahmavihāra-bhāvanā* sicherlich nicht mit jüdischen, christlichen oder islamischen Vorstellungen von ›Segen‹ zu vergleichen.

Hinsichtlich der Haltung, die dabei gegenüber anderen Lebewesen, insbesondere gegenüber anderen Menschen eingenommen wird, lässt sich jedoch durchaus eine gewisse Analogie zu Handlungen der Segensspendung beschreiben. Hier wie dort geht es darum, dass eine Haltung des Wohlwollens gegenüber anderen Menschen eingenommen wird, dass die innere Haltung durch eine Körperhaltung zur Performanz gebracht wird und dass diesem Vorgang eine Auswirkung auf das Wohlergehen der Menschen zugeschrieben wird, denen Segen bzw. Güte, Mitleid, Mitfreude und Gleichmut zugewandt wird.

Im Mahayana-Buddhismus, der religionsgeschichtlich etwas jünger ist als der Theravada-Buddhismus, hat sich darüber hinaus eine Vorstellung entwickelt, die eine noch deutlich engere Analogie zur Vorstellung von Segenspendern in Judentum, Christentum und Islam darstellt: das Bodhisattva-Ideal. Auch der Tibetische Buddhismus – die dritte Hauptrichtung des Buddhismus – hat diese Vorstellung aufgenommen.

Unter einem Bodhisattva verstand die buddhistische Terminologie ursprünglich ein Wesen, das sich auf dem Weg zur Erleuchtung befindet wie der Buddha in seinen Leben vor seinem Erwachen. Mit der Zeit hat sich in den Vorstellungen des Mahayana-Buddhismus die Grenze zwischen Buddhas und Bodhisattvas verwischt, so dass Bodhisattvas teilweise auch als Wesen beschrieben werden, die ihre Erleuchtung bereits erlangt haben und die damit nicht mehr weiter im *saṃsāra*, dem Kreislauf der Wiedergeburten, gefangen sind (Freiberger/Kleine 2011: 209). Die Erleuchtung würde eigentlich nach der Vorstellung des ältesten Buddhismus zum ›Verlöschen‹ führen – dem ersehnten Zustand des *nirvāṇa*, der nicht mehr dem leidhaften Werden und Vergehen unterworfen ist, der aber auch jenseits aller Möglichkeiten liegt, noch irgendeinen Einfluss auf die Geschehnisse in der Welt des *saṃsāra* zu nehmen.

Der oder die Bodhisattva wird jedoch beschrieben als ein schon vollständig befreites Wesen, das für weitere Leben im Wirkbereich des *saṃsāra* verbleibt, um dort anderen Wesen auf ihrem Weg zur Befreiung helfen zu können.

Den Bodhisattvas wird eine schier unermessliche Opferbereitschaft zugeschrieben. Im Mahayana-Buddhismus und Tibetischen Buddhismus gilt Karma als übertragbar von einem Wesen zu einem anderen. So können die Bodhisattvas nicht nur als Wegweiser und Vorbilder für den Erwerb von gutem Karma und den Weg der Erleuchtung wirken, sondern sie übertragen darüber hinaus ihr eigenes, gutes Karma auf Wesen, die dessen besonders bedürftig sind. Außerdem tragen manche von ihnen die Folgen des schlechten Karma ab, das andere Wesen angehäuft haben, indem sie freiwillig die Wiedergeburt in Lebensformen auf sich nehmen, die als Folge von besonders schlechtem Karma gelten. Bei all dem steigert sich jedoch das Potential der Bodhisattvas an gutem Karma nur immer weiter, denn ihre Opferbereitschaft wirkt neues gutes Karma, das sie dann zusätzlich anderen Wesen zuwenden können.

Die Rolle der Bodhisattvas ist nun einerseits ein spirituelles Ideal, das sehr viele Buddhistinnen und Buddhisten für sich selbst erstreben. Als letzte Konsequenz des auch schon im ältesten Buddhismus vorhandenen Gedankens, dass alles mit allem verbunden ist, geht es in den jüngeren Richtungen des Buddhismus nicht mehr nur um das Auslöschen der jeweils ›eigenen‹ Gefangenschaft im *saṃsāra*, sondern das Ziel allen Strebens ist die Befreiung aller Wesen und die Beendigung der Welt des *saṃsāra* insgesamt.

Um die Mitwirkung an diesem Ziel für sich selbst zu übernehmen, gibt es die Praxis des Bodhisattva-Gelübdes, das von zahlreichen Buddhistinnen und Buddhisten abgelegt wird. Dieses Gelübde wird in unterschiedlichen Formeln überliefert und beinhaltet neben einer Reihe von Verpflichtungen, dem vom Buddha beschriebenen Weg der Tugend, der Weisheit und der Meditation zu folgen auch die Verpflichtung, von den eigenen karmischen Verdiensten an andere Wesen abzugeben (Freiberger/Kleine 2011: 209 f.).

Neben dem Idealbild für alle Anhängerinnen und Anhänger des

Mahayana beschreibt die Rolle der Bodhisattvas jedoch auch eine Klasse von Wesen, die diesen Status bereits aktuell erreicht haben. Auf dieser Basis ist in der mündlichen und schriftlichen Tradition von Mahayana-Buddhismus und Tibetischem Buddhismus ein sehr reicher Bestand an mythischen Erzählungen entstanden, in denen einzelne Bodhisattvas namentlich vorgestellt und charakterisiert werden und in denen die Wohltaten beschrieben werden, die sie hilfsbedürftigen Wesen zuwenden.

Die wirkungsgeschichtlich wohl einflussreichste Gestalt eines solchen Bodhisattva ist *Avalokiteśvara*, dessen Verehrung sich von Indien aus in alle Länder des Mahayana-Buddhismus und nach Tibet verbreitet hat und der dabei in männlichen wie in weiblichen Gestalten dargestellt wird. *Avalokiteśvara* gilt als Verkörperung des universalen Mitgefühls. Er bzw. sie soll der Legende nach alle Welten durchwandert haben im Bestreben, den Wesen zu helfen. In der buddhistischen Frömmigkeit spielen die männlichen und weiblichen Gestalten von *Avalokiteśvara* eine wichtige Rolle als Nothelfer, die nicht nur auf der Suche nach Befreiung aus dem *saṃsāra*, sondern auch in Belangen des diesseitigen Wohlergehens angerufen werden. Nach der Vorstellung des Tibetischen Buddhismus ist *Avalokiteśvara* besonders mit dem Land Tibet verbunden und verkörpert sich in zahlreichen Meistern des Tibetischen Buddhismus, u. a. im Dalai Lama, dem spirituellen und früher auch weltlichen Oberhaupt dieser Richtung des Buddhismus.

Quellen- und Literaturverzeichnis

1. Quellen

Horner 1938–1966: Horner, Isaline Blew: *The Book of the Discipline.* Vol. 1–6, London 1938–1966.
Khoury 2004: Khoury, Adel T. (Hg.): *Der Koran.* Arabisch – Deutsch. Übersetzung und Kommentar, Gütersloh 2004.
Khoury 2008–2011: Khoury, Adel T. (Hg.): *Der Hadith.* Urkunde der islamischen Tradition, Bde. 1–5, Gütersloh 2008–2011.

2. Sekundärliteratur

Freiberger/Kleine 2011: Freiberger, Oliver/Kleine, Christoph: Buddhismus. Handbuch und kritische Einführung, Göttingen 2011.
Müller-Karpe 1998: Müller-Karpe, Hermann: Grundzüge früher Menschheitsgeschichte, Bde. 1–5, Darmstadt 1998.
Ohlig 2002: Ohlig, Karl-Heinz: Religion in der Geschichte der Menschheit. Die Entwicklung des religiösen Bewusstseins, Darmstadt 2002.
Otto 1997: Otto, Rudolf: Das Heilige (1917), München 1997.
Piano 2004: Piano, Stefano: Religion und Kultur Indiens, Wien u. a. 2004.
Schumann 2000: Schumann, Hans W.: Handbuch Buddhismus. Die zentralen Lehren. Ursprung und Gegenwart, Kreuzlingen/München 2000.
Sundermeier 1988: Sundermeier, Theo: Nur gemeinsam können wir leben. Das Menschenbild schwarzafrikanischer Religionen, Gütersloh 1988.
Van Ess 2003: Van Ess, Hans: Der Konfuzianismus, München 2003.
Zirker 2012: Zirker, Hans: Der Koran. Zugänge und Lesarten, Darmstadt 2012[2].

3. Literaturhinweise zum vertiefenden Studium

Affolderbach, Martin/Wöhlbrand, Inken: Was jeder vom Islam wissen muss, Gütersloh 2011[8].
Freiberger, Oliver/Kleine, Christoph: Buddhismus. Handbuch und kritische Einführung, Göttingen 2011.
Michaels, Axel: Der Hinduismus. Geschichte und Gegenwart, München 1998.
Van Ess, Hans: Der Konfuzianismus, München 2003.

Altes Testament

Martin Leuenberger

Segen im Alten Testament

Das Leben zu sichern und zu steigern, stellt auch im alten Israel seit frühester Zeit ein fundamentales Ziel menschlicher Bestrebungen dar, wie sich bereits in den ältesten außerbiblischen Quellen aus Palästina/Israel erheben lässt. Dementsprechend steht beim Segensvorgang und -vollzug – dem Segnen – die Vermittlung lebensförderlicher und d.h. im weiten Sinn auch heilschaffender Kraft im Zentrum (so zuletzt Vonach 2013: 359): »Segen gehört zu den fundamentalen Vorstellungen, in denen Gottes Zuwendung zu seiner Schöpfung, insbesondere zu den Menschen, Ausdruck findet« (Feldmeier/Spieckermann 2011: 272 f.). Insofern handelt es sich um »die umfassendste Form, in der Gott seinen Beziehungswillen zur Schöpfung kundtut« (ebd.: 275). Dabei tritt eine (hermeneutisch reflektier-, aber prinzipiell unhintergehbare) anthropozentrische Perspektive hervor, die »letztlich auf das Wohl des Menschen« zielt (Vonach 2013: 360).

Im Einzelnen lassen sich sowohl in den unterschiedlichen biblischen Textcorpora als auch im Verlauf der vorexilischen, exilischen und nachexilischen Religions- und Theologiegeschichte tiefgreifende Differenzen und Entwicklungen erheben: Sie betreffen nicht nur die Spender (Gottheiten/Menschen) und die Empfänger von Segen (Gottheiten/Menschen/Einzelne/Israel/Völker/Objekte), sondern auch dessen Formulierungen (Wunsch/Feststellung), Kontexte (Begrüßung/private Religion/offizielle Religion/diverse Gattungen), Bedingungen (Gebote usw./keine Konditionierung), Bereiche (Diesseits/Jenseits) und Inhalte (Land/Fruchtbarkeit/Wohlstand/Heil) (s. u. S. 55–65).

1. Einführung: Segensvorstellungen im alten Israel

1.1. Formulierungsweisen

Seg(n)en wird im Hebräischen mit verbalen und nominalen Bildungen des Lemmas ברך *brk* II: »segnen« ausgedrückt, die etymologisch von ברך *brk* I: »knien« zu unterscheiden sind (Aitken 2007: 93 f.; Leuenberger 2008a: 4). Es liegt damit im Unterschied zum lexikalisch vielfältigen Fluchvokabular ein klar umgrenztes Aussagefeld vor, das es auch sachlich selbständig zu erschließen gilt, ohne es von vornherein vom Gegenpol des Fluches aus zu bestimmen (so etwa mit Feldmeier/Spieckermann 2011: 273 f.; Leuenberger 2008a: 29 f. Anm. 101).

ברך *brk* II (im Folgenden kurz ברך *brk*) bedeutet nach allgemeinem Konsens, lebensfördernde »Heilskraft/heilschaffende Kraft« zu vermitteln (Keller/Wehmeier 1971: 355) und zielt in pragmatischer Hinsicht dementsprechend darauf ab, das Leben zu sichern und zu fördern. Das semantische Bedeutungsumfeld umfasst daher Ausdrücke wie שלום *šālôm*: »Friede«, אשרי *'ašrê*: »Selig!«, פרה *prh*: »fruchtbar sein« u. a. m. (s. Aitken 2007: 37 f.; 111 f.; Leuenberger 2008a: 12 f. 29 f.).

1.2. Die Segens-Grundkonstellation

Inventarisiert man sämtliche althebräischen Segensformulierungen, so lässt sich eine idealtypische ברך-Grundkonstellation rekonstruieren: Sie wird dadurch konstituiert, dass ein menschliches oder göttliches Subjekt durch eine Handlung und/oder Äußerung ein menschliches, göttliches oder dingliches Objekt segnet bzw. mit Segen ausstattet/ausgestattet sieht. Vom deutschen Sprachgebrauch aus fällt namentlich die formal identische Verwendung von ברך *brk* in Bezug auf Menschen und Gottheiten auf (welcher Gebrauch die Septuaginta dann ebenso wie weitere Bedeutungsaspekte auf das neu verstandene griechische εὐλογεῖν: »segnen« überträgt – das anders als im Deutschen zwar das Rühmen von Gottheiten, nicht jedoch deren Gabe an die Menschen [s. dafür ὄλβος: »Heil, Glück, Wohlstand, Reichtum«] bezeichnet). Man kann diese Eigenart von

ברך *brk* daher mit Recht als theologisch-anthropologische Reziprozität bezeichnen (s. Häusl/Ostmeyer 2009: 515 f.; Vetter 1995: 15; Frettlöh 2005: 401 f.; Frechette 2012: 131 f.; 2013: 112 f.; anders Wehmeier 1970: 231). Zudem weisen alle Nominalsätze und viele Verbalsätze eine indikativisch-jussivische Unbestimmtheit auf, die im Deutschen meist aufgelöst werden muss; damit erweist sich die Unterscheidung von indikativischem Segensspruch und jussivischem Segenswunsch (s. Gunkel/Begrich 1966: 293–309) als sekundärer Vorgang (Müller 1992: 9 f.21).

Eine Reihe fakultativer Näherbestimmungen kann hinzutreten, so etwa in Bezug auf die Form, die Situation, den Inhalt, die Bedingung oder die Begründung des Segens usf., wie sie das folgende Schema in Auswahl graphisch darstellt. Prominent tritt dabei im Fall von menschlichen Segensspendern namentlich die Angabe des implizierten göttlichen Wirkbereichs hervor, die sich auch in außerbiblischen Inschriften regelmäßig findet (Präposition ל *l* + Gottheit als Angabe der Wirkursache oder der Zugehörigkeit des Segens).

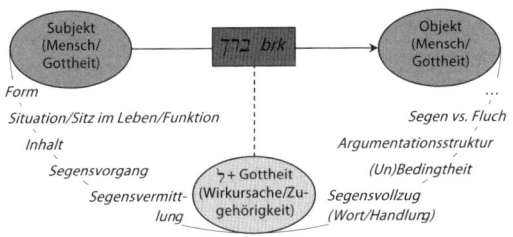

Abb. 1: ברך-Grundkonstellation

1.3. Zur Quellenlage

Die Segensthematik tritt sowohl in Textquellen als auch in Bildquellen aus dem alten Israel und dem alten Orient auf (s. zum Ganzen Keel/Uehlinger 2001; Schroer 2005; 2008; 2011; zur Thematik besonders Smith 2011). Diese ikonographischen Belege bieten Einsichten in wesentliche Motivkonstellationen der Segensthematik und sind insofern für das Verständnis der konzeptionellen Horizonte relevant (s. zum Ganzen Leuenberger 2008a: 12 f. 31 f.; 2008b/2009 [Lit.]). Sie bergen jedoch das methodische Problem, dass sich prinzipiell erst anhand von ergänzenden sprachlichen bzw. textlichen Informationen eine Bestimmung als Segensvorgänge vornehmen lässt; deshalb liegt im Folgenden der Fokus auf den Segenstexten.

Das Lexem ברך *brk* ist dabei nicht nur im AT breit belegt (437x), wo sich die in den Kapiteln 2–6 zu behandelnden Schwerpunkte zeigen, sondern es findet sich prominent auch in wichtigen althebräischen Inschriften aus vorexilischer Zeit (ca. 45x). Dies ist methodisch und sachlich von eminenter Bedeutung, da so eine belastbare historische Rekonstruktion der Segensthematik möglich wird (vgl. Crawford 1992; Müller 1992; Leuenberger 2008a: 113 f.): »Das wichtigste außerbiblische Vergleichsmaterial [sc. zu den alttestamentlichen Segenstexten, M. L.] bieten die althebräischen Inschriften« (Veijola 2000: 76), die »sprachlich und religionsgeschichtlich wegen« ihres »hohen Alters ein besonderes Interesse beanspruchen« können (Müller 1992: 16).

1.4. Wichtigste Segensinschriften

Aus diesem epigraphischen Corpus ragen – auch zeitlich recht günstig verteilt – als wichtigste Segenstexte die Pithosinschriften aus Kuntillet ʿAjrud (um 800 v. Chr.), die Grabinschrift aus Ḥirbet el-Qom (um 700 v. Chr.) und die Silberamulette vom Ketef Hinnom in Jerusalem (um 600 v. Chr.) heraus, ergänzend kommen einige weitere Segensformeln und Segenstexte aus der Eisenzeit IIC (v. a. 7. Jahrhundert v. Chr.) hinzu (s. dazu ausführlich Leuenberger 2008a: 113 f.; 2011: 148 f. [Lit.] und mit Parallelen Berlejung 2011: 305 f.). Eine Auswertung des Materials erbringt im vorliegenden Horizont vorab fünf wichtige Einsichten:

(1) Ähnlich wie im AT (s. besonders u. S. 63 f.) werden entsprechend dem *reziproken Segensverständnis* bisweilen auch *Gottheiten* wie Jhwh oder Baʿal gesegnet. So preist eine Höhleninschrift aus En Gedi (um 700 v. Chr.): *brk · yhw[h] … brk ʾdn[y]*: »Gesegnet ist/sei Jhw[h] … Gesegnet ist/sei [mein] Herr«. (Dagegen lautet die

Wandinschrift 4.2 aus Kuntillet ʿAjrud wohl nicht *brk · bʿl · bym · mlḥmh*: »Gesegnet ist/sei Baʿal am Tag des Krieges« [Leuenberger 2008a: 116; Meshel 2012: 110 f.], sondern *lbrk · bʿl · bym · mlḥmt*: »Gesegneter des Baʿal am Tag des Kriegs« [s. Blum 2013: 25 f.]).

(2) Großmehrheitlich ergeht der Segen jedoch auch in den Inschriften an menschliche Empfänger. Dabei wird die Frage der *Segensvermittlung* ausgesprochen intensiv reflektiert und oft die göttliche Fundierung der zwischenmenschlichen Segensspendung herausgestellt. Auf den berühmten Pithosinschriften aus Kuntillet ʿAjrud lautet die Standardformulierung: *brktk/brkt ʾtkm lyhwh šmrn/ (h)t(y)mn wlʾšrth*: »Ich segne dich/euch hiermit vonseiten Jhwhs von Samaria/Teman und vonseiten seiner Ascherah« (Kuntillet ʿAjrud 3.1; 3.6; 3.9, dazu Meshel 2012: 87 f.95 f.98 f.; Leuenberger 2008a: 119 f.; Blum 2013: 44). Zunächst macht die perfektische Formulierung deutlich, dass der Segensvollzug sich im Akt der Äußerung/des Lesens (ursprünglich vermutlich in der Kontaktsituation von Begrüßung oder Abschied verortet [s. Leuenberger 2008a: 10 f.; Vonach 2013: 361]) performativ ereignet, also mehr ist als eine Bitte. Diese wirkmächtige Segnung durch den menschlichen Spender wird im göttlichen Wirkbereich angesiedelt und damit legitimiert. Konkret agieren Jhwh und seine Partnerin Ascherah (zu ihrer kontroversen Einschätzung s. die Lit. bei Leuenberger 2008a: 121 Anm. 35), die ihm zu- und untergeordnet wird, als Handlungseinheit.

Demgegenüber widerspiegeln jüngere Inschriften eine markante Transformation dergestalt, dass sich eine zunehmende Konzentration auf Jhwh vollzieht, der sich in spätvorexilischer Zeit zum alleinigen und exklusiven Segensgaranten wandelt: Während in Ḥirbet el-Qom Ascherah bei der Feinderrettung noch involviert ist, der Segen an und jenseits der Todesschwelle aber nur noch von Jhwh gespendet wird (*brk · ʾryhw · lyhwh*: »Gesegnet ist/sei Uriyahu vonseiten Jhwhs«), verschwindet Ascherah in der Folge komplett aus den Segensvollzügen (so in Ketef Hinnom: *ybrk yhwh [w]yšmrk*: »Es segne dich Jhwh, [und] er beschütze dich« sowie in weiteren Segensformeln [s. dazu Leuenberger 2008a: 150 f.]); dieser Entwicklungsstand ist auch im AT – abgesehen von wenigen urtümlichen Konstellationen – vorausgesetzt.

(3) Mit dieser Konzentration auf Jhwh hängt eine zweite grundle-

gende Transformation zusammen: Die *Expansion des Segensbereichs* vom ursprünglichen Ziel des vitalen Wohlergehens im Diesseits bis an die Schwelle des Todes und darüber hinaus ins Totenreich hinein. Dies lässt sich aus den Verwendungen der Segensaussagen von Ḥirbet el-Qom und Ketef Hinnom im Grabbereich erschließen. Im Zusammenhang mit der auch im AT erhebbaren langfristigen Kompetenzausweitung Jhwhs auf die Unterwelt (s. dazu Eberhardt 2007) umfasst Segen dann auch jenseitige Lebensfülle.

(4) Auffällig ist weiter, dass die Segensformulierungen in den älteren Stadien in aller Regel *unbegründet und unbedingt* ergehen (was vermutlich an der Einbindung in spezifische Kommunikationssituationen liegt), während der Fluch in aller Regel einer Näherbestimmung, »Begründung oder Bedingung [bedarf], die menschliches Fehlverhalten markiert« (Janowski/Scholtissek 2006: 366 [Janowski]).

(5) Schließlich bleiben die *Segensinhalte* – wiederum vergleichbar mit dem AT – meist reichlich unspezifisch, weisen aber einerseits eine materielle Komponente auf und tendieren andererseits gerne ins Umfassende (»alles«, Schutz, Rettung, Frieden u. ä.; s. Kim 2012: 134 f. u. a.): Segen zielt auf ganzheitliches Wohl und Heil im Diesseits.

Aufs Ganze liefern diese epigraphischen Befunde auch für die älteren Segenstexte des AT wichtige religions- und theologiegeschichtliche Vergleichsdaten. So tragen die althebräischen Inschriften wesentlich dazu bei, die allzu lange vorherrschende theologische Marginalisierung der Segensthematik zu überwinden: Sie dokumentieren unübersehbar, dass im alten Israel »nothing was more important than securing the blessing of God in one's life or nation« (Brown 1997: 758 [kursiv]; s. zum Ganzen Leuenberger 2008a: 12 f.; Mathys 2010). Mithin zählt die Segensthematik zu den konstantesten und grundlegendsten Elementen der religiösen Symbolsysteme Israels und Judas.

1.5. Altes Testament

Gegenüber den auf die vorexilische Staatszeit beschränkten Inschriften decken die alttestamentlichen Segensbelege einen größeren Zeitraum des 1. Jahrtausends v. Chr. ab und führen namentlich über die Zäsur des Exils hinaus in die für die alttestamentliche Literatur formative persische und hellenistische Epoche. Da die Traditionsliteratur der HB in aller Regel über einen längeren Zeitraum entstanden ist, ermöglicht eine kritische Analyse es, religions- und theologiegeschichtliche Längsschnitte der Segensthematik nachzuzeichnen, die mehrfach von den literaturgeschichtlichen Anfängen bis zum Abschluss der produktiven Entstehungsgeschichte reichen und Einblicke in die grundlegenden Transformationen geben (s. besonders u. S. 57–62).

Wertet man die statistischen Befunde zu ברך *brk* aus, ergeben sich fünf unterschiedlich starke Schwerpunkte in der Vätergeschichte der Genesis, im Deuteronomium, im Psalter, in der Priesterschrift und in der Rahmenerzählung des Hiobbuchs. Sie werden im Folgenden aus Gründen der Übersichtlichkeit nicht als synoptische Geschichte der alttestamentlichen Segensvorstellungen dargestellt (s. dazu Leuenberger 2008a: 453 f.; 2008c), sondern in kanonischer Reihenfolge behandelt.

2. Die Priesterschrift

Die Priesterschrift (P), die trotz ihres literargeschichtlichen Konstruktionscharakters weitestgehend akzeptiert ist, und ihr kompositionell wie inhaltlich markantes Profil der Segensvorstellungen beherrscht den Anfang der HB. In ihrem Grundbestand (P^G), auf den sich die folgenden Beobachtungen hauptsächlich konzentrieren (müssen), lässt sie sich nach breitem Konsens relativ exakt ins späte 6. Jahrhundert datieren (sei es noch spätexilisch in Babylon oder frühnachexilisch in Jerusalem), wodurch sie sich von der großen traditions- und literaturgeschichtlichen Breite der folgenden Corpora der Vätergeschichte, des Deuteronomiums und des Psalters unterscheidet.

Die Priesterschrift bietet, und darin besteht wahrscheinlich ihre ureigene literaturgeschichtliche Leistung, eine weitgespannte Ursprungsgeschichte Israels: Sie setzt ein bei der Schöpfung der Welt mit dem ›Schöpfungssegen‹, der näherhin eine universale Segnung (nur) bestimmter Tiere, aller Menschen (Gen 1,22.28 [»Und Gott segnete sie und Gott sprach zu ihnen: ›Seid fruchtbar ...‹«]) sowie des Sabbats (Gen 2,3 [»Und Gott segnete den siebten Tag und heiligte ihn, denn an ihm ruhte er von all seiner Arbeit ...«]) umfasst. Danach spannt sich der Bogen über den nachsintflutlichen Noahbund (Gen 9,1) und den Abrahambund (Gen 17,16.20) bis zu der nach dem Exodus durch Mose vorgenommenen Kulteinrichtung für Israel mitsamt priesterlich-kultischer Segensvermittlung an Israel (Ex 39,43 [»... Und Mose segnete sie«]; Lev 9,22 f. [»Und Aaron erhob seine Hände über das Volk, und er segnete sie ... [23] Und Mose und Aaron ... und sie segneten das Volk«]). Erst damit erreicht gemäß der Priesterschrift die Schöpfung ihre Vollendung: Der partikulare, künftig priesterlich-kultisch vermittelbare Segen stellt das innere Ziel des universalen, »am Anfang« einsetzenden göttlichen Schöpfungshandelns dar. Damit ist, »[d]urchaus vergleichbar mit den Bundesschlüssen, [...] die Thematik des Segens Gottes in P^G von nicht geringer Bedeutung« (Bosshard-Nepustil 2005: 127).

Segensthematisch wird dieser weite Spannungsbogen so erreicht, dass zunächst Gott in einer ›vertikalen‹ Relation den – durchgängig unkonditionierten – Segen an Tiere und Menschen, näherhin dann in einer sukzessiven Konzentrationsbewegung an Abraham(iten) und Jakob/Israel, vermittelt, bevor dieser Segen dann – mit Jakob/Israel (Gen 28,1 f.; 35,9; 48,3; 49,28*) als Schnittstelle – in einer ›horizontalen‹ Segensrelation zwischenmenschlich weitergegeben wird (wogegen Gott konsequenterweise nirgends als Empfänger menschlichen Segens erscheint). Diese Dynamik wird dadurch unterstrichen, dass sie konstant durch Pi‘el-Verbalformen formuliert wird (die 21 der 22 Segensbelege der Priesterschrift ausmachen [nominal nur Gen 28,4]).

Während die Priesterschrift dabei in der Vätergeschichte an ältere Segensaussagen in der nichtpriesterlichen Tradition anknüpfen kann und diese vereinheitlichend ausbaut, führt sie die Segensthematik in die Schöpfungserzählung und die Urgeschichte allererst neu ein, fundiert den Segen also schöpfungstheologisch. Dieser universalen Ausweitung korrespondiert die kulttheologische Zuspitzung in der abschließenden Exodus-Heiligtum-Erzählung mit der Einrichtung des partikular Israel Segen vermittelnden Kultbetriebs.

Diese reflektierte und konsequent durchdachte Segenstheologie der P, die den bedingungs- und begründungslosen Segen Gottes in dessen unvordenklicher, schöpferischer Zuwendung »am Anfang« fundiert, prägt – vermittelt über mehrere spät- und nachpriesterschriftliche Redaktionsetappen – auch noch die vorliegende Eröffnung der HB: Die Tora bzw. der Enneateuch führten zwar einerseits den universalen und unkonditionierten Schöpfungssegen der Priesterschrift über deren ursprüngliches Ziel hinaus bis zu dem materielle Lebenssteigerung spendenden, konditionierten und geschichtlich spezifizierten Segen des Deuteronomiums weiter, leiten diesen letzteren Segen jedoch andererseits konsequent von dem durch Gott schöpferisch gesetzten Anfang der Welt her.

3. Die Vätergeschichte der Genesis

Die Vätergeschichte der Genesis stellt statistisch wie inhaltlich eines der dichtesten Segenscorpora der HB dar, das freilich sowohl zwischen als auch innerhalb der großen Blöcke des Abrahamerzählkranzes (Gen 12,1–25,18), des Jakobzyklus' (Gen 25,19–36,43) und der Josephgeschichte (Gen 37–50) eine große Vielfalt der Dichte und des Profils der Segensvorstellungen aufweist; in literaturgeschichtlicher Hinsicht lassen sich daher – ähnlich wie im Dtn – markante Transformationen erkennen.

Der theologiegeschichtliche Ausgangspunkt liegt dabei nach breitem Konsens im Jakobzyklus, wo der Segen geradezu den »rote[n] Faden, der an den entscheidenden Wendepunkten zutage tritt«, bildet (Fischer 2003: 100).

Von den ältesten Einzelerzählungen aus der frühen und mittleren Königszeit (Gen 26 [Isaak]; 27; 32,23–32) zeigt besonders *Jakobs Erlistung des Segens in* Gen 27* urtümliche Züge, wie das refrainartige Leitmotiv »damit ich bzw. meine/deine [sc. Isaaks] Seele dich/mich [sc. Jakob] segne« (V.4.7.10.19.25.31) prägnant verdeutlicht. Anders als in der HB üblich, aber ähnlich wie in den Inschriften fungiert hier Isaak bzw. seine Näfäsch (die offenbar die segensvermittelnde Lebenskraft, die er vor dem Tod übertragen kann, bezeichnet) als vollmächtiger Segensspender. Jhwh kommt – neben der (sekundären) Jhwhisierung in V.7.20.27 – lediglich im Segenswort V.27 f. ›korrigierend‹ ins Spiel (s. a. Gen 26,12; 32,30): »²⁷Siehe, der Geruch meines Sohns ist wie der Geruch des Feldes, das Jhwh gesegnet hat. ²⁸Und Gott gebe dir vom Tau des Himmels und vom Fett der Erde und Fülle an Korn und Most. ²⁹Völker sollen dir dienen und Nationen sich vor dir niederwerfen [...]«. Aufs Ganze steht jedoch im jetzt insgesamt synergistischen Zusammenspiel weiterhin eindeutig Isaak (und mithin die zwischenmenschliche Segensvermittlung [s. a. Kuntillet ʿAjrud 3.1; 3.6; 3.9; Dtn 28,3–6*]) im Vordergrund: In der Abschiedssituation vor seinem Tod vermag der durch das Mahl gestärkte Isaak in einer Kombination von Handlung und Wort (s. besonders das Betasten V.21 f., Essen und Trinken V.25, Kuss und Riechen V.26) vollmächtig den Segen zu übertragen: Dieser verleiht Anteil an der transpersonalen, heilschaffenden Kraftsphäre des Segens, ist materiell-diesseitig (v. a. agrarische Fruchtbarkeit, später auch politische Herrschaft [V.29.37.40]) ausgerichtet, bleibt unkonditioniert und funktioniert – nach Art eines magischen Transfers (s. hierzu auch Gen 32,27 [»... Ich lasse dich nicht (los), wenn du mich nicht (zuvor) segnest«].30, wo Jakob am Jabbok dem numinosen Gegenüber den Segen abringt) – selbstwirksam, einmalig und irrevozibel, sodass der einmal gespendete Segen auch nach Entdeckung des Betrugs wirksam bleibt. (Darin unterscheidet sich der generationenübergreifende Segenszusammenhang von der konfuzianischen Vorstellung, s. o. Feldtkeller, in diesem Band S. 32 f.). Dies wird dann im Jakobzyklus Gen 25–35*; 49* narrativ ausgeführt (s. die Entsprechungen von Gen 27/33 und 28/32), der dann vermutlich im Jakob-Israelsegen für die 12 Stämme in Gen 49 gipfelt. Hier erhält insbesondere Joseph den Wasserversorgung, Fertilität und agrarische Gaben umfassenden göttlichen Segen des Vatergottes und El Šaddays (V.25 f.), darüber hinaus aber segnet Jakob auch alle Söhne: »Einen jeden gemäß seinem Segen segnete er« (V.28*).

Vom Jakobzyklus strahlt die Segensthematik dann literaturgeschichtlich nach vorne und hinten aus: Dies gilt zunächst für die spätvorexilische Verbindung mit dem Abrahamerzählkranz zu einer erstmals generationenübergreifenden Vätergeschichte als Ursprungserzählung Israels, welche die Verwirklichung von Jhwhs

Segen für Abra(ha)m ausführt und mit dem hierfür vermutlich neugeschaffenen Programmtext in Gen 12,1–4a eröffnet. Dem von Jhwh zum Auszug aufgeforderten Abram ergeht die Zusage: »²Und ich will dich zu einem großen Volk machen und dich segnen und deinen Namen groß machen, und [so] sollst du ein Segen sein. ³Und ich will die segnen, die dich segnen, und den, der dir flucht, verfluchen. Und [so] werden in [Abhängigkeit von der Relation zu] dir (בְּךָ) gesegnet werden alle Geschlechter der Erde«. Die dichten Formulierungen gipfeln im universalen Segen für alle – familial perspektivierten – Völker, sofern sie ein heilvolles Verhältnis zu (den) Abram(iten) einnehmen, denen dementsprechend eine kriteriologische Funktion zukommt. Dies wiederholt sich in den – ebenfalls als gewichtige Gottesreden formulierten – Redaktionspassagen Gen 26,3f.; 28,13–15. Abgesehen von den Völkern bleibt der Segen dabei weiterhin unkonditioniert (worin sich wie die Priesterschrift auch die Vätergeschichte elementar von der deuteronomisch-deuteronomistischen Tradition unterscheidet), er beinhaltet nun jedoch im Unterschied zu den älteren Aussagen Mehrung als Volkswerdung, (königsideologisch geprägte) Namensvergrößerung sowie Landgabe und Mit-Sein Jhwhs (neu in Gen 26,3; 28,13.15). Dabei erfolgt im genealogischen Horizont zugleich eine Futurisierung, indem der Segen sich neu als Verheißung auf die Volkszukunft bezieht; damit hängt schließlich auch die konsequente Bindung an Jhwh, der allein diese Zukunft gewähren kann, zusammen.

Hier führt dann in exilischer Zeit die Priesterschrift weiter (s. o.), bevor in nachexilischer Zeit die Vätergeschichte Gen 12–35*; 49* und die Josephgeschichte (mit Gen 39,5; 48,9.15f.20) in den P^S-Plot eingearbeitet und im Zuge dessen verschiedene Segens-Einschreibungen vorgenommen werden (s. Gen 14,19f.; 22,17f.; 24* u.a.). Dabei wird einerseits die patriarchale Segenssukzession komplettiert, andererseits ähnlich wie auf spätdeuteronomistischen Ebenen der Völkersegen akzentuiert, der weiterhin von der nur hier in der HB auftretenden (passiven) Segensvermittlung ›Israels‹ abhängt.

4. Das Deuteronomium

Nach der Vätergeschichte der Genesis stellt das Dtn den zweiten Brennpunkt im Pentateuch dar, wo »der Begriff Segen beherrschend« ist (Westermann 1978: 91): »Kein anderes Buch der Bibel spricht vom Segen Gottes in dieser Konkretion und Differenzierung« (Albertz 1996: 104).

Dies zeigt sich bereits im wahrscheinlich vordeuteronomischen *Segenssummarium Dtn 28,3–6,* das in seinem Grundbestand lautet:

3 Gesegnet bist/seist du in der Stadt,
   und gesegnet bist/seist du auf dem Feld.   Lebensbereiche: Stadt + Land
4*Gesegnet ist/sei die Frucht deines Leibes und die Frucht deines [Acker-]Landes […].   Fruchtbarkeit: Mensch + Land
5 Gesegnet ist/sei dein Korb und dein Backtrog.   Nahrung: Korb + Backtrog
6 Gesegnet bist/seist du, wenn du kommst, und gesegnet bist/seist du, wenn du gehst.   Lebensvollzüge: Kommen + Gehen

Die Reihe von sechs durchstrukturierten Partizipialsätzen bildet ein wohlgeformtes kleines Segenskompendium, das dem angesprochenen ›du‹ in allen Bereichen und Vollzügen des damaligen Lebens umfassenden Segen zuspricht (s. die auf Totalität zielenden Merismen ›Stadt/Feld‹ usw.); dies konkretisiert sich in den lebenswichtigen, aber damals weithin ungesicherten und gefährdeten materiellen Aspekten von Fruchtbarkeit und Nahrung. Dabei fällt die formelhaft-dichte, unbegründete und unbedingte sowie ohne expliziten Jhwh-Bezug auskommende Zusage auf, die zunächst wohl in eine spezifische Kommunikationssituation eingebunden war. Mit all dem fügt es sich bruchlos in die Segensvorstellungen ein, die zeitgenössische Inschriften erkennen lassen. Durch die Integration in den denternomischen Grundbestand und durch dessen nachfolgende Literaturgeschichte haben sich grundlegende Transformationen der Segenskonzeption abgespielt, die im engeren Kontext von Dtn 28 noch recht gut rekonstruierbar sind, die aber jeweils auch im sich formierenden Dtn insgesamt hervortreten.

Über die Kollektivierung des Segens für Israel (›du‹/›ihr‹) hinaus sind dabei hauptsächlich *zwei Charakteristika* für (nahezu) alle Ebenen des Dtn hervorzuheben: Zum Einen erfolgen Segensaussagen meist in der Standardformulierung, wie sie bereits der urdeuteronomische Grundbestand aus der Joschijazeit (spätes 7. Jahrhundert v. Chr.) etabliert: »Jhwh [dein Gott] segne[t/te] dich«. Die dabei erkennbaren temporalen und modalen Variationen hängen unmittelbar mit dem literarischen Setting des Dtn zusammen, in das die Segensaussagen eingebunden sind: Mose verkündet in seiner Abschiedsrede jenseits des Jordans die Ordnung Jhwhs für Israels künftige Existenz im Land und sagt bei Einhaltung dieses ›Treueeids‹ auf Jhwh (s. dazu Steymans 1995) umfassenden Segen zu (Dtn 12,15; 16,17); zugleich motivieren die Segenszusagen zur bereitwilligen Praktizierung des deuteronomischen Solidarethos, das im Rahmen des sogenannten Privilegrechts Jhwhs (Dtn 12,1–16,17) etwa die Zehntenabgabe (Dtn 14,24.29), das Leihen trotz des Erlassjahrs (Dtn 15,10) oder die Sklavenfreilassung (Dtn 15,14.18) verlangt.

Die damit (neu) vorgenommene Konditionierung des Segens stellt das zweite Charakteristikum der deuteronomisch-deuteronomistischen Segensvorstellungen dar (s. jetzt Dtn 28,3–6 nach 28,1 f.) und wird in der Folge noch ausgebaut: Jhwhs Segen wird unter der Bedingung zugesagt, dass die göttlichen Gebote, Satzungen und Rechtsbestimmungen (wie sie das Dtn formuliert) eingehalten werden (z. B. Dtn 30,16); andernfalls droht der Fluch Jhwhs, dessen Folgen besonders in Dtn 28,15–68 umfassend und mehrschichtig entfaltet werden.

Weitere Ausdifferenzierungen der Segensvorstellung, die im Verlaufe der deuteronomisch-deuteronomistischen Fortschreibungen hinzutreten, umfassen neben der Ausdehnung der Segensgüter auf die Fruchtbarkeit von Menschen, (Nutz-)Tieren (besonders Rinder und Schafe [Dtn 7,13; 28,4]) und Pflanzen (s. sprichwörtlich Korn, Most und Öl [Dtn 7,13; 28,51]) in markanter Weise die politische Deutung des Segens als (völkerweite) Herrschaft (Dtn 7,12–16; 15,6; 28,1.7–14) sowie die Historisierung der Segenszusagen in einem heilsgeschichtlichen Horizont (Dtn 7,12 f.; 28,11; und dann Kap. 29 f. in buchübergreifenden Kontexten). Auf einer späteren (wohl exilischen) Ebene kommt hier auch das wirkmächtige Verbot, anderen Göttern zu dienen (Dtn 11,26–32; 28,14; 30,17 u. a.), hinzu. Und in nachexilischer Zeit erfolgt unter anderem die rituelle Ausgestaltung der Verpflichtung auf Jhwh als Segen-Fluch-Zeremonie (Dtn 27).

Interessant ist schließlich ein Blick auf den *Mosesegen in Kap. 33* am Ende des Dtn und des Pentateuch; er weist strukturell und inhaltlich enge Entsprechungen zum Jakobsegen in Gen 49 auf (insbesondere der Segen für Joseph aus Gen 49,25 f. wird in Dtn 33,13–16 rezipiert) und gehört möglicherweise zu einer den Pentateuch formativ ausgrenzenden Schlussredaktion, die den Pentateuch damit insgesamt segensthematisch einfasst: Dabei sind weniger die einzelnen Segnungen der Stämme relevant, die innerhalb des deuteronomisch-deuteronomistischen Spektrums verbleiben (Dtn 33,11.13.20.23 f.), als die späte Einleitung des Kapitels, die es mit Gen 49 parallelisiert (und zusätzlich den Isaaksegen Gen 27,7.10 aufgreift): »Und dies ist der Segen, mit dem Mose, der Mann Gottes, die Israeliten vor seinem Tod segnete« (Dtn 33,1). Das Nomen ›Segen‹ summiert dabei alles Folgende und wie dort ergeht der Segen uneingeschränkt, womit im deuteronomisch-deuteronomistischen Horizont höchst markant die übliche Segens-Konditionierung durch Gebotsgehorsam zurückgenommen wird. Man kann darin einen konzeptionellen Ausgleich mit der priesterlichen Konzeption sehen und insofern von einer postdeuteronomistischen Konzeption sprechen. Dazu fügt sich auch die Fundierung des Segens im immediaten (theokratischen) Königtum Jhwhs, wie sie der die Stammessprüche einfassende Rahmenpsalm Dtn 33,2–5.26–29 vornimmt. Damit liegt in Dtn 33 ein theologisch hoch reflektierter Segens-Schlussakzent vor, in dem Mose am Ende der Tora Israel Jhwhs Segen uneingeschränkt für die bevorstehende Existenz im Land zusagt.

5. Der Psalter

Für die (zumal innerhalb der Ketubim) vergleichsweise häufigen Segensaussagen im Psalter ist es charakteristisch, dass sie die *Reziprozität* der Segensbeziehung von Gott und Mensch zum Ausdruck bringen: Weil die Psalmen und der Psalter Gebetsliteratur darstellen, welche die ›Antwort(en) Israels‹ auf seine vielschichtigen Lebenserfahrungen coram deo formuliert (s. Janowski 2013), steht segensthematisch entsprechend die ›vertikale‹ Segensrelation zwischen Jhwh und (Einzel-)Mensch im Zentrum, und zwar eben als wechselseitiger Kommunikationsprozess, der nicht nur die göttliche Segnung von Menschen, sondern ebenso die menschliche Segnung Jhwhs umfasst.

Die von Jhwh erbetene *Segnung des Einzelnen* (der gern typisiert wird, z. B. als ›Gerechter‹) und des Volks findet sich bereits in der ersten Teilsammlung Ps 3–14 (s. Ps 5,13 und 3,9) und zieht sich durch den Psalter hindurch (mit Schwerpunkten etwa im ägyptischen Hallel Ps 113–118 oder in Ps 120–134). Die Konstellationen sind weithin typisch, fokussieren aber inhaltlich naheliegenderweise oft auf Schutz, Hilfe und Rettung, wobei durchaus die materiellen und gesellschaftlichen Kontexte der Beter mit im Blick stehen. Eine markante Zionsorientierung zeigt der *Wallfahrtspsalter Ps 120–134* mit seinem dichten Segensnetz: Jhwh spendet seinen Segen vom (zweiten) Tempel auf dem Zion aus seinen Frommen. Diese können sich dann auch untereinander segnen – ausnahmsweise sogar äußerst vollmächtig: »Wir segnen euch [hiermit] im Namen Jhwhs« (Ps 129,8; s. a. 118,26 »… vom Haus Jhwhs«); hier vollziehen Menschen ohne Einschränkung performativ Segnungen, auch wenn diese implizit im kultischen Horizont des Tempels und im Namen Jhwhs erfolgen, also gleichsam innerhalb der göttlichen Segenssphäre verortet sind. In diesem Rahmen wird dann korrespondierend auch Jhwh selbst gesegnet (Ps 134,1 f. gegenüber 133,3; 134,3).

Damit steht der zweite, im Psalter entscheidende Segensvollzug im Blick: die *Segnung Jhwhs* durch die Psalmbeter. Sie zeigt sich nicht nur in Einzelbelegen, sondern hält sich in den buchstrukturierenden Doxologien konsequent durch (Ps 41,41; 72,18 f.;

89,53; 106,48; s.a. 145,1f.21 → Ps 146–150; s. dazu Leuenberger 2011: 166–193). Liest man sie (im Zuge neuerer kompositioneller Einsichten) im historisierenden Buchablauf des Psalters, der sich von der davidisch-salomonischen Blütezeit (Buch I–II) über den Niedergang des Königtums (Buch III) bis zur Hoffnung auf die Exilswende (Buch IV) und deren Realisierung (Buch V) spannt, so zeigt sich: Auch am absoluten Tiefpunkt, an dem König, Staat und Volk ans Ende gekommen sind, wird – statt des zu erwartenden Fluches – Jhwh gesegnet und so an der Segensbeziehung Israels zu seinem Gott festgehalten: »Gesegnet ist/sei Jhwh in Ewigkeit! Amen, Amen.« (Ps 89,53). Damit wird das Segensverhältnis radikal transformiert und grundlegend vom Tun-Ergehen-Zusammenhang entkoppelt; diese ›weisheitskritische‹ Segenstheologie bildet eine der entscheidenden theologischen Pointen der Psalterkomposition, die inhaltlich nicht weniger markant ausfällt als das bekanntere narrative Pendant in der Rahmenerzählung des Hiobbuchs.

6. Die Hiob-Rahmen-Erzählung

Die prosaische Rahmenerzählung bietet genau sieben Segensbelege, die aufs Ganze jedoch eine im Rahmen der späten und kritischen Weisheitstradition angesiedelte erfahrungstheologische Segens-Konzeption erkennen lassen; noch stärker als im Psalter wird komplett auf das vertikale Segensverhältnis fokussiert, wobei konkret bekanntlich die wechselseitige Segnung Hiobs durch Jhwh und insbesondere Jhwhs durch Hiob im Zentrum steht.

Am prägnantesten zeigt sich dies im redaktionellen und theologischen Spitzensatz Hi 1,21 (f.) am Ende der ersten ›Prüfung‹ Hiobs, der auch in der strukturellen Entsprechung nach dem zweiten Durchgang validiert wird (Hi 2,9 [f.]). Auf die sprichwörtlichen Hiobsbotschaften (Hi 1,13–22) reagiert Hiob nicht mit dem zu erwartenden Fluch, sondern mit einer im feierlichen Kultstil (Pt. pu.) gehaltenen Segnung Jhwhs: »Jhwh hat gegeben, Jhwh hat genommen – es sei der Name Jhwhs gesegnet (יְהִי שֵׁם יְהוָה מְבֹרָךְ)« (Hi 1,21). Im weisheitskritischen Gegenzug zur gängigen Verortung des Segens bzw. Fluches nach Maßgabe des Tun-Ergehen-Zusammenhanges wird der Segen nunmehr im schöpfungstheologischen Gottesverhältnis selbst fundiert (in dem der Fluch keinen Ort hat), das jenseits jedes menschlichen Ergehens steht. Mit der Segnung Jhwhs bekräftigt Hiob somit die – selbst in der aktuellen Krisensituation – intakte Jhwhrelation. Damit wird de facto nicht nur überzogenen weisheitstheologischen Deutungen eine (erfahrungs)theologisch sich selbst bescheidende Absage erteilt, sondern im narrativen Ablauf wird zugleich die Behauptung des Satans, Hiobs Gottesverhältnis basiere auf dem Tun-Ergehen-Konnex und ziehe entsprechend im Fall des Leidens eine ›Verfluchung‹ Jhwhs nach sich (Hi 1,11; 2,5), widerlegt. Der sich in Hi 1,5, 1,11 und 2,5 (wohl aber nicht in Hi 2,9) zeigende euphemistische Gebrauch von ברך *brk* für »verfluchen« stellt das Gegenüber zur traditionellen Verwendung in Hi 1,10 (Jhwh hat das Werk der Hände Hiobs gesegnet) dar, bevor Hi 1,21 (f.)/2,9 (f.) ihre profilierte segenstheologische Reformulierung bieten. Von hier aus erscheint dann auch die – narrativ ohne jede Begründung erfolgende (Hi 42,10 dürfte eine ganz späte Einzeleinschreibung darstellen) – ›Restituierung‹ Hiobs (Hi 42,12: »Und Jhwh segnete das Ende Hiobs mehr als seinen Anfang«) keineswegs als harmloses *happy end*, sondern als unverfügbare Gabe Jhwhs (s. zum Ganzen Ngwa 2005).

Im narrativen Ablauf des gesamten Hiobbuchs präsentiert sich die rahmende Hiob-Erzählung daher als dynamische Segensgeschichte, die Hiobs Gottesverhältnis auf der Basis einer elementaren Geschöpflichkeitserfahrung in höchst beeindruckender Manier neu bestimmt; diese hintergründige, sich bescheidende (aber keineswegs simple oder banale) Segenstheologie, die sich am Gebrauch von ברך *brk* ablesen lässt, bildet nachgerade »das theologische Leitmotiv« der Rahmenerzählung (Spieckermann 1994: 434) und ist mithin auch für das Hiobbuch insgesamt von umfassender Bedeutung.

7. Bündelung

Der Durchgang durch die Segensvorstellungen des alten Israel hat ihre Vielschichtigkeit und langzeitige Relevanz bestätigen und vielfach konkretisieren können. Bei allen Ausdifferenzierungen im Einzelnen zielt Segen dabei grundsätzlich auf das vitale Wohlergehen des Menschen, indem lebensförderliche Kraft vermittelt wird.

Die Virulenz des Strebens nach gelingendem Leben steigert sich zusätzlich dadurch, dass im alten Israel über weite Strecken eine ausgeprägte *Diesseitsreligion* vorliegt: Aufs Ganze wird im AT, mit G. Theißen zugespitzt formuliert, »eine Konzeption des Heils entwickelt, die vor der Todesgrenze Erfüllung sucht – auch dort, wo es an diese Todesgrenze rührt und sie überschreitet. Das Heil erscheint als irdische Erfüllung: entweder als Segen, der ohne Dramatik das Leben durch Nahrung, Nachkommenschaft und Sicherheit gedeihen lässt, oder als Rettung, die aus Not befreit« (Theißen 2009: 24). Gegenüber einer (zu) dichotomischen Aufteilung der göttlichen Zuwendungsweisen auf die Kategorien von Segen und Rettung, wie sie im Gefolge Westermanns (1978) drohen könnte, ist zwar Vorsicht geboten. Gleichwohl lässt sich sachgemäß festhalten, dass Segen nachgerade idealtypisch die unauffällige, unspektakuläre und beständige Zuwendung Gottes verkörpert, wie sie auch in den zeitgenössischen Nachbarreligionen vorherrscht: »Der Segen qualifiziert ein vor allem hintergründiges, fortwährendes und alltägliches Handeln Gottes« (Schwienhorst-Schönberger 2005: 109).

Bündelt man die vorangehenden Profilierungen aus dem alten Israel in einer kanongeschichtlichen und systematisch-theologischen Zusammenschau, gilt es meines Erachtens die folgenden Gesichtspunkte zu benennen:

Im Blick auf Menschen als Segensempfänger weist der Segensgehalt durchwegs einen *materiellen Grundzug* auf: Es gibt keinen Segen ohne materielle Güter, auch wenn bisweilen eine geistige, himmlische, künftige Lebenssteigerung in den Blick kommt. Alttestamentlicher Segen umfasst Wohl *und* Heil.

Dabei bleibt der Segensvollzug durchgängig in *gemeinschaftliche Begegnungssituationen* eingebunden. Von hier aus lässt sich zum Ersten der kanongeschichtliche *Vorrang des unkonditionierten Se-*

gens (P) gegenüber der deuteronomisch-deuteronomistischen Konditionierung als sachgemäß begründen: Aller Segen basiert auf der unvordenklichen Zuwendung Gottes; erst auf dieser Grundlage kommen dann auch Bedingungen für die Segensperseveranz in den Blick, wenn denn die göttliche Segenszuwendung weder eine beliebige noch eine folgenlose Erfahrung bleiben kann.

Zum Zweiten gilt es diese kommunikative Einbindung auch bezüglich Segensvorgängen zu betonen, die Züge eines *magischen Transfers* von Lebenskraft annehmen: Auch wenn solche urtümlichen Ausprägungen im Verlauf der Religions- und Theologiegeschichte des alten Israel zunehmend kritisch beurteilt werden, hat man sie nicht einfach beseitigt, sondern theologisch abgesichert; daher lassen sie sich in frühen biblischen Texten noch immer profiliert erkennen. Mitnichten ist daher religions- und theologiegeschichtlich »Wirkursache und Quelle jeglichen Segens […] stets nur Gott« (Vonach 2013: 359, s. a. 360; ebenso Reiterer 2008: 685; Kim 2012: 134.136). Dem sollte auch systematisch-theologisch Rechnung getragen werden: Wo sich Segen selbstwirksam, unwiderruflich und lebenssteigernd ereignet, kommt die Dignität und ungebrochene Lebensmächtigkeit religiöser Segenserfahrungen zum Ausdruck. Als wirkmächtiger Zuspruch ist Segen dabei weder reine Bitte noch objekthaft verfügbare Gabe, sondern »eine Größe eigener Art« (Spangenberg 2012: 127), die in den Kommunikationszusammenhang einer Begegnungssituation eingebettet ist. Diesen komplexen Wirklichkeitserfahrungen gesegneten Lebens werden glatte und reduktive theologische Systembildungen nicht gerecht. Freilich gilt es zugleich zu unterstreichen, dass der Segen biblisch nicht objektiviert und verdinglicht wird, sondern eben in dynamische Kommunikationsgeschehen mit ihren personalen Akteuren eingebunden bleibt.

Dieser Einbettung korrespondiert zum Dritten schließlich der *relational-externe Charakter* von Segen, der von Menschen und/oder von Gott vermittelt wird.

Von grundlegender Bedeutung ist sodann die *Reziprozität der Segensvorstellungen* im alten Israel: Das Band des Segens bringt Gott und Mensch bzw. Welt in einer gemeinsamen Wirklichkeitssphäre zusammen und hält sie beieinander. Einerseits wirkt die göttliche

Segnung von Welt und Mensch »so etwas wie« eine Wohl und Heil implizierende »Gotthaltigkeit der Welt« bzw. des Menschen selbst (Müller 1990: 1). Andererseits sind auch die eben angesprochenen Segensvorgänge, die als magische Transfers gezeichnet werden, Teil dieser heilvollen Sphäre.

Im Lichte dieser bündelnden Überlegungen erscheinen die Segensvorstellungen des alten Israel, in denen in vielfältigsten Lebenssituationen erfolgreich um gelingendes Leben gerungen wird, als fragmentarische Erfahrungen des (eschatologischen) Heils.

Quellen- und Literaturverzeichnis

1. Quellen

Berlejung 2011: Berlejung, Angelika: *Phönizische und hebräische Texte*, in: Bernd Janowski/Daniel Schwemer (Hgg.): TUAT.NF 6, Gütersloh 2011, 305–319.

Biblia Hebraica Stuttgartensia 1990: *Biblia Hebraica Stuttgartensia*, hg. von Karl Elliger/Wilhelm Rudolph, Stuttgart 1990⁴.

Blum 2013: Blum, Erhard: *Die Wandinschrift 4.2 und 4.6 sowie die Pithos-Inschrift 3.9 aus Kuntillet ʿAǧrūd*, ZDPV 125 (2013), 21–54.

Keel/Uehlinger 2001: Keel, Ottmar/Uehlinger, Christoph: *Göttinnen, Götter und Gottessymbole*. Neue Erkenntnisse zur Religionsgeschichte Kanaans und Israels aufgrund bislang unerschlossener ikonographischer Quellen (QD 134), Freiburg (Schweiz) u. a. 2001⁵.

Meshel 2012: Meshel, Zeev: *Kuntillet ʿAjrud (Ḥorvat Teiman). An Iron Age II Religious Site on the Judah-Sinai Border*, Jerusalem 2012.

Renz 1995a–b; 2003: Renz, Johannes: *Handbuch der althebräischen Epigraphik*. 1. Text und Kommentar; 2/1. Zusammenfassende Erörterungen, Paläographie und Glossar, 1995a; 2/2. Materialien zur althebräischen Morphologie. Siegel und Gewichte, 1995b; 3. Texte und Tafeln, 2003, Darmstadt.

Schroer 2005; 2008; 2011: Schroer, Silvia: *Die Ikonographie Palästinas/Israels und der Alte Orient* (IPIAO). Eine Religionsgeschichte in Bildern, 1. Vom ausgehenden Mesolithikum bis zur Frühbronzezeit, 2005; 2. Die Mittelbronzezeit, 2008; 3. Die Spätbronzezeit, 2011, Freiburg (Schweiz) 2005–2011.

תורה נביאים וכתובים, 2004 ff.: *Biblia Hebraica*. Quinta editione. Cum apparatu critico novis curis elaborato ... hg. von Adrian Schenker/Yohanan A. P. Goldman u. a., Stuttgart 2004 ff.

Septuaginta: Id est Vetus Testamentum graece iuxta LXX interpretes, 1–2, hg. von Alfred Rahlfs, Stuttgart 1935.

2. Sekundärliteratur

Aitken 2007: Aitken, James K.: The Semantics of Blessing and Cursing in Ancient Hebrew (ANES 23), Louvain u. a. 2007.
Albertz 1996: Albertz, Rainer: Segen Gottes. Wo ist er erfahrbar? Wie gehen wir damit um?, in: ders.: Zorn über das Unrecht. Vom Glauben, der verändern will, Neukirchen-Vluyn 1996, 85–113.
Bosshard-Nepustil 2005: Bosshard-Nepustil, Erich: Vor uns die Sintflut. Studien zu Text, Kontexten und Rezeption der Fluterzählung Genesis 6–9 (BWANT 165), Stuttgart 2005.
Brown 1997: Brown, Michael L.: Art. ברך, NIDOTTE 1, Michigan 1997, 757–767.
Crawford 1992: Crawford, Timothy G.: Blessing and Curse in Syro-Palestinian Inscriptions of the Iron Age (AUS 7/120), New York u. a. 1992.
Eberhardt 2007: Eberhardt, Gönke: JHWH und die Unterwelt. Spuren einer Kompetenzausweitung JHWHs im Alten Testament (FAT 2/23), Tübingen 2007.
Feldmeier/Spieckermann 2011: Feldmeier, Reinhard/Spieckermann, Hermann: Der Gott der Lebendigen. Eine biblische Gotteslehre (TOBITH 1), Tübingen 2011.
Fischer 2003: Fischer, Irmtraud: Der erkämpfte Segen (Gen 32,23–33), BiKi 58 (2003), 99–107.
Frechette 2012: Frechette, Christopher: Art. Blessing, I. Ancient Near East, EBR 4, Berlin u. a. 2012, 130–133.
Frechette 2013: Frechette, Christopher: Why Bless God?, in: Corrine Carvalho (Hg.): Reading the Old Testament: Pastoral Essays in Honor of Lawrence Boadt, C. S. P., New York 2013, 111–119.
Frettlöh 2005: Frettlöh, Magdalene L.: Theologie des Segens. Biblische und dogmatische Wahrnehmungen, Gütersloh 2005^5.
Gunkel/Begrich 1966: Gunkel, Hermann/Begrich, Joachim (Hgg.): Einleitung in die Psalmen, Göttingen 1966^2.
Häusl/Ostmeyer 2009: Häusl, Maria/Ostmeyer, Karl-Heinrich: Art. Segen und Fluch, in: Frank Crüsemann u. a. (Hgg.): Sozialgeschichtliches Wörterbuch zur Bibel, Gütersloh 2009, 515–518.
Janowski 2013: Janowski, Bernd: Konfliktgespräche mit Gott. Eine Anthropologie der Psalmen, Neukirchen-Vluyn 2013^4.
Janowski/Scholtissek 2006: Janowski, Bernd/Scholtissek, Klaus: Art. Segen/Fluch, HGANT, Darmstadt 2009^2, 366–367.
Keller/Wehmeier 1971: Keller, Carl A./Wehmeier, Gerhard: Art. ברך, THAT 1, Gütersloh 1971, 353–376.

Kim 2012: Kim, Ha C. P.: Art. Blessing, II. Hebrew Bible/ Old Testament, EBR 4, Berlin u. a. 2012, 134–139.

Leuenberger 2008a: Leuenberger, Martin: Segen und Segenstheologien im alten Israel. Untersuchungen zu ihren religions- und theologiegeschichtlichen Konstellationen und Transformationen (AThANT 90), Zürich 2008.

Leuenberger 2008b/2009: Leuenberger, Martin, 2008b/2009: Blessing in Text and Picture in Israel and the Levant: A Comparative Case Study on the Representation of Blessing in Ḥirbet el-Qom and on the Stela of Yeḥawmilk of Byblos, BN 139 (2008), 61–77; 141 (2009), 67–89.

Leuenberger 2008c: Leuenberger, Martin: Art. Segen/Segnen (AT), WiBiLex, 2008 (http://www.wibilex.de).

Leuenberger 2011: Leuenberger, Martin: Gott in Bewegung. Religions- und theologiegeschichtliche Beiträge zu Gottesvorstellungen im alten Israel (FAT 76), Tübingen 2011.

Mathys 2010: Mathys, Felix: Segenszeugnisse aus dem alten Israel, Zürich 2010.

Müller 1992: Müller, Hans-Peter: Kolloquialsprache und Volksreligion in den Inschriften von Kuntillet ʿAǧrūd und Ḫirbet el-Qōm, ZAH 5 (1992), 15–51.

Müller 1990: Müller, Hans-Peter: Segen im Alten Testament. Theologische Implikationen eines halb vergessenen Themas, ZThK 87 (1990), 1–32.

Ngwa 2005: Ngwa, Kenneth N.: The Hermeneutics of the ›Happy‹ Ending in Job 42:7–17 (BZAW 35), Berlin u. a. 2005.

Reiterer 2008: Reiterer, Friedrich V.: Art. Segen, Herders Neues Bibellexikon, Freiburg u. a. 2008, 685.

Schwienhorst-Schönberger 2005: Schwienhorst-Schönberger, Ludger: Gottesbilder des Alten Testaments, in: ders.: Studien zum Alten Testament und seiner Hermeneutik (SBAB 40), Stuttgart 2005, 99–112.

Smith 2011: Smith, Mark S.: The Blessing God and Goddess. A Longitudinal View from Ugarit to »Yahweh and … his asherah« at Kuntillet ʿAjrud, in: Göran Eidevall/Blazenka Scheuer (Hgg.): Enigmas and Images. Studies in Honor of Triggve N. D. Mettinger (CBOT58), Winona Lake 2011, 213–226.

Spangenberg 2012: Spangenberg, Volker: Segen (Elstaler Impulse), Elstal 2012², 126–131.

Spieckermann 1994: Spieckermann, Hermann: Die Satanisierung Gottes. Zur inneren Konkordanz von Novelle, Dialog und Gottesreden im Hiobbuch, in: Ingo Kottsieper u. a. (Hgg.): »Wer ist wie du, HERR, unter den Göttern?«. Studien zur Theologie und Religionsgeschichte Israels für Otto Kaiser zum 70. Geburtstag, Göttingen 1994, 431–444.

Steymans 1995: Steymans, Hans U.: Deuteronomium 28 und die adê zur Thronfolgeregelung Asarhaddons. Segen und Fluch im Alten Orient und in Israel (OBO 145), Freiburg (Schweiz) u. a. 1995.

Theißen 2009: Theißen, Gerd: Der Eigenwert des Alten Testaments. Überlegungen eines Neutestamentlers aus reformierter Tradition, in: Manfred Oeming/Walter Boës (Hgg.): Alttestamentliche Wissenschaft und kirchliche Praxis. Festschrift für Jürgen Kegler (Beiräge zum Verstehen der Bibel 18), Münster 2009,15–27.

Veijola 2000: Veijola, Timo: Art. Segen/Segen und Fluch, II. Altes Testament, TRE 31, Berlin/New York 1999, 76–79.

Vetter 1995: Vetter, Dieter: Art. Segen, NBL 3, Oslo 2001, 552–555.

Vonach 2013: Vonach, Andreas: Art. Segen, in: Michael Fieger u. a. (Hgg.): Wörterbuch alttestamentlicher Motive (WAM), Darmstadt 2013, 359–363.

Wehmeier 1970: Wehmeier, Gerhard: Der Segen im Alten Testament. Eine semasiologische Untersuchung der Wurzel brk (ThDiss 6), Basel 1970.

Westermann 1978: Westermann, Claus: Theologie des Alten Testaments in Grundzügen (GAT/ATD.Erg 6), Göttingen 1978.

3. Literaturhinweise zum vertiefenden Studium

3.1. Zur Forschungsgeschichte:

Hempel, Johannes: Die israelitischen Anschauungen von Segen und Fluch im Licht altorientalischer Parallelen (1925), in: ders.: Apoxysmata. Vorarbeiten zu einer Religionsgeschichte und Theologie des Alten Testaments (BZAW 81), Berlin 1961, 30–113.

Horst, Friedrich: Segen und Segenshandlungen in der Bibel (1947), in: ders., Gottes Recht. Gesammelte Studien zum Recht im Alten Testament. Aus Anlaß der Vollendung seines 65. Lebensjahres hg. von Hans Walter Wolff (ThB 12), München 1961, 188–202.

Magdalene, F. Rachel: Art. Bless, Blessing, Eerdmans Bible Dictionary, 2000, 192.

Mowinckel, Sigmund: Psalmenstudien V. Segen und Fluch in Israels Kult und Psalmdichtung, Kristiania 1924.

Pedersen, Joergen: Israel. Its Life and Culture, 1–2, 1926; 3–4, 1940, London u. a.

Scharbert, Josef: Solidarität in Segen und Fluch im Alten Testament und in seiner Umwelt, 1. Väterfluch und Vätersegen (BBB 14), Bonn 1958.

Westermann, Claus: Der Segen in der Bibel und im Handeln der Kirche, München 1968.

Westermann, Claus: Theologie des Alten Testaments in Grundzügen (GAT/ATD.Erg 6), Göttingen 1978.

3.2. Übersichten

3.2.1. Lexika

Brown, Michael L.: Art. ברך, NIDOTTE 1, Michigan 1997, 757–767.
Frechette, Christopher: Art. Blessing, I. Ancient Near East, EBR 4, Berlin u. a. 2012, 130–133.
Horst, Friedrich: Art. Segen und Fluch, II. Im AT, RGG³ 5, Tübingen 1962, 1649–1651.
Janowski, Bernd/Scholtissek, Klaus: Art. Segen/Fluch, HGANT, Darmstadt 2009², 366–367.
Kim, Ha C. P: Art. Blessing, II. Hebrew Bible/Old Testament, EBR 4, Berlin u. a., 134–139.
Leuenberger, Martin: Art. Segen/Segnen (AT), WiBiLex, 2008 (http://www.wibilex.de).
Pezzoli-Olgiati, Daria, 2004: Art. Segen und Fluch, I. Religionsgeschichtlich, RGG⁴ 7, Tübingen 2004, 1131–1132.
Scharbert, Josef: Art. ברך, ThWAT 1, Stuttgart u. a. 1973, 808–841.
Scharbert, Josef: Art. Segen, II. Biblisch, LThK² 9, Freiburg i. Br. u. a. 1964, 590–592.
Steymans, Hans U.: Art. Segen und Fluch, II. Altes Testament, RGG⁴ 7, Tübingen 2004, 1132–1134.
Toll, Christopher: Ausdrücke für »Kraft« im Alten Testament mit besonderer Rücksicht auf die Wurzel BRK, ZAW 94 (1982), 111–123.
Urbrock, William J.: Art. Blessings and Curses, ABD 1, New York 1992, 755–761.
Veijola, Timo: Art. Segen/Segen und Fluch, II. Altes Testament, TRE 31, Berlin/New York 76–79.
Vonach, Andreas: Art. Segen, in: Michael Fieger u. a. (Hgg.): Wörterbuch alttestamentlicher Motive (WAM), Darmstadt 2013, 359–363.
Vetter, Dieter: Art. Segen, NBL 3, Oslo 2001, 552–555.

3.2.2. Aufsätze

Albertz, Rainer: Segen Gottes. Wo ist er erfahrbar? Wie gehen wir damit um?, in: ders., Zorn über das Unrecht. Vom Glauben, der verändern will, Neukirchen-Vluyn 1996, 85–113.
Gottfriedsen, Christine: Beobachtungen zum alttestamentlichen Segensverständnis, BZ 34 (1990), 1–15.
Müller, Hans-Peter: Segen im Alten Testament. Theologische Implikationen eines halb vergessenen Themas, ZThK 87 (1990), 1–32.
Scharbert, Josef: »Fluchen« und »Segnen« im Alten Testament, Bib. 39 (1958), 1–26.
Scharbert, Josef: Die Geschichte der bārûk-Formel, BZ 17 (1973), 1–28.
Westermann, Claus: Segen, in: Hans-Christoph Schmidt-Lauber/Manfred Seitz (Hgg.): Der Gottesdienst. Grundlagen und Predigthilfen zu den liturgischen Stücken, Stuttgart 1992, 243–255.

3.2.3. Monographien

Aitken, James K.: The Semantics of Blessing and Cursing in Ancient Hebrew (ANES 23), Louvain u. a. 2007.

Crawford, Timothy G.: Blessing and Curse in Syro-Palestinian Inscriptions of the Iron Age (AUS 7/120), New York u. a. 1992.

Frettlöh, Magdalene L.: Theologie des Segens. Biblische und dogmatische Wahrnehmungen, Gütersloh 2005[5].

Greiner, Dorothea: Segen und Segnen. Eine systematisch-theologische Grundlegung, Stuttgart 1998.

Leuenberger, Martin: Segen und Segenstheologien im alten Israel. Untersuchungen zu ihren religions- und theologiegeschichtlichen Konstellationen und Transformationen (AThANT 90), Zürich 2008.

Mathys, Felix: Segenszeugnisse aus dem alten Israel, Zürich 2010.

Mitchell, Christopher W.: The Meaning of BRK »to bless« in the Old Testament (SBL.DS 95), Atlanta 1987.

3.3. Zu den alttestamentlichen Schriften

3.3.1. Priesterschrift

Lohfink, Norbert: Die Abänderung der Theologie des priesterlichen Geschichtswerks im Segen des Heiligkeitsgesetzes. Zu Lev. 26,9.11–13, in: ders., Studien zum Pentateuch 1 (SBAB 4), Stuttgart 1988, 157–168.

Nihan, Christophe: From Priestly Torah to Pentateuch. A Study in the Composition of the Book of Leviticus (FAT 2/25), Tübingen 2007.

Owczarek, Susanne: Die Vorstellung vom ›Wohnen Gottes inmitten seines Volkes‹ in der Priesterschrift. Zur Heiligtumstheologie der priesterschriftlichen Grundschrift (EHS.T 625), Frankfurt a. M. u. a. 1998.

Uehlinger, Christoph: Dem Segen Raum geben. Biblische Impulse für eine umweltverträgliche Anthropologie, Diak. 32 (2001), 393–400.

3.3.2. Vätergeschichte

Blum, Erhard: Die Komposition der Vätergeschichte (WMANT 57), Neukirchen-Vluyn 1984.

Crüsemann, Frank: »Ihr sollt ein Segen sein«. Das Motto des Ökumenischen Kirchentages – eine theologische Kritik, ÖR 52 (2003), 3–18.

Dieckmann, Detlef: Segen für Isaak. Eine rezeptionsästhetische Auslegung von Gen 26 und Kotexten (BZAW 329), Berlin u. a. 2003.

Fischer, Irmtraud: Die Erzeltern Israels. Feministisch-theologische Studien zu Genesis 12–36 (BZAW 222), Berlin u. a. 1994.

Golka, Friedemann W.: BECHORAH und BERACHAH: Erstgeburtsrecht und Segen, in: Stefan Beyerle/Günter Mayer (Hgg.): Recht und Ethos im Alten Testament – Gestalt und Wirkung. Festschrift für Horst Seebass zum 65. Geburtstag, Neukirchen-Vluyn 1999, 133–144.

Groß, Walter: Jakob, der Mann des Segens. Zu Traditionsgeschichte und

Theologie der priesterschriftlichen Jakobsüberlieferungen, Bib. 49 (1968), 321–344.

Grüneberg, Keith N.: Abraham, Blessing and the Nations. A Philological and Exegetical Study of Genesis 12:3 in its Narrative Context (BZAW 332), Berlin u.a. 2003.

Henderson, Melvin E.: The Significance of Blessing in Genesis 12–50 (Diss. theol. [masch.]), New Orleans 1977.

Hoop, Raymond de: Genesis 49 in its Literary and Historical Context (OTS 39), Leiden u.a. 1998.

Mattson, Daniel L.: The Blessing Themes in the Abraham Story and their Implications for the Date and Purpose of the Story (Ph.D. [masch.]), Michigan 1983.

Pury, Albert de: Promesse divine et légende culturelle dans le cycle de Jacob. Genèse 28 et les traditions patriarcales, 1–2, Paris 1975.

3.3.3. Num 6

Diebner, Bernd J.: Der sog. »Aaronitische Segen« (Num 6,24–26) – biblischer Text und liturgische Praxis, in: Heinrich Riehm (Hg.), Freude am Gottesdienst. Festschrift für Frieder Schulz, Heidelberg 1988, 201–218.

Rösel, Hartmut N.: Zur Formulierung des aaronitischen Segens auf den Amuletten von Ketef Hinnom, BN 35 (1986), 30–36.

Seybold, Klaus: Der Segen und andere liturgische Worte aus der hebräischen Bibel (EA Neukirchen-Vluyn 1977), Zürich 2004.

3.3.4. Deuteronomium

Beyerle, Stefan: Der Mosesegen im Deuteronomium. Eine text-, kompositions- und formkritische Studie zu Deuteronomium 33 (BZAW 250), Berlin u.a. 1997.

Budde, Karl: Der Segen Mose's. Deut. 33. Erläutert und übersetzt, Tübingen 1922.

Otto, Eckart: Das Deuteronomium. Politische Theologie und Rechtsreform in Juda und Assyrien (BZAW 284), Berlin u.a. 1999.

Steymans, Hans U.: Deuteronomium 28 und die adê zur Thronfolgeregelung Asarhaddons. Segen und Fluch im Alten Orient und in Israel (OBO 145), Freiburg (Schweiz) u.a. 1995.

Veijola, Timo: Das fünfte Buch Mose. Deuteronomium. Kap. 1,1–16,17 (ATD 8/1), Göttingen 2004.

3.3.5. Psalter

Hossfeld, Frank-Lothar/Zenger, Erich: Die Psalmen, I. Psalm 1–50 (NEB 29), Würzburg 1993.

Hossfeld, Frank-Lothar/Zenger, Erich: Psalmen 51–100; 101–150 (HThK), Freiburg i. Br. u.a. 2000; 2008.

Leuenberger, Martin: Die Psalter-Doxologien. Entstehung und Theologie, in: ders.: Gott in Bewegung. Religions- und theologiegeschichtliche Beiträge zu Gottesvorstellungen im alten Israel (FAT 76), Tübingen 2011, 166–193.

Zenger, Erich: Zion – Ort des Segens. Beobachtungen zur Theologie des Wallfahrtspsalters Ps 120–134, in: Nikodemus C. Schnabel (Hg.): Laetare Jerusalem. Festschrift zum 100jährigen Ankommen der Benediktinermönche auf dem Jerusalemer Zionsberg (JThF 10), Münster 2006, 64–103.

3.3.6. Rahmenerzählung des Hiobbuchs

Heckl, Raik: Hiob – vom Gottesfürchtigen zum Repräsentanten Israels. Studien zur Buchwerdung des Hiobbuchs und zu seinen Quellen (FAT 70), Tübingen 2010.

Linafelt, Tod: The Undecidability of ברך in the Prologue to Job and beyond, BI 4 (1996), 154–172.

Ngwa, Kenneth N.: The Hermeneutics of the ›Happy‹ Ending in Job 42:7–17 (BZAW 354), Berlin u. a. 2005.

Spieckermann, Hermann: Die Satanisierung Gottes. Zur inneren Konkordanz von Novelle, Dialog und Gottesreden im Hiobbuch, in: Ingo Kottsieper u. a. (Hgg.): »Wer ist wie du, HERR, unter den Göttern?«. Studien zur Theologie und Religionsgeschichte Israels für Otto Kaiser zum 70. Geburtstag, Göttingen 1994, 431–444.

Strauß, Hans: Theologische, form- und traditionsgeschichtliche Bemerkungen zur Literargeschichte des (vorderen) Hiobrahmens. Hiob 1–2, ZAW 113 (2001), 553–565.

Syring, Wolf-Dieter: Hiob und sein Anwalt. Die Prosatexte des Hiobbuches und ihre Rolle in seiner Redaktions- und Rezeptionsgeschichte (BZAW 336), Berlin u. a. 2004.

Judaistik

David Hamidović

Der Segen im antiken Judentum

Die Untersuchung des Segens im antiken Judentum eröffnet verschiedene literarische, theologische und historische Perspektiven. Ein erstes Forschungsgebiet besteht in der Vielzahl der Text- und Inschriftenkorpora, die Segenssprüche aufweisen. Daher sollen zunächst die Segenssprüche in ihrem literarischen Kontext vorgestellt werden, um sowohl Kontinuitäten als auch Unterschiede in den Vorstellungen sichtbar zu machen. Ein zweites Forschungsgebiet betrifft das Verständnis des antiken Judentums selbst. Die Zerstörung des Tempels im Jahre 70 n. Chr. wird immer weniger als chronologischer Bruch in der Geschichte des Judentums wahrgenommen. Die Zuordnung der entsprechenden Literatur zum »zweiten Tempel« ist zwar praktisch, aber sie missachtet die intellektuelle Kontinuität zur tempellosen Zeit. Auch wenn die Zerstörung des Tempels als tragisches Ereignis empfunden wird, was sich insbesondere literarisch niederschlägt, erweist sich der Verlust des Jerusalemer Tempels als Institution vielmehr als ein Beschleuniger der politischen und religiösen Veränderungen, die bereits in den vorangehenden Jahrzehnten begonnen hatten. Deshalb ist die Bezeichnung »Literatur des antiken Judentums« vorzuziehen, da sie der literarischen Kontinuität sowie den intellektuellen Entwicklungen über die chronologische Zäsur von 70 n. Chr. hinaus Rechnung trägt. Infolgedessen müssen wir die Werke des Flavius Josephus, die Abhandlungen des Philo von Alexandria, die Literatur der Tannaim (d. h. die erste Generation der Weisen, deren Debatten in den schriftlichen Sammlungen der Mischna und der Tosefta am Anfang des 3. Jahrhunderts n. Chr., in den ersten halachischen

Midraschim und im *Seder 'Olam Rabba* erhalten sind) sowie die in Palästina und im Mittelmeerraum entdeckten »jüdischen« Inschriften berücksichtigen. Der zweite, abschließende Teil des Aufsatzes befasst sich dann zum Einen mit der Frage nach der Kontinuität der Segensformeln und ihrer Bedeutungen von den letzten Büchern der HB bis zur Verschriftlichung der Mischna und der Tosefta, zum Anderen mit den Besonderheiten jedes Korpus.

1. Segenssprüche in den Hauptkorpora des antiken Judentums

Segenssprüche finden sich in jedem der vielfältigen Korpora der Zeit, aber der Gebrauch der einzelnen Formeln hängt vom literarischen Genre und vom Ort innerhalb des betreffenden Korpus ab. Das Zitieren bestimmter Segensformeln ist vom einfachen Verweis auf einen Segen im Laufe einer Erzählung zu unterscheiden. In diesem ersten Teil wird die Vielfalt der Situationen dargestellt, in denen ein Segen ausgesprochen wird.

1.1. Qumran und verwandte Literatur

Von den berühmten Funden aus Qumran sind im vorliegenden Zusammenhang die sogenannten nichtbiblischen Manuskripte von besonderem Interesse. Die neueste Forschung vermeidet die Unterscheidung zwischen sogenannten Sekten- und Nicht-Sekten-Schriften, weil selbst erstere oft Vorstellungen und Formulierungen aus der HB übernehmen, sodass die Unterscheidung nicht sinnvoll erscheint. Zudem kann schon die Auswahl von biblischen Stellen eine Sekten-Zugehörigkeit indizieren, ohne dass der biblische Text selbst verändert wird. Die Grenzen zwischen den Texten der Essener und den von der Mehrheit der Juden anerkannten Texten verlaufen daher fließend.

Die nichtbiblischen Handschriften weisen 324 Belege für das Verb ברך *brk* : »segnen« auf, d. h. beinahe so viele wie die HB (327). Wie dort tritt das Verb v. a. im Pi'el, im Partizip Passiv Qal und im Hitpa'el (3x) auf, daneben finden sich 25 aramäische Verbalformen. Das Substantiv ברך ist 59x belegt (70x in der Bibel), in der Schreibung ברכה 48x (inkl. 7x aramäisch). Dieser statistische Befund im Vergleich mit der Bibel lässt vermuten, dass die Qumrangemeinschaft dem Segen einen hohen Wert in ihrer Theologie beilegte. Das Verb ברך wird auch mit einem durch die Präposition ל *l* eingeleiteten Objekt konstruiert, das sich auf Gott, die Engel oder die Menschen bezieht. So belegen z. B. die *Sabbatopferlieder* (4Q403 1 i 16) das Verb sowohl ohne als auch mit einem durch ל eingeleiteten Empfänger des göttlichen Segens: »er wird mit sie[be]n wunderbaren Worten segnen, und er wird alle, die mit Gerechtigkeit [versehen] (sind), [mit sieben] wunderbaren [Wo]rten segnen«.

Gespendet wird der Segen in den Qumrantexten von Gott. Er wird besonderen Personen oder Personen mit besonderen Verdiensten zuteil und kann auch als Zeichen der Dankbarkeit, d. h. als Dank oder als Auszeichnung ausgesprochen werden. Außerdem kann ein Objekt gesegnet werden, um es zu heiligen und für eine besondere Verwendung auszuzeichnen. Zum Beispiel wird der fromme Essener von Gott in den *Segenssprüchen* (1QSb I 3) gesegnet, um ihm seine besondere Stellung im Judentum auszudrücken: »Es segne dich der H[err von seiner heiligen Wohnstätte aus]«. Dabei findet der göttliche Segen im Tempel statt, was der Vorstellung der Essener entsprechen könnte, dass ihre Gemeinschaft so rein war, dass sie, so wie die Engel, Zugang zu Gottes Umfeld hatten. 1QSb III 25–26 erinnert an dieses Privileg nach derselben Segensformel: »Es segne dich der Herr aus seiner hei[ligen Wohnstätte] und er mache dich zu einem Prunkstück inmitten von Heiligen«. Der Segen soll also den besonderen, gottnahen Status der Essener hervorheben.

Der göttliche Segen kann auch biblische Figuren in den Vordergrund rücken: z. B. schließen zwei Handschriften, die sogenannten *Pseudo-Jubiläen* (4Q225 2 ii 10; 4Q226 7,2 f.), ihre Version der berühmten Opferung Isaaks (Gen 22,1–19) folgendermaßen ab: »Und Gott JHWH segnete Is[aak alle Tage seines Lebens]«. Im biblischen Text verpflichtet sich Gott dazu, Abraham zur Belohnung für seine Treue zu segnen (Gen 22,17), während er Isaak keine besondere Aufmerksamkeit schenkt. Der Qumrantext scheint dagegen die Verdienste beider Patriarchen auszugleichen, da er Isaak einen Segen gewährt. Zudem bittet Isaak seinen Vater auch, ihn gut zu binden, damit das Opfer makellos bleibt: »Isaak sagte zu seinem Vater: ›B[inde mich gut an sie, damit ich nicht kämpfe]‹« (4Q225 2 ii 4); die Segnung Isaaks hebt also dessen Mut hervor und könnte darauf abzielen, ein mögliches Missverständnis der biblischen Erzählung auszuschließen: Isaaks Frage nach dem Opferlamm könnte nämlich als eine Missbilligung der von seinem Vater angenommenen Prüfung verstanden werden. Das Einfügen von Isaaks Bitte zerstreut mithin allen Zweifel an seiner Zustimmung zum Opfer; daraufhin empfängt er Gottes Segen zur Belohnung.

Bei der Zeremonie zur Bundeserneuerung in der *Gemeinderegel* üben die neuen Mitglieder der Gemeinschaft zunächst Buße, dann werden sie von den Priestern mit einer veränderten Version von Num 6,24–26 nach 1QS II 2–4 gesegnet: »Und die Priester werden alle Männer des Loses Gottes segnen, die auf allen Seinen Wegen vollkommen wandeln, und sprechen: ›Er segne dich mit allem Guten und bewahre dich vor allem Bösen; er erleuchte dein Herz mit dem Verstand des Lebens und begnade dich mit ewigem Wissen; er erhebe sein gnädiges Antlitz auf dich zu ewigem Frieden.‹« Dann verfluchen die Leviten die »Männer des Loses Belials« (1QS II 4–9), d. h. die nicht-essenischen Juden. Die neuen Mitglieder stimmen mit einem doppelten Amen zu (1QS II 10). Bei biblischen Zeremonien zur Erneuerung des Bundes nach seiner Verletzung werden ähnliche Formeln gebraucht (vgl. 1Sam 12,6–25; Esra 9,6–10; Neh 9,10.30). Der Segen in 1QS II 2–4 ist dabei doppelt konzipiert: Die Priester segnen nicht nur selbst die neuen Mitglieder, sondern sie erinnern in ihrem Segensspruch zugleich an Gottes Segen für diese. Somit besteht die Funktion des priesterlichen Segens darin, den göttlichen Segen zu geben; dabei ist der priesterliche Status wie in 1QSb I 1–3 hervorgehoben: »Sege[ns]worte für den Lehrer (*maskil*), um die zu segnen, die [Gott] fürchten und seinen Willen [tun], die seine Gebote achten und an seinem heiligen Bu[n]d festhalten, und die [auf all] seinen [Wegen der Wahrheit] vollkommen wandeln, und die er für den ewigen Bund erwählt hat, d[er be]stehen bleibt auf immerdar.«

In Bezug auf Segnungen beim Essen wird festgelegt, dass die Essener »gemeinschaftlich […] segnen sollen« (1QS VI 3), und »wenn man den Tisch bereitet, um zu essen, oder den neuen Wein, um zu trinken, soll der Priester seine Hand zuerst ausstrecken, um die Erstlinge des Brotes und des Weines zu segnen« (1QS VI 4–5). So sind die Priester eindeutig mit Vorrechten gegenüber den übrigen Gemeinschaftsmitgliedern ausgestattet, weil sie die Segenssprüche zum Dank für das Brot und den Wein aussprechen. Der Hinweis auf die Erstlinge des Brotes und des neuen Weines legt die Vermutung nahe, dass die Mahlzeit als Nachahmung oder vielleicht sogar als Ersatz der Opfergaben im Tempel betrachtet wird, da die Essener den Jerusalemer Priestern vorwerfen, einem falschen Kalender zu folgen und die Kulthandlungen fehlerhaft auszuführen, so dass der Kult verunreinigt ist (vgl. dazu 4QMMT). In der *Gemeinderegel* stehen folgende Anweisungen über die eschatologische Gemeinschaftsmahlzeit (1QSa II 17–21): »[Wenn sie] sich [zum Ti]sch der Gemeinschaft versammeln, [um den] neuen [Wei]n [zu trinken], und der Tisch der Gemeinschaft zubereitet ist und [der] neue Wein zum Trinken [gemischt ist], [darf] nie[mand] seine Hand nach den Erstlingen des Brotes und [dem neuen Wein] vor dem Priester [ausstrecken], denn er ist es, der die Erstlinge des Brotes und den neu[en] Wein segnen soll, und er soll zuerst seine Hand nach dem Brot ausstrecken. Dana[ch] soll der Messias Israels seine Hand nach dem Brot [ausstre]cken, [und danach] soll die ganze Gemeinde der Gemeinschaft [segn]en, ein je[der nach] seinem Rang.« Das Hauptanliegen scheint also die übergeordnete Stellung des Priesters über den »Messias Israels« zu sein, denn der Abschnitt ist eindeutig zu diesem Zweck zweigeteilt und nur der Priester segnet ausdrücklich sowohl das Brot als auch den Wein. Da die Segenshandlung des »Messias Israels«, d. h. der nationalen (und nicht königlichen [siehe Hamidović, im Druck]) Retterfigur, »danach« ausgeführt wird, kann man fragen, ob der »Priester«-Titel das Kommen des priesterlichen Messias ankündigen soll; zumal der Segen der Mitglieder nach ihrem gemeinschaftlichen Rang ohne weitere Angabe erfolgt und nicht präzisiert wird, ob die Segenshandlung gemeinsam oder je individuell ausgeführt wird. Mithin bringt das eschatologische Gemeinschaftsmahl wahrscheinlich v. a. die übergeordnete Stellung des priesterlichen Messias über den nationalen Messias zum Ausdruck.

In den liturgischen Texten Qumrans wird das Verb ברך oft in

einem Kontext verwendet, der dem Gebrauch in der altorientalischen Literatur folgt. Der Segen kann gleich am Anfang eines Ritual(teil)s auftreten, wie in einem fragmentarischen Text über ein Reinigungsritual (4Q414 2 ii 5–6 // 4Q512 42–44 ii 2–3): »Danach soll er ins Wasser kommen, [seinen Körper waschen und segnen.] Er soll rezitieren und sprechen: ›Gesegnet seist D[u, Gott Israels]‹«. Das Verb ברך erscheint dabei oft im Imperativ Piʿel. In 4Q409 sind die Verben הלל und ברך als Paar mit der Bedeutung »Lobe und Segne« sechsmal belegt (1 i 1.3.5.9.10; 1 ii 2). Der Sinn dieses Paares wird möglicherweise in der *Gemeinderegel* erklärt (1QS IX 26): »[In der N]ot soll er den segnen, der ihn schuf. In allem, was geschieht, soll er [seine Gnaden] kund[tun. Mit der Opfergabe der] Lippen soll er ihn segnen.« Die »Opfergabe der Lippen« ist also das Gebet. Deshalb bezieht sich die Aufforderung zu beten und zu segnen womöglich nicht auf zwei getrennte Handlungen, sondern auf ein Gebet, das den an Gott gerichteten Segen mit einschließt. An einer anderen Stelle in der *Gemeinderegel* heißt es (1QS X 6): »Mit der Opfergabe der Lippen will ich ihn segnen nach der für immer festgeschriebenen Vorschrift: am Anfang der Jahre und an der Wende ihrer Jahreszeiten«. Anscheinend dient das Gebet dazu, Gott vierteljährlich bei den Äquinoktien und bei den Sonnenwenden zu segnen (s. a. 4Q409). Daneben erscheint ברך zunächst im Perfekt Piʿel, um zu beschreiben, wie der Betende den Gott Israels segnet, und dann ein zweites Mal im Partizip Passiv Qal in einer Antwort auf die direkte Rede, z. B. in einem Reinigungsritual (4Q512 1–6,1–2; 29–32,5–6.8; u. a.): »Er soll den Gott Israels segnen und antworten, indem er sagt: ›Gesegnet seist du, Gott Israels‹«. Die mehrfach belegte Formulierung könnte sich auf zwei verschiedene Zeitpunkte beziehen: ein privates und ein öffentliches Deklamieren; wahrscheinlicher ist aufgrund der imperativischen Formulierung jedoch eine Ankündigung bzw. ein Aufruf zum Segen. 4Q503 weist eine interessante kosmologische Variante dieser Formel auf, in der das Firmament und die Gestirne dazu aufgefordert werden, den Schöpfergott zweimal täglich zu segnen.

Die *Sabbatopferlieder* bezeugen, dass auch die Engel mit dem Segnen betraut sein können. So müssen z. B. in 4Q403 1 i 9–29 die Engel, als »Hauptfürsten« oder »hohe Fürsten« bezeichnet, Gott im

Laufe einer am Sabbat stattfindenden himmlischen Liturgie segnen. Die sieben Hauptengel, Prototypen der Erzengel, sind im Wechsel mit dem Segnen betraut; zentral dabei ist nicht das Vortragen des Segens, da der Segensspruch selbst nicht angegeben wird, sondern der *Gegenstand* des Segens: Der erste Engel segnet »im Namen der Herrlichkeit Gottes« (1 i 10) die Räte der Himmelswesen im himmlischen Heiligtum; der zweite Engel segnet »im Namen seiner Wahrheit« (1 i 12) diejenigen, die Gott (»den König«) loben und rein sind; der dritte Engel segnet »im Namen der Erhabenheit seines Königtums« (1 i 14) diejenigen, die die Erkenntnis haben, und diejenigen, die gerecht sind; der vierte Engel segnet »im Namen der Majestät des Königs« (1 i 17) diejenigen, die im göttlichen Umfeld zu seiner Größe beitragen; der fünfte Engel segnet »im Namen seiner wunderbaren Majestät« (1 i 19) diejenigen, die die Geheimnisse kennen, und diejenigen, die ihm Dank sagen; der sechste Engel segnet »im Namen der Macht in den göttlichen Wesen« (1 i 21) diejenigen, die seine Kraft preisen, und diejenigen, die vollendet sind; der siebte Engel segnet »im Namen seiner Heiligkeit« (1 i 24) alle Heiligen. Danach sollen sie gemeinsam den אלוהי אלים segnen (1 i 26); der schwierige Ausdruck (wörtlich »die Götter der Götter«) zielt auf die himmlischen Wesen in ihrer Gesamtheit, die gesegnet werden. Der Abschnitt endet mit einer allgemeinen, an Gott gerichteten Segensformel und mit einer subtilen Umkehrung des Segens: Denn Gott übersteigt alle Segenssprüche und alle Gebete; den Heiligen, die ihn gesegnet haben, gibt er einen ewigen Segen: »Gesegnet sei der Herr, König von allem, über jeden Segen und jedes Gebet; und er wird alle Heiligen segnen, die ihn segnen und ihn gerecht heißen im Namen seiner Herrlichkeit; und er wird alle Gesegneten für immer segnen« (1 i 28–29).

Das Verb ברך im Partizip Passiv Qal Mask. Sg. (ברוך) ist in den nichtbiblischen Texten 92x belegt. Es wird namentlich in Gebetskontexten auf Gott bezogen. Die Segensformel bezeichnet Gott häufig als den »Gott Israels« (אל ישראל), so etwa in der *Kriegsrolle*: »Gesegnet sei der Gott Israels« (1QM XIII 2; XIV 4), wo die Formel den Anfang eines Dankhymnus markiert. Daneben finden sich auch Varianten, z. B. in 1QM XVIII 6: »Und sie werden den Gott Israels hier segnen und anheben und sprechen: ›Gesegnet sei dein Name, Gott der Götter‹«, wo wieder der recht seltene Titel »Gott der Götter« erscheint. Viele Handschriften fügen zudem das Personalpronomen der 2. Person Sg. als direkte Anrede an Gott hinzu: »Gesegnet seist du, Gott Israels« (ברוך אתה אל ישראל, 4Q284 2 ii 5 u. a.), manchmal mitsamt des Tetragramms: »Gesegnet seist du, JHWH« (ברוך אתה יהוה, 1QH^a VIII 26 u. a.). Interessant ist dabei auch das Fragment 4Q408 3 +3a,5–6 (Abb. 2), wo das Personalpronomen supralinear ergänzt und das Tetragramm durch »Adonai« (אדני) korrigiert wird (vgl. Hamidović 2011: 285–297).

Abb. 2.: 4Q408 3 +3a,5 6 (PAM 43.543; © Israel Antiquities Authority, mit freundlicher Abdruckgenehmigung)

Im Hitpaʿel erscheint ברך beispielsweise bei der Bundeserneuerungszeremonie in der *Gemeinderegel*, wo ein neues Mitglied der Gemeinschaft dazu aufgefordert wird, sich selbst zu segnen (1QS II 12–14): »Und wenn er die Worte dieses Bundes hört, soll er sich selbst in seinem Herzen segnen und sagen: ›Friede möge mit mir sein, obwohl ich in der Verstocktheit meines Herzens wandle!‹« Diese Wendung, die schon in Dtn 29,18 im Kontext der Bundeserneuerung auftritt, drückt hier eine innere Bekehrung des neuen Mitglieds aus, die nicht nur eine öffentliche Verpflichtung impliziert, in die Gemeinschaft einzutreten, sondern auch ein persönliches und moralisches Engagement umfasst (s. a. 4Q525 14 ii 7). In 4Q448 2,9 dagegen (יתברך שמך) ist aufgrund des Kontextes von einem passivischen Sinn auszugehen: »Dein Name sei gesegnet!« (vgl. Gen 22,18; 26,4).

Das Substantiv ברכה bezeichnet ebenfalls einen göttlichen oder einen menschlichen Segen. So sind z. B. an Gott gerichtete Segnungen in 4Q287 3,1 belegt: »Sie werden deinen heiligen

Namen mit Segenssprüchen (בברכות) segnen«. Die Fülle des göttlichen Segens kann mit der agrarischen Metapher des Regens auf die Felder zum Ausdruck kommen: »Regenfälle von Segen« (גשמי ברכה, 11Q14 1 ii 9). Auch in liturgischen Texten wird das Substantiv ברכה verwendet, z. B. in der Wendung »Segnungen der Wahrheit in Fe[stze]iten« (4Q286 7 i 4), die wohl bedeutet, dass die Segenssprüche Gottes Botschaft an religiösen Festen ausdrücken. Schließlich ist auf den Gebrauch des aus dem Dtn bekannten Paares Segen (ברכה) und Fluch (קללה) hinzuweisen, z. B. in 4QMMT (4Q397 4,13 u. a.).

1.2. Apokryphen/Pseudepigraphen

Da diese Werke oft nicht auf Hebräisch oder Aramäisch überliefert sind, scheint es wenig sinnvoll, die verschiedenen Formen des Verbs »segnen« zu untersuchen. Deshalb fokussiert dieser Teil stärker auf die verschiedenen Kontexte, in denen das Wortfeld verwendet wird.

In *1 Henoch*, einer Kompilation von mindestens fünf Büchern, von denen aramäische Fragmente in Qumran entdeckt wurden, sprechen die *Bilderreden* (vermutlich aus dem 1. Jahrhundert n. Chr.) über den »Erwählten« und die Verwandlung des Himmels und der Erde am Ende der Zeiten (1Hen 45,4 f.): »An jenem Tage werde ich meinen Erwählten unter ihnen wohnen lassen, und ich will den Himmel verwandeln und ihn zum Segen und Licht für ewig machen. Und ich werde die Erde umwandeln und sie zum Segen machen und werde meine Auserwählten auf ihr wohnen lassen.« In diesem Abschnitt ist nicht klar, ob der göttliche Segen dem Himmel und der Erde zufällt, oder ob der göttliche Erwählte und die Gerechten ihn empfangen. Vielleicht treffen beide Möglichkeiten zu. Die verwandelten Himmel und Erde sind die Orte des eschatologischen Segens, der daraufhin auf die Erdenbewohner fällt; die Gottlosen werden sodann von der Erde getrieben werden. Die Vorstellung einer eschatologischen Verwandlung der Erde kommt im 1. Henoch oft vor, doch der Inhalt des Segens wird nicht beschrieben. Diese Auslassung ist womöglich absichtlich, wie die Verweise auf das Licht (das im Kontrast zur Finsternis steht, die das Zeichen der Herrschaft des Bösen ist), den Frieden oder das ewige Leben zeigen. Auch im *Buch der Wächter* (Ende 3. Jahrhundert v. Chr.), wird die verwandelte Erde mit dem Segen verbunden (1Hen 10,16–11,2): »die Pflanze der Gerechtigkeit und der Wahrheit soll erscheinen, und sie wird zum Segen gereichen« (10,16); »Und in jenen Tagen wird die ganze Erde in Gerechtigkeit bebaut und ganz mit Bäumen bepflanzt werden und wird voll sein von Segen« (1Hen 10,18). Und »alle Menschenkinder sollen gerecht werden, und alle Nationen werden [mich] anbeten, und alle werden mich segnen und sich niederwerfen« (1Hen 10,21). Die Erde wird dann gereinigt sein, und »werde ich die Schatzkammern des Segens, die im Himmel sind, öffnen, um sie auf die Erde, auf das Werk und auf die Arbeit der Menschenkinder herabkommen zu lassen« (1Hen 11,1). Das Bild der Pflanze, die auf einer besudelten Erde aufwächst, um Gerechtigkeit (und Wahrheit) zu bringen, ist als göttlicher Segen zu verstehen, der die Erde verwandelt und reinigt. Dann wird der Segen umgekehrt, indem die Menschen Gott für die eschatologische Verwandlung der Erde danken. Dieser menschliche Segen wird als liturgischer Moment verstanden. Infolgedessen wird eine Fülle an göttlichen Segen vom Himmel auf die Erde, auf die Menschen fallen und umgekehrt. So entsteht eine vertikale Dialektik des Segens, die sich bis ans Zeitenende erstreckt. Ein anderer Abschnitt der Bilderreden zelebriert das Gericht des Erwählten über die Gerechten. Alle himmlischen Wesen ergreifen gemeinsam das Wort, um Gott zu segnen: »Gesegnet sei er, und gesegnet sei der Name des Herrn der Geister für immer und ewig!« (1Hen 61,11). Dann wird erklärt, dass die Wächter (»die, die nicht schlafen«), die Heiligen, die Auserwählten des Gartens des Lebens (Eden), jeder Geist des Lichtes und »alles Fleisch«, d. h. die gerecht gesprochenen Menschen, Gott segnen werden. Der Titel »Herr der Geister« indiziert, dass es nur einen Gott gibt, und dass in einem monotheistischen Rahmen er der Schöpfer der Himmelswesen ist. In 1Hen 77,1 ist Gott »der ewig Gesegnete«, um an die ewige Verpflichtung der Menschen zu erinnern, ihn zu segnen. Das Gericht über die Gerechten ist Gottes Werk, und die Himmelswesen können nur seine Macht feiern. In 1 Henoch erscheint der Segen hauptsächlich im Kontext des Endgerichts, um auf die Macht Gottes zu verweisen, die Gerechten zu belohnen und die Gottlosen zu bestrafen; dies ist charakteristisch für die älteren apokalyptischen Schriften insgesamt.

In *2 Henoch*, einem weiteren pseudepigraphischen Werk, bringt Methusalem seine Brüder und die »Ältesten des Volkes« vor ihren Vater Henoch, der seine Abreise in den »höchsten Himmel« vorbereitet (2Hen 57,2). »Henoch sah sie an und segnete sie«, nachdem sie sich vor ihm niedergeworfen hatten. Erneut kann Henoch sie segnen, weil er Gott nahe steht. Es handelt sich wahrscheinlich nicht um einen gewöhnlichen Segen, der den Söhnen und Ältesten für ihre Ehrerbietung dankt, sondern um ein Zeichen, dass Henoch gemäß dem göttlichen Plan handelt.

Das *Jubiläenbuch*, das in der Mitte des 2. Jahrhunderts v. Chr. verfasst wurde und von dem hebräische Fragmente in Qumran gefunden wurden, spricht oft von Segen. Zum Beispiel empfangen Levi und seine Söhne den göttlichen Segen in Jub 30,18 f. Hier wird daran erinnert, dass das Priesteramt nur den Nachkommen Levis zusteht, den Leviten, um dann zu präzisieren, dass sie »wie wir«, d. h. wie die Engel, vor Gott dienen. Dies wird als Belohnung für den Eifer erklärt, mit dem Levi Dinas Vergewaltigung durch das Massaker der Sichemiten rächt (Jub 30,18). Dann »wird man hinaufbringen zum Zeugnis für ihn [Levi] auf die Tafeln des Himmels Segen und Gerechtigkeit«, die bei diesem Anlass vor Gott empfangen werden (Jub 30,19). Erneut dokumentiert der Segen, dass Levi den göttlichen Plan erfüllt hat. Die Priester genießen einen Status, der vergleichbar, aber nicht identisch mit dem der Engel ist: Dieses Privileg bringt der Segen zum Ausdruck. Daneben erzählt das Jubiläenbuch vom göttlichen Segen für biblische Figuren wie Isaak (Jub 24,1) oder Joseph (Jub 39,3): »Und der Segen des Herrn war in dem Haus des Ägypters wegen Joseph«. In einem an Jakob gerichteten Segen Abrahams findet sich die Wendung »von oberhalb des Firmaments segnen«, die in der HB nicht belegt ist: »Es segne dich Gott von oberhalb des Firmaments, und er gebe dir alle Segnungen, mit denen er den Adam gesegnet hat und den Henoch und den Noah und den Sem« (Jub 19,27). Abraham erinnert an die göttlichen Segnungen seiner Vorfahren, damit diese Segnungen sich in seiner Nachkommenschaft erfüllen. In Abrahams Segen wird Jakob die Erneuerung der Schöpfung am Ende der Zeiten versprochen, denn Abrahams Nachkommen sollen sehen, wie »der Himmel gegründet und die Erde gefestigt und alle Lichter erneuert [werden], die am Firmament sind« (Jub 19,25). Die Herkunft des göttlichen Segens »von oberhalb des Firmaments« signalisiert, dass Gott selbst den Erneuerungsprozess der Schöpfung steuert. Der Segen erinnert also an den göttlichen Plan für das Ende der Zeiten und an die Situation der früheren Patriarchen, die Gottes Segen empfangen haben; derart hat Gott schon in der Vergangenheit seinen Plan zu realisieren begonnen.

In Jub 22,13 fügt Abraham hinzu: »Der höchste Gott gebe dir alle Segnungen, mit denen er mich gesegnet hat und mit denen er Noah gesegnet hat und auch Adam. Mögen sie ruhen auf dem heiligen Haupt deines Geschlechts, von Generation zu Generation, für immer.« Die göttlichen Segnungen für Adam, Noah und Abraham werden auf das Haupt der Israeliten wie eine Traditionskette übertragen; die Segnungen sollen das Haupt »stark vor den Menschen« und gerecht und das Volk zu einem »heiligen Volk« machen (22,12). So kommt der Wunsch nach einem Oberhaupt zum Ausdruck, das mächtig genug ist, um dem Volk Heiligkeit zu verleihen. Im Folgenden wird Jakob dazu aufgerufen, sich strikt von den Völkern zu trennen. Die Segenssprüche deuten also die politische Forderung nach einem von fremden Mächten unabhängigen Israel an, das von einem starken Anführer geleitet wird, damit der Bund erneuert werden kann. Dann folgt Abrahams Paränese an Jakob (Jub 22,19): »Und du, mein Sohn Jakob, der höchste Gott helfe dir, der Gott des Himmels segne dich und entferne dich von ihrer Unreinheit und von allem ihrem Irrtum.« Abraham treibt Jakob zur Trennung von den Götzendienern an, und die Formel »Gott des Himmels« deutet wieder eine vertikale Sicht des Segens an, vom Himmel zur Erde, vermutlich um Gott von den aus irdischen Baustoffen (Holz und Stein) geschaffenen Götzen (22,18) zu unterscheiden. Schließlich endet Abrahams Segen damit, dass »der Höchste in Ewigkeit gesegnet werde« (22,27). Hier richtet sich der Segen an Gott selbst, wenn es Jakob und seinen Nachfahren gelingt, das Land zu bewahren, das Gott Abraham als »Erbschaft« gegeben hat, und eine »heilige« Nachkommenschaft zu sichern. Die

Bewahrung des Landes und die Heiligkeit des Volkes formulieren Bedingungen für die Spendung des Segens an Gott und sind mithin konstitutive Elemente des Bundes. Der Segen verläuft dann von der Erde zum Himmel. Und abschließend bittet Abraham Gott noch einmal, seinen Sohn zu segnen (22,29f.). Erneut geht es explizit um die Bundeserneuerung mit Jakob und seinen Nachkommen. Im Weiteren wird auch die berühmte biblische Erzählung von der Erlistung des Segens durch Jakob in Jub 26 nacherzählt (s. Leuenberger, in diesem Band S. 57f.).

Segnen können sodann auch Engel: Abraham empfängt etwa ihren Segen, als Sarah gebiert (Jub 16,16), womit sich Gottes Nachkommenschaftsverheißung, die die Engel im vorangehenden Satz angekündigt hatten, erfüllt. Auch die Erzmutter kann ihren Sohn in Gottes Namen segnen (Jub 25,14–23). Dabei sichern die Erzmütter die Reinheit der genealogischen Linie. Und zu dieser Zeit »stieg der Geist der Gerechtigkeit in ihren [sc. Rebekkas] Mund herab, und sie legte ihre beiden Hände auf das Haupt Jakobs« (25,14). Rebekka nimmt mit dem Segenszuspruch also eine prophetische Funktion wahr: »Gesegnet seist du, Herr der Gerechtigkeit und Gott der Ewigkeiten. Und dich soll er segnen über alle Menschen und alle Menschenkinder« (Jub 25,15). Die Gottesbezeichnung verweist auf den »Geist der Gerechtigkeit«, der auf Rebekka herabkommt, damit Gott Jakob »ein gerechtes Verhalten schenkt und deiner Nachkommenschaft die Gerechtigkeit offenbart« (25,15). Der gerecht machende Segen kann dabei auch einen ethischen Akzent gewinnen: »Ich möge für dich, meinen Sohn, gesegnete Kinder in meinem Leben sehen. Und all dein Same soll ein gesegneter und heiliger Same sein« (Jub 25,18). Weiterhin hebt der göttliche Segen die wohltuende Wirkung der Mutter auf den Sohn durch eine Darstellung des weiblichen Körpers in Jub 25, 19: »Möge die Brust derer, die dich geboren hat, dich genauso segnen! Meine Liebe und meine Brüste segnen dich, mein Mund und meine Zunge loben dich vielfach«. Das agrarische Bild der Fruchtbarkeit findet in Rebekkas göttlichem Segen einen menschlichen, weiblichen Ausdruck. Die Fruchtbarkeit der Frau und ihre Liebe für ihren Sohn ist ein Zeichen für Gottes Segen für den Sohn. Die Segenssprüche im Jubiläenbuch bewegen sich mithin weitgehend in biblischen Bahnen: Auch wenn

Rebekka selbst segnet, so verdeutlicht der Kontext, dass der Segen letztlich von Gott herkommt und dass die Menschen nach dem göttlichen Plan handeln.

Die *Psalmen Salomos* beschreiben in Kap. 17 aus dem 1. Jahrhundert v. Chr., was vom königlichen Messias erwartet wird. »Der Segen des Herrn wird mit ihm sein in Kraft, und er wird nicht stolpern«, statuiert 17,38. Da dieser Segen nach der Erwähnung des »heiligen Geistes« und des »einsichtigen Rates« angekündigt wird, dürfte er diese göttlichen Eigenschaften mit enthalten; von ihnen profitiert nun der königliche Messias und kann infolgedessen in seiner Heilsmission nicht scheitern.

Im Roman *Joseph und Aseneth* segnet Joseph seine Frau mit folgenden Worten (8,10): »Du, Herr, [...] segne diese Jungfrau und belebe sie.« Durch die Begegnung mit ihrem Mann erwacht Aseneth zu einem neuen Leben, wobei der göttliche Segen diesen Übergang markiert. In 28,15 wird Aseneth von Levi gesegnet: »Levi kam zu ihr, küsste ihr die rechte Hand und segnete sie.« Nach dem Angriff gegen sie hatte sie Fürbitte für diejenigen geleistet, die sie angegriffen hatten, und die Rache verworfen, weil diese nur Gott zusteht. Levi fungiert hier als Friedensrichter und drückt durch seine Segenshandlung Gottes Zustimmung zu Aseneths Worten aus.

Die *Testamente der zwölf Patriarchen* stellen eine späte Kompilation von zwölf geistlichen Testamenten mit christlichen Interpolationen, die aber auf eine frühere jüdische Komposition zurückgeht, dar. In jedem Testament gibt ein Patriarch seiner Nachkommenschaft Anweisungen, nachdem er die Zukunft gesehen hat. In TestJud 25,2 werden die zwölf Patriarchen in einem eschatologischen Horizont gesegnet: »Und der Herr wird Levi segnen, der Engel des Angesichts mich, Juda, die Mächte der Herrlichkeit Simeon, der Himmel Ruben, die Erde Issachar, das Meer Sebulon, die Berge Joseph, das Zelt Benjamin, die Sterne Dan, der Eden Naftali, die Sonne Gad und der Mond Asser.« Es fällt auf, dass Gott selbst nur Levi direkt segnet, sodass der ›priesterliche‹ Patriarch einen klaren Vorrang erhält. Insgesamt scheinen die Segnungen so die Testamente in einer späten Phase redaktionell zu vereinheitlichen. Theologisch wird deutlich gemacht, dass trotz der zahlreichen segnenden Wesen

Gott der eigentliche Segensspender ist, sei es in direkter Weise oder sei es durch seine Schöpfung.

Das *Liber Antiquitatum Biblicarum* enthält eine detaillierte Erzählung der Geschichte von Jaels Sieg über Sisera. Jael zeigt Barak ihre makabere Tat in 31,9: »›Komm, Gesegneter Gottes, und ich werde dir deinen Feind ausliefern, den du verfolgt hast, ohne ihn zu finden‹. Barak kam herein, fand Sisera tot, und sagte: ›Gesegnet sei der Herr, der seinen Geist geschickt und gesagt hat: ›Sisera wird in die Hand einer Frau geliefert werden.‹« Die Wendung »Gesegneter Gottes« scheint einen von Gott verliehenen Titel darzustellen, der andeutet, dass der Besuch Baraks, dessen Name dieselbe Wurzel wie das Verb »segnen« aufweist, Teil von Gottes Plan ist. Seinerseits segnet Barak dann Gott, um ihm für die Erfüllung seines Orakels zu danken.

1.3. Flavius Josephus

Josephus' Werke sind auf Griechisch abgefasst und belegen das Verb »segnen« (εὐλογεῖν) und das Nomen »Segen« (εὐλογία). In den *Antiquitates Judaicae*, welche zu Beginn der biblischen Darstellung folgen, finden sich die meisten Segensbelege, einige gibt es aber auch im *Bellum Judaicum*. Als Josephus z. B. die Juden wegen ihres Aufstandes gegen die Römer kritisiert, fragt er: »Welche von den Vorschriften aber, an deren Erfüllung der Gesetzgeber einen Segen geknüpft hat, habt ihr befolgt? Oder vielmehr, muss ich fragen, was habt ihr unterlassen von dem, was er mit einem Fluch belastete?« (BJ V 400). Es stellt sich die Frage, wer der segnende »Gesetzgeber« ist: Mose oder Gott selbst? Der Kontext spricht für Gott, weil zuvor von »Gottes Gericht« und vom »Richter in der Höhe« die Rede ist. So wirft die doppelte rhetorische Frage den Juden vor, Gottes Werke nicht beachtet zu haben.

In der Erzählung über Jesus, Sohn des Ananias, der Jerusalems Untergang in den Jahren vor dem Aufstand voraussagte, heißt es: »Er verfluchte die nicht, die ihn Tag für Tag schlugen, noch dankte er dem, der ihm zu essen gab« (VI 307). Erneut ist das gegensätzliche Paar ›segnen/verfluchen‹ zu beobachten. Hier drückt der Segen eindeutig die Dankbarkeit aus, während der göttliche Segen im ersten Beispiel dazu dient, den göttlichen Plan erkennbar zu machen.

In den *Antiquitates Judaicae* kommt das Verb εὐλογεῖν 10x und das Substantiv εὐλογία 5x vor. Den ersten Beleg bietet die Melchisedek-Episode aus Gen 14: »Und beim Mahle begann er den Abram zu loben und Gott zu danken, weil er die Feinde in seine Hand gegeben« (AJ I 181). Der Segen bedeutet ein an Gott gerichtetes Dankgebet. Josephus verwendet dieses Verb erneut im Abschnitt über die Erklärung des Zehnten (Dtn 26,3 f.): »Vor der Rückkehr [nach der Ablieferung des Zehnten] soll er sich in den Tempel stellen und Gott ›segnen‹, weil er die Hebräer aus der Gewalt der Ägypter erlöst und ihnen ein fruchtbares und weites Land geschenkt hat, um dessen Früchte zu genießen.« (IV 242). Abgesehen vom Dank, der durch den Segen ausgedrückt wird, scheint Josephus zwei verschiedene Formeln zu kombinieren: Dtn 26,5 f. mit dem Segen, der den Ritus des Erstlingsopfers abschließt, und Dtn 26,13–15 mit dem Zehnten des dritten Jahres, der an die Armen »gegeben« wird. Möglicherweise will Josephus damit andeuten, dass der Danksegen der Erfüllung der Gebote zu den Zehnten entspricht.

Weiter findet sich das Nomen εὐλογία zweimal in einem Abschnitt, der Dtn 28 aufnimmt. Nachdem Mose das Gesetz proklamiert hatte, »gab [er] ihnen die Segen und die Flüche über die, die nicht nach den Gesetzen leben und die Gebote übertreten.« (AJ IV 302; zu deren Inhalt s. IV 305 f.). Gemäß IV 307 f. »Er [Mose] schrieb die Segen und die Flüche auf, damit die Zeit die Unterweisung nicht abschaffe, und schließlich schrieb er sie auf dem Altar auf beiden Seiten und befahl den Menschen, dort stehend Opfer und Brandopfer darzubringen.« Nach Josephus handelt es sich nicht um eine neue, von der Torah abweichende Verschriftung, sondern der Vorgang hebt den zielführenden Zweck hervor. Segenssprüche und Flüche werden dabei in einem liturgischen Rahmen verwendet (vgl. Dtn 27,15–26) und ziehen die Grenzen für die Einhaltung des Gesetzes für die Israeliten.

Am Lebensende Moses schildert IV 320 nach Dtn 33,1: »Als Moses am Ende seines Lebens so gesprochen und in Segenssprüchen prophezeit hatte, was mit jedem der Stämme passieren würde, brach die Menge in Tränen aus.« Josephus scheint die Segenssprüche hier als Prophetie zu deuten, wobei er von einem zeitgenössisch prominenten Verständnis des Moses als Propheten beeinflusst sein dürfte.

Buch VII 380–381 erzählt Davids Gebet aus 1 Chr 29,9–25 nach: »David begann […] Gott zu loben mit lauter Stimme, den Vater und Urgrund des Universums, den Erschaffer aller menschlichen und göttlichen Dinge […] er gebot auch der Menge, Gott zu ›segnen‹. Alle fielen ehrerbietend zu Boden und dankten David für alle Wohltaten, die sie genossen hatten, seit er die Herrschaft empfangen hatte.« Die Darstellung des Josephus läuft auf den Dank an David zu, während der Chronist von der Proskynese »vor JHWH und vor dem König« spricht. Somit betont Josephus die Nähe zwischen David und Gott. In diesem Kontext dienen die Segensformeln für Gott dazu, diese Vorstellung zu legitimieren.

Die Grenzen zwischen Segenssprüchen zum Dank und Segenssprüchen, die die Hoffnung auf Gottes Plan stärken sollen, sind bisweilen fließend. In VIII 110 geht es um die Verheißung, Gott einen irdischen Tempel zu bauen (1Kön 8,10): »Als sie sahen, dass sich jene Prophezeiung erfüllt hatte, bat er sie, Gott zu segnen und an nichts zu verzweifeln, was er zu ihrem Heil verheißen hatte.« Der Abschnitt dankt Gott dafür, den Tempelbau ermöglicht zu haben, und zugleich ordnet er dem göttlichen Plan dieses Werk zu; dann folgt ein hymnischer Dank (IV 111). Im Unterschied zu 1Kön 8,22 // 2 Chr 6,12 breitet Salomo seine Hände nicht zum Himmel aus, als er diesen Hymnus ausspricht, sondern er erhebt seine rechte Hand zur versammelten Menge. Der von Josephus dargestellte Ritus scheint weniger an Gott als an das Volk gerichtet zu sein, zumal er betont, dass Gott nichts braucht, um zu entscheiden und zu handeln. Im Gefolge der Tempelzerstörung 70 n. Chr. spiritualisiert Josephus die Opferhandlungen dezidiert: Das Bild eines Gottes, dessen Handlungen nicht (oder nicht mehr) von den Opfern und vom Lob abhängen, ist schon in Ps 14,18 und im Josephus beeinflussenden stoischen Denken (ἀπροσδεής, »ohne Bedürfnis«, s. Luciani, *Quomodo historia* 36) belegt. Der Segen feiert die Erfüllung des göttlichen Wortes über den Bau des Tempels und die Erwählung der Israeliten: Gott muss nicht durch Opfer und Gebete bewegt werden, sondern es gilt, ihm für die Erfüllung seiner Verheißungen zu danken. Es ist keine retributive Theologie mehr, sondern eine Theologie, in der Gott allein entscheidet und handelt. Dies erhärtet auch IV 119: »Der König begann zu segnen und forderte die Menge auf, das Gleiche zu sagen, denn sie hatten schon die Zeichen von Gottes Wohlwollen für sie«. Der Abschnitt deutet 1Kön 8,55f. so, dass der Segen als Lob der Macht Gottes fungiert, der das entschieden und ausgeführt hat, was er für sein Volk wünschte.

1.4. Philo von Alexandria

In den Schriften Philos von Alexandria, der das elitäre Judentum mit hellenistischer Philosophie vereint, ist das Verb εὐλογεῖν 43x und das Nomen εὐλογία 28x belegt. So erklärt er Gen 2,3 (»Und Gott segnete den siebten Tag und heiligte ihn«) in *Legum Allegoriae* I 17 folgendermaßen: »Gott segnet und nennt heilig die Sinnesarten, die sich nach dem wahrhaft göttlichen Licht des siebten Tages ausrichten; denn nahe verwandt sind der Vernünftige (εὐλόγιστος) und der Heilige. Daher sagt die Schrift von dem, der das große Gelübde abgelegt hat, wenn eine Veränderung über ihn gekommen ist und plötzlich seinen Geist befleckt hat, so solle er nicht mehr heilig sein [Num 6,9], sondern die früheren Tage seien nicht zu zählen [Num 6,12]; mit Recht, denn unvernünftig ist die unheilige Sinnesart, die vernünftige jedoch heilig.« Philo kombiniert also Gen 2,3 mit dem Nasiräergelübde in Num 6, wo es um die Verunreinigung des Nasiräers durch den Kontakt mit einer Leiche geht. Dort werden die Tage seit dem Gelübde nicht gezählt (ἄλογοι) oder nicht gerechnet (ἀλόγιστοι). Letzteres Wort kann auch das Gegenteil von »vernünftig« (εὐλόγιστος) bedeuten, das Philo etymologisch mit »segnen« (εὐλογεῖν) verbindet. So sieht er Vernunft und Segen zusammen (I 18): »Der Grund aber, weshalb der, der gemäß dem vollkommenen Licht des siebten Tages wandelt, gesegnet/vernünftig (εὐλόγιστος) und heilig ist, besteht darin, dass in diesem Bereich die Entstehung der sterblichen Dinge aufhört.« Mithin führt der Segen durch die Vernunft zur Heiligkeit.

Philos Segensverständnis zeigt sich schön auch in III 190–192, wo es um Jakobs Segenserlistung zulasten Esaus geht. Nach Philo erfüllt die »Leidenschaft« Jakob, solange sie nicht »müde wird und zugibt, dass sie überlistet und zweimal besiegt ist, bei der Erstgeburt und bei dem Segen.« (III 190; s. Gen 27,36). Dies erläutert Philo im Rahmen seiner Anthropologie wie folgt: »der Schlechte hält das Körperliche für älter, aber der Gute das Seelische, das ja auch in Wahrheit – freilich nicht bezüglich der Chronologie sondern der Kraft und der Würde – älter ist und an erster Stelle steht, genau so wie der Herrscher im Staat. Nun ist die Seele die Herrscherin des menschlichen Verbunds« (III 191). Er argumentiert also, dass sich die Werte des Schlechten und des Guten unterscheiden und für den letzteren die seelischen Dinge die körperlichen übertreffen. Dann fügt er hinzu: »So hat der gemäß der Tugend Erste die ersten Dinge empfangen, wie es ihm auch gebührt; denn er hat den Segen mit vollkommenen Gebeten empfangen. Eitel aber und anmaßend ist der, der sagt: ›Er empfing meine Segen und mein Erstgeburtsrecht‹. Denn nicht das Deine, du Tor, empfängt er, sondern das dem Deinen Entgegengesetzte; denn dem Deinen ist Dienstbarkeit angemessen, dem Seinen aber Herrschaft.« Philo verteidigt Jakobs Tat also, indem er den Ersten und Schnellsten mit dem Tugendhaftesten gleichstellt, dessen Aneignung des Segens und der Gebete legitim ist. In *De Mutatione Nominum* 230 nimmt Philo Gen 27,38 auf, wo Esau einen neuen Segen fordert und stimmt ihm zu: »Jeder hat seinen besonderen Segen: für die Vollkommenen vollkommene [Segen], mittelmäßige [Segen] aber für die Unvollkommenen, wie es auch für die Körper zutrifft.« Als Beweis dafür führt er den Gegensatz zwischen der Diät für gesunde und für kranke Menschen an. Gott passt seine Gaben demjenigen an, der sie empfängt. Deshalb gibt es verschiedene Gaben und somit auch verschiedene Segen je nach Empfänger.

Gott segnet auch biblische Figuren. In *Legum Allegoriae* spricht Gott über Abraham einen Segen aus (III 203–210). Philo greift Gen 22,16 f. auf, wenn er Gott sagen lässt: »Wahrlich segnend werde ich dich segnen« (III 203). Dies wird wie folgt erklärt: »Denn viel Segnenswertes tun manche, aber nicht zum Segen; auch der Schlechte übt manche pflichtmässigen Handlungen aus, aber nicht aus der pflichtmässigen Seelenbeschaffenheit heraus« (III 210). Philo unterscheidet zwischen bösen Taten und guten Taten, die auf der Vernunft basieren. Er nimmt also die Parallele zwischen dem Segen und der Vernunft (εὐλόγιστος) wieder auf. Wer einen göttlichen

Segen empfängt, wie Abraham, ist folglich vernünftig. Zugleich gilt der Segen als Zeichen der göttlichen Erwählung: »Der Gesetzgeber aber will, dass der Weise nicht durch eine unstete und wankelmütige Einstellung oder aus Zufall als Gesegneter erscheint, sondern aufgrund einer gesegneten Haltung und Verfassung« (III 210).

Segen wird auch apotropäisch verwendet: So heißt es *Legum Allegoriae* III 215 bei der Interpretation von Ex 20,24 (»ich werde zu dir kommen und dich segnen«): »Und in diesen Worten steckt ein sinnvolles göttliches Orakel: Wenn eine Idee Gottes in deine Gedanken kommt, verbreitet sie gleich Segen und heilt alle ihre Krankheiten.« Hier tritt also eine Vorstellung von privater Frömmigkeit hervor, wenn ein Gedanke an Gott es ermöglicht, Segen zu empfangen, die einen Kranken heilen.

Nach *De Migratione Abrahami* 70–71 garantiert der Segen das Ideal des kontemplativen Lebens und des Guten dank der an Abraham gegebenen, göttlichen Verheißung: »Es wird gesagt: ›Ich will dich segnen‹, d. h., ich will dir ein kostbares Wort geben. Denn das Wort ›gut‹ bezieht sich direkt auf die Tugend; aber das Wort ›Wort‹ referiert auf die Quelle oder den Bach: auf die Quelle das Wort (Logos), das im Gedanken seinen Ursprung (Logos) besitzt, auf den Bach das Wort (Logos), das durch den Kanal des Mundes und der Zunge fließt. Die Perfektion erfüllt diese beiden Formen des Wortes (Logos), das ist die Fülle.« Das Wort »Segen« wird wiederum mit seiner griechischen Etymologie erklärt. Der Segen teilt Tugend aus, weil er wörtlich die schöne Rede ist. Wenn nun Gott einen Segen gibt, verleiht er dem Empfänger somit die Tugend, d. h. die perfekte Erziehung. Der Segen ist also das Zeichen der Tugenden, die Gott einem Menschen gibt und die zu erlangen das Erziehungsideal darstellt. So wird der Mensch zum »Weisen«, zum »aufrichtigen Menschen«: »Denn wer den guten Mann preist, verdient selbst Lob, wer ihn aber tadelt, verdient selbst Tadel« (110 nach Gen 12,3). Allerdings relativiert 117, wo es um die Verwandlung des Fluchs in Segen bei Bileam geht (Num 22–24; Dtn 23,6), die Bedeutung der Sprache beim Segnen: »Man soll daher in Bezug auf Segen und Lob und Bitten auf der einen Seite und Zurechtweisungen und Flüche auf der anderen Seite nicht so sehr auf die gesprochenen Äußerungen abstellen als auf das Herz: Von ihm aus kann, wie von einer reinen

Quelle, entschieden werden, womit die gesprochene Äußerung wirklich korrespondiert.« So setzt der Segen eine Verinnerlichung statt eines einfachen Rezitierens voraus. *De Mutatione Nominum* 127 gibt ein weiteres Kriterium an: »Beten aber und Segnen kommt nicht jedem gewöhnlichen Mann zu, vielmehr einem Mann, der seine Augen nicht auf die Beziehung mit den geschaffen Dingen fixiert, sondern sich für den Herrscher und Vater des Universums bestimmt.« In diesem Abschnitt wird Mose als Vorbild für den Gläubigen präsentiert, der sich Gott vor seiner Familie widmen muss. Eine solche Hingabe ist die ideale Voraussetzung zum Beten und zum Segnen als Kommunikation mit Gott.

1.5. Tannaitische Literatur

Die *Mischna*, die *Tosefta*, die *halachischen Midraschim* und der *Seder ʿOlam Rabba* weisen zahlreiche Segenssprüche auf: In einem liturgischen Jahr zählt man ca. 200 davon. Im Allgemeinen sind sie kurz, wie z. B. der Segensspruch, der die Erfüllung des Gebotes markiert, den Schofar zu blasen: »Gesegnet seist du Herr, unser Gott, König der Welt, der uns durch seine Gebote geheiligt und befohlen hat, dem Klang des Schofars zuzuhören.« Manche sind etwas ausführlicher wie beim Rosch ha-Schana, zu dem der Musaf drei spezifische Segenssprüche enthält (שופרות, זיכרונות, מלכויות). In der rabbinischen Literatur gibt es außerdem ca. 50 weitere Segenssprüche, die nicht zu den liturgischen Sprüchen gehören. Nach der jüdischen Überlieferung wurden die Segenssprüche im Zeitalter der Tannaim verfasst, d. h. der ersten Generation der Weisen (1.–3. Jahrhundert n. Chr.). Die Tosefta in Berakhot IV 4 berichtet von einer Ermahnung des R. Yosi: »Jeder, der [etwas] an der Formel ändert, die die Weisen von einer Benediktion geprägt haben, hat seine Pflicht nicht erfüllt« Hier spiegelt sich eine für die Epoche zunehmend typische Kritik an der freien Formulierung von Segenssprüchen. Berakhot IX 1 (12d) im Talmud Jeruschalmi bietet ein Beispiel dafür mit einem *ḥazzan*, einem Liturgen, der den ersten Segen der *ʿAmida* in einem Dorf so aussprach: »Der große, der mächtige, der furchtbare, der gewaltige, der überragende Gott«. R. Johanan und R. Jonatan befahlen ihm zu schweigen mit dem Argument: »Du hast kein Recht zu den von den Gelehrten verfaßten Benediktions-Formeln [neue Huldigungen] hinzuzufügen«

Die Tradition teilt die Segenssprüche in drei Kategorien ein. Die erste Kategorie umfasst an Gott gerichtete Dank- und Bittsprüche zu bestimmten Zeiten und Gegebenheiten (ברכות ה...). Dazu zählen die 19 Segenssprüche der *ʾAmida*, die im Zeitalter der Tannaim zweimal am Tag rezitiert wurden. Das Morgengebet (שחרית) ersetzt das tägliche תמיד-Opfer, das am Morgen im Tempel dargebracht wurde. Das Abendgebet (מינחה) steht für das tägliche Opfer am Ende des Nachmittags. Hinzu kommt das *Qiddusch*, das den Sabbat und die Feiertage heiligt, und der Einweihungssegen (שהחינו), der »Neuheiten« wie die jährliche Fruchtdegustation oder den Erwerb eines Kleidungsstücks feiert. Die zweite Kategorie besteht aus Segenssprüchen vor materiellem Genuss (ברכות הנהנין), z. B. vor Mahlzeiten oder vor dem Weintrinken. Der dritten Kategorie werden Segenssprüche zugerechnet, die sich auf die Erfüllung eines göttlichen Gebotes (ברכות המיצוות) aus der HB oder aus der rabbinischen Literatur beziehen. Nach der *Tosefta* in Berakhot 6,9 gilt: »Wer jedes Gebot erfüllt, spricht einen Segen über sich aus« (Sharvit 1995: 377–388; Novick 2008: 69–86). Wenn z. B. der Betende den Gebetsschal und die Phylakterien anzieht, wird ein Segen ausgesprochen. Oft verbinden diese Segenssprüche auch die Gebote mit der Erwählung Israels, was für die tannaitische Literatur auch sonst charakteristisch ist (siehe z. B. *Sifre Numeri* 99.115 u. a.). Weiter zeigt sich ein besonderes Interesse am Zehnten im Sinne von Abgaben für Gott bzw. seine irdischen Stellvertreter; darin manifestiert sich wohl ebenfalls die Ersetzung von Tempelopfern durch Segenssprüche für die Nahrung (siehe Bokser 1981: 557–574). Der Traktat *Maʾaser šeni* 5,11 verbindet den Segen mit den Zehnten, indem er Dtn 26,13 wie folgt kommentiert: »Und ich habe es nicht vergessen [Dtn 26,13]. Ich habe nicht vergessen, dich zu segnen und deinen Namen zu erinnern.« Hier wird der Segen – anders als in Dtn 26,13 – mithin als Dankgebet interpretiert (s. a. *Sifre Dtn* 303), was sich ähnlich in der Tosefta findet (*Maʾaser šeni* 5,24). T. Novick (2008: 82) vermutet entsprechend, dass die Segenssprüche über die Zehnten mindestens teilweise die Segenssprüche zu den Geboten in der tannaitischen Literatur geprägt haben.

In der rabbinischen Literatur der tannaitischen Zeit wird zwar dasselbe Hebräisch wie in der Mischna verwendet, doch die Segensformeln weisen eine leicht abweichende Sprache auf, die sie als einheitliche Größe wahrnehmen lässt (siehe Bar-Asher 2007: 446–461). Im Unterschied zur sonstigen tannaitischen Literatur entlehnen die Segenssprüche keine Begriffe aus der gesprochenen Sprache wie dem Aramäischen, auch lateinische oder griechische Lehnwörter fehlen fast komplett. Vielmehr speisen sich die Segenssprüche insbesondere der ersten und dritten Kategorie aus dem biblischen Hebräischen, namentlich der Propheten und der Psalmen. Es lässt sich eine gewisse Tendenz erkennen, Begriffe und Wendungen zu verwenden, die selten in der Bibel vorkommen und keine Entsprechung im Mischna-Hebräisch haben. Die Weisen wollten offenbar die Segenssprüche sprachlich von den anderen tannaitischen Schriften, die hauptsächlich auf der *Halacha* fußen, abgrenzen und enger an die biblische Sprachtradition anschließen (siehe Bar-Asher 2007). So kann ein biblischer Text, der keinen Segen enthält, durch entsprechende Ergänzungen in einen Segen verwandelt werden, wie es sich schön am erweiterten Ende von Ps 120 in der 'Amida zeigt: »Der Samuel in Mizpa antwortete, wird euch antworten und euren Schrei heute hören. Gesegnet seist du Herr, der den Schrei hört«; es folgt die Erläuterung »Segensspruch, von den Weisen ausformuliert« (siehe auch Ps 102, 121, 130). Ein biblischer Text kann auch durch explizite Zitationsformeln in einem Segensspruch integriert werden (z. B. ככתוב: »wie geschrieben ist« oder כאמור: »wie er sprach«, vgl. etwa im *Musaf* des Rosch ha-Schana die Zitate aus Ex 15,18, Ps 22,29 und Jes 44,6). Daneben zitieren Segenssprüche auch unmarkiert aus der Bibel, so nimmt der Spruch »Gesegnet seist du [...] der alles Fleisch umsorgt und *Wunderbares vollbringt*« Ri 13,19 (kursiv) auf; dabei lassen sich auch zahlreiche leicht veränderte Zitationen finden: z. B. endet ein Segen im Morgengebet mit »der Israel mit Macht umgürtet« aus Ps 65,7 (»umgürtet mit Macht«) oder es tauchen Begriffe aus der Bibel auf, die sonst im Hebräischen der Mischna nicht verwendet werden, wie die Begriffe »Nachkommen« (צאצאים) und »Fleisch« (שאר) im Beschneidungssegen: »[...] der seinem Fleisch ein Gebot auferlegt hat und der seine Nachkommen mit dem Siegel des heiligen Bundes gekennzeichnet hat«. Die Segenssprüche im tannaitischen Judentum verbinden also den Erhalt der biblischen Traditionen mit einer literarischen Kreativität, die das biblische Hebräisch im jüdischen Alltag zu bewahren und zu erneuern unternimmt; Ähnliches lässt sich in den ältesten *Piyyutim* beobachten (siehe Weinberger 1999), sodass die Sprachentwicklung komplexer als meist angenommen verläuft. Auffällig ist dabei freilich, dass in der tannaitischen Literatur keine Segenssprüche bezeugt sind, in denen Gott Menschen segnet, sondern es sind ausschließlich die Beter, die Gott »segnen«, wodurch das Verb ברך eine technische Bedeutung: »Einen Segensspruch rezitieren« gewinnt.

1.6. Segenssprüche in antiken jüdischen Inschriften

Die zahlreichen jüdischen Inschriften, die in den letzten fünfzig Jahren im Mittelmeerraum entdeckt wurden, erlauben eine präzisere Zeichnung der jüdischen Gepflogenheiten und Glaubensvorstellungen sowohl in ihren allgemeinen als auch lokalen Ausdrucksformen. Allerdings sind die Inschriften sehr kurz, was ihre Deutung erschwert, und neue Untersuchungen stellen heraus, dass eine historische Interpretation eine Kombination verschiedener Kriterien als Grundlage benötigt. Zunächst fällt in statistischer Hinsicht auf, dass zwar einige althebräische Segenssprüche vor dem 6. Jahrhundert v. Chr. in Palästina belegt sind (s. o. Leuenberger, in diesem Band S. 52–54), während solche Inschriften aus der Zeit vom 6. Jahrhundert v. Chr. bis zum 3. Jahrhundert n. Chr. sich in dem von H.M. Cotton e.a. (2010–2012) zusammengestellten Korpus kaum finden lassen. Es ist allerdings denkbar, dass der Begriff שלום: »Friede« und die griechischen Wendungen εὐψύχει: »Sei getrost«, χρῆστε χαῖρε: »Edler, leb wohl« und θάρσει οὐδεὶς ἀθάνατος: »Sei tapfer, keiner ist unsterblich« äquivalente Formulierungen darstellen, die den Wunsch des Wohlergehens für den Adressaten bzw. zum Lobe der Macht Gottes zum Ausdruck bringen; erwiesen ist es freilich nicht, dass sie die ברכה und ברך im Hebräischen bzw. Aramäischen und εὐλογία im Griechischen ersetzen. Eine fragmentarisch erhaltene aramäische Inschrift aus der Synagoge von Dura-Europos (Syr 84) in Syrien (244–245 n. Chr.) über eine Spende lautet in Z.12–14: »Segen der Ältesten und aller Söhne von … sie arbeiteten und bemühten sich … Friede [für sie und] ihre Frauen und all ihre Söhne.« Segen wird hier vom Frieden unterschieden, der dem Dank an die Spender zu entsprechen scheint; außerdem wird der Segen zitiert, um die Empfänger zu benennen, und der Frieden wird ihnen zugesprochen. So dürfte das auch sonst belegte (siehe etwa Noy 1995: 513.588) Paar Segen – Frieden gemeinsam an die Spender erinnern.

Dagegen findet man einige Inschriften außerhalb Palästinas, die die im Hebräischen bzw. Griechischen übliche Terminologie verwenden, um Segen auszusprechen (s. a. Rey-Coquais 1982). Eine griechische Inschrift aus dem 3. Jahrhundert in der römischen Provinz Pannonien bietet etwa den folgenden Text mit der Zeichnung einer Menora (Pan 1): »Denkmal für Juda, den Vater, und Denkmal für Cassia. Ein Segen [εὐλ(ογία)]«. Ein weiteres Beispiel bietet eine griechische Inschrift aus der Mitte des 3. Jahrhundert aus Karien, die Capitolina gewidmet ist (IJudOr II 27) und ebenfalls mit dem Wort εὐλογία endet.

Eine hebräisch-griechische Inschrift, die in Thessaloniki entdeckt wurde (4.–6. Jahrhundert), weist eine Widmung mit dem Priestersegen aus Num 6,22–27 auf (Mac 17). Ihre erste Zeile ist in palaeo-hebräischer Schrift geschrieben: »Gesegnet sei unser Gott auf ewig!« (ברוך אלהינו לעולם). Dann wird das biblische Zitat auf Griechisch eingeführt: »Und der Herr sprach zu Mose und sagte: ›Sprich zu Aaron und seinen Söhnen und sage: Du sollst die Söhne Israels segnen. Sage ihnen: Der Herr wird dich segnen und dich beschützen. Der Herr wird dir sein Angesicht offenbaren und dich unterstützen. Der Herr wird sein Angesicht über dich heben und für dich Frieden machen. Und mein Name wird auf die Söhne Israels gelegt werden und ich werde sie segnen.‹« Es folgt ein Segensspruch auf Hebräisch: »Gesegnet sei sein Name auf ewig« (ברוך שמו לעולם). Schließlich endet die Inschrift mit einer Widmung an Siricius auf Griechisch: »Gott [ist] einer. Ein Segensspruch für Siricius, der [diese Tafel oder diese Gabe] mit seiner Frau und seinen Kindern gespendet hat. Möge Neapolis mit denen florieren, die dich lieben!« Beim Stifter könnte es sich um den Sophisten Sergius Siricius aus Neapolis in Palästina handeln, doch sind auch weitere Siricius bekannt. Die an Gott gerichteten Segensformeln, die den Dank des Siricius für erfahrene Wohltaten seitens Gottes ausdrücken, umrahmen den Priestersegen in einer neuen griechischen Version. Die Wahl dieser biblischen Verse könnte andeuten, dass der Stifter den Priestersegen zu empfangen gedachte; dann würde sich hier eine jüdische intellektuelle Elite widerspiegeln, die die Verdienste und Privilegien der Priester in Anspruch nehmen wollte.

Eine Mosaikinschrift in der Synagoge von Philippopolis in Thrakien (späteres 3. Jahrhundert), ist in zwei identischen Teilen gespalten, die eine Menora umrahmen (Thr 1): »Von [den Gütern] der Vorsehung führte Cosmianus, auch Joseph (genannt), die Dekoration aus. Segen für alle (εὐλογία πᾶσιν)«. Der göttliche Segen für alle scheint sich an in die Synagoge kommende Beter zu richten. Dieselbe Abschlussformel ist auch in einer thrakischen Inschrift in Perinth-Heraklea (5.–6. Jahrhundert) belegt (Thr 4): »Hier liegt Eugen, zum Andenken. [Seg]en für al[le] ([εὐλο]γία πᾶ[σιν])«. Eine Entwicklung dokumentiert eine Mosaikinschrift aus der ersten Hälfte des 4. Jahrhundert auf der Insel Ägina (Ach 59): »Als der junge Theodor φροντιστής war, wurde das Mosaik aus dem Einkommen der Synagoge gelegt. Segen auf alle (εὐλογία πᾶσιν), die eintreten.« Es war offenbar Theodors Aufgabe, das Mosaik legen zu lassen, wobei nun der Segen auf die in der Synagoge Betenden bezogen ist. L. Robert (1946: 108; 1960: 394–396) deutete die häufige Abschlussformel (εὐλογία πᾶσιν) als ausschließlich jüdische Formel. Obwohl sie in Synagogen belegt ist, geht diese Folgerung zu weit, da die Formel eben auch in griechischen Grabinschriften auftritt, z. B. der oben zitierten des Eugen. Wer dabei den Segen ausspricht, bleibt zwar offen, adressiert ist er jedoch an »alle«, womit wahrscheinlich die noch Lebenden gemeint sind (Park 2000: 137 f.), wie es biblisch im Mosesegen für die Israeliten kurz vor seinem Tod in Dtn 33,1 der Fall ist.

Um einen Zusatz könnte es sich beim Schlusssatz εὐλογία τοῖς ὁσίοις ὧδε, »Segen für die Frommen hier« eines Epitaphs aus Syrakus handeln (Noy 1993: 152, 4.–5. Jahrhundert). Er scheint ebenfalls die klassische Formel εὐλογία πᾶσιν zu ersetzen. Der Segen bezieht sich nicht mehr generell auf die Lebenden, sondern auf »die Frommen hier«, die unter dem Epitaph bestattet sind. Ein jüngeres zweisprachiges Epitaph aus dem 7.–8. Jahrhundert in Tarent im südlichen Italien (JIWE I 120) bietet auf Hebräisch den Satz »Möge des gerechten Anatoli[us] gedacht werden zum Segen«. Der nachfolgende Satz auf Lateinisch lautet: »Andenken der Gerechten zum Segen« (*memoria iustorum ad be[nedictionem]*). Die hebräische Wendung זכר צדיק לברכה, die mehrfach belegt ist (JIWE I 118; 122; u. a.), erscheint oft in ihrer abgekürzten Form זצ״ל. Sie ist aufgrund einer Stelle in Gen Rabba 49,1 zu Gen 17,17–19 sehr bekannt, wo eingeschärft wird: »Wer den Namen eines Gerechten erwähnt und keinen Segen für ihn ausspricht, verletzt eine religiöse Vertretungspflicht«. So lässt sich eine Entwicklung des Segens in den Epitaphen verfolgen: Er richtet sich zunächst an die Hinterbliebenen, die Lebendigen, später gilt er dem Toten, der als gerecht qualifiziert wird. Freilich muss man sich vor simplen Generalisierungen hüten und auch lokale Entwicklungen in Anschlag bringen.

2. Kontinuität und Besonderheiten der Segenssprüche im antiken Judentum

Dieser Überblick über die Segenssprüche im antiken Judentum bezeugt grundsätzliche Kontinuitäten in den Gebrauchsweisen und den Bedeutungen des Segens, neben die aber auch Besonderheiten, die oft mit den Redaktions- und Rezeptionskreisen verbunden sind, treten. Beides soll kurz summiert werden:

Die Segenssprüche im antiken Judentum knüpfen an die Formeln an, die in jüngeren Texten der HB belegt sind. So findet sich die Konstruktion › ברך + Präposition ל‹, die in den nichtbiblischen Schriften von Qumran auftaucht, bereits in den jüngeren Büchern der HB: In 1 Chron 29,20 z. B. ist das mit ל eingeführte Objekt des Segensspruches »Gott«, in Neh 11,2 dagegen »alle Männer«. Weiterhin scheint Ps 68,36 die Formulierung mit ברך im Part. Pass. Qal Sg. Mask. (ברוך) mit dem »Gott Israels« (אל ישראל) als Adressaten anzukündigen: »Furchtbar bist du, Gott (אלהים), aus deinen Heiligtümern her. Der Gott Israels, er ist es, der dem Volk Stärke und Kraft gibt. Gesegnet sei Gott (אלהים)!« Die Formel »Gesegnet seist du JHWH« (ברוך אתה יהוה) in der zweiten Person Sg. besitzt ebenfalls einige wenige Entsprechungen in der HB (siehe 1 Chr 29,10; Ps 119,12).

Segensformeln am Anfang oder Ende eines Abschnitts treten auch in der HB hervor. Der Gebrauch des Partizips ברוך als Eröffnung eines Hymnus, wie er in Qumran z.B. in den Hodajot auftritt (1QH^a XIII 20; XVIII 14), ist bereits in den Psalmen belegt (Schuller 1990: 135), z.B. in Ps 144,1. Allerdings beschränkt sich der Gebrauch der Formel nicht darauf: In 1QH^a XIX 27. 29. 32 wiederholt sich die Formel in fünf Zeilen, ohne einen Abschnitt einzuleiten oder abzuschließen. Die Formel »antworten und sprechen« als Einleitung für das Partizip ברוך, die in den Qumranschriften häufig auftritt (z.B. 1QM XIII 2; XIV 4; 4Q266 11,8f. u.a.), taucht schon in Dtn 27,14 auf, allerdings ohne Segensspruch. Umgekehrt kann sie auch einen Fluch einführen (z.B. 1QS II 5; 4Q286 7 ii 2). Wahrscheinlich nimmt die Formel, die in Qumran zur Einleitung eines Segensspruchs oder eines Fluches gebraucht wird, die Formel wieder auf, die im Dtn im Kontext des Bundesschlusses verwendet wird (Falk 1998: 27; Aitken 2011: 586).

Auch der Kontext der Bundeserneuerung mit Segensformeln, der in den Qumranschriften (insbesondere in 1QS I–II) hervortritt, besitzt einen Vorläufer in Dtn 28,3–5. Auf die Ähnlichkeit zwischen den bei der Bundeszeremonie rezitierten Formeln (1QS I 19; II 1.10) und den biblischen Formeln im Zusammenhang mit der Bundeserneuerung (1 Sam 12,6–25; Esra 9,6–10; Neh 9,10.30) wurde schon hingewiesen.

Das Paar ›segnen – beten‹ ist auch in einigen biblischen Texten zu beobachten, besonders im Vergleich des masoretischen Textes mit der Septuaginta. So wird z.B. in Jes 12,1 und 38,9 das Verb ידה (Hif.) im Sinne von »beten«, in der Septuaginta mit εὐλογέω: »segnen« wiedergegeben. Das Vorkommen dieses Paares in jüngeren jüdischen Texten ist somit nicht ohne alttestamentliche Stütze.

Man hat auch erwogen, ob das Nomen ברכה in den Qumranschriften nicht eher einen an Gott gerichteten Lobpreis als einen Segen bedeutet (1QH^a 4,32; 4QH^e 2,4; 4Q286 7 i 4; 4Q403 1 i 28). Denn eine solche Nuance sei schon in der HB, etwa in Neh 9,5 zu finden (Aitken 2011: 525, 527); hier werden jedoch zwei verschiedene Begriffe verwendet, um den Segen (ברכה) bzw. den Lobpreis

(תהלה) zu bezeichnen. Deshalb ist es zweifelhaft, dass der Segen bereits im Zeitalter der HB mit dem Lobpreis gleichgesetzt wird.

Schließlich wird das Verb ברך (Pi.) in den Qumranschriften intransitiv verwendet; es bedeutet »Segenssprüche aussprechen« oder sogar »beten«, wie 1QS VI 3.8; VII 1 und später die tannaitische Literatur belegen. In der HB ist das Verb dagegen immer transitiv und wird daher mit einem direkten Objekt konstruiert. In der Art und Weise, wie der Segensvollzug zum Ausdruck gebracht wird, hat sich die hebräische Sprache also gewandelt. Auch wenn man die Entwicklung der Segensformulierungen von der HB über die jüdischen Apokryphen und Pseudepigraphen, Josephus und Philo bis zu den jüngeren Inschriften nicht zu sehr verallgemeinern darf, zeigen sich Unterschiede zwischen den verschiedenen Korpora, Epochen und Redaktorenkreisen. Im Blick auf die sprachliche Entwicklung fällt die Sorgfalt auf, mit der biblische Wendungen in der tannaitischen Literatur bewahrt werden, während die übrige frühere rabbinische Literatur eine mit Aramäisch vermischte hebräische Sprache aufweist. Vermutlich verdankt sich diese Differenz dem Anliegen, eine bewusste literarische Verknüpfung mit der HB herzustellen, die von den meisten Weisen wohl als goldenes Zeitalter wahrgenommen wurde. Die in den Inschriften erhaltenen Formeln bezeugen eine Kontinuität im Gebrauch der Segensformeln bei gleichzeitigen Bedeutungsunterschieden (die sich nicht auf Details beschränken), die sich nur durch ihren lokalen Ausdruckskontext erklären lassen.

Weiter fällt auf, dass die an Menschen gerichteten Segenssprüche eine Form aufweisen, die analog zu den an Gott adressierten Sprüchen ist, was Moshe Greenberg als »social analogy« bezeichnet hat (1993: 32). Der Anlass für diese Segenssprüche variiert zwar je nach Kontext, aber ein generelles Anliegen scheint sich durchzuhalten: Es soll eine positive Beziehung zwischen dem Urheber und dem Adressaten des Segens hergestellt oder validiert werden; der Segen eine transaktionale Funktion aus. In dieser Hinsicht bildet die liturgische Sammlung in 4Q503 eines der frühesten Zeugnisse. Insofern ist nicht verwunderlich, dass der Segen in manchen Korpora mit dem Gebet oder dem Lobpreis gleichgestellt wird, da diese auf demselben Kommunikationsmodell betrachtet werden.

Segensformeln scheinen immer systematischer einem strikten

Formular zu folgen. Die tannaitische Literatur und die Inschriften weisen diesbezüglich nur minimale Abweichungen auf. Diese Tatsache lässt sich wahrscheinlich nicht auf die Entscheidung bestimmter Autoritäten zurückführen, die Segensformeln zu standardisieren, sondern spiegelt eine zunehmend verbreitete Praxis des Segens im Verlauf der ersten Jahrhunderte im gesamten Mittelmeerraum. So geht man z. B. von spontanen Segenssprüchen in den qumranischen bzw. apokryphen Erzählungen, die wie in der HB Dankbarkeit zum Ausdruck bringen, über zu Klagen und zu Bitten bis hin zu Bußgebeten (siehe Chazon 2012: 158).

Dass Segensformeln hymnische Formeln im liturgischen Kontext allmählich verdrängen, zeichnet Esther G. Chazon (Chazon 2012: 160–164) in ihrer Untersuchung nach. Die supralineare Korrektur eines Schreibers in der qumranischen *Hymnenrolle* (1QH^a XIII 20), die das Wort אודכה am Anfang einer Hymne mit ברוך אתה ersetzt, ist ein instruktives Beispiel dafür. Die liturgische Verwendung der Rolle könnte eine solche Textentwicklung erklären (Chazon 2012: 135–150). Somit bezeugen liturgische Texte aus Qumran eine Entwicklung der Segensformeln im liturgischen Rahmen: entweder auf kollektive bzw. gemeinschaftliche Gebete hin oder aber auf eine persönliche Beziehung mit der Gottheit hin, wenn es sich um Segenssprüche handelt, die an Gott adressiert sind. Segenssprüche werden also immer gezielter eingesetzt, sei es in einer gemeinschaftlichen, institutionalisierten Liturgie, sei als eine Personalisierung des direkt an Gott gerichteten Gebets. Die literarischen Korpora wie die Inschriften des antiken Judentums dokumentieren die Entwicklung dieser beiden Tendenzen in aller Breite.

… David Hamidović **107**

Quellen- und Literaturverzeichnis

1. Quellen

1.1. Die Qumran-Handschriften

Discoveries in the Judaean Desert (DJD), Bde. 1–40, Oxford 1955–2010.
Maier, Johann: *Die Qumran-Essener – Die Texte vom Toten Meer*, Bde. 1–3 (UTB 1862; 1863; 1916), München 1995.
Lohse, Eduard (Hg.): *Die Texte aus Qumran*. Hebräisch/Aramäisch und deutsch, Bd. 1, Darmstadt 1986.
Steudel, Annette u. a. (Hgg.): *Die Tempelrolle und andere Schriften*, Bd. 2, Darmstadt, 2001.

1.2. Apokryphen/Pseudepigraphen

Becker, Jürgen: *Die Testamente der zwölf Patriarchen* (JSHRZ 3/1), Gütersloh 1980, 1–163.
Berger, Klaus: *Das Buch der Jubiläen* (JSHRZ 2/3), Gütersloh 1981, 271–575.
Böttrich, Christfried: *Das slavische Henochbuch* (JSHRZ 5/7), Gütersloh 1996, 779–1040.
Burchard, Christoph: *Joseph und Aseneth* (JSHRZ 5/4), Gütersloh 1983, 577–735.
Dietzfelbinger, Christian: *Pseudo-Philo.* Antiquitatum Biblicarum (JSHRZ 2/2), Gütersloh 1979, 89–271.
Holm-Nielsen, Svend: *Die Psalmen Salomos* (JSHRZ 4/2), Gütersloh 1977, 49–112.
Uhlig, Siegbert: *Das Äthiopische Henochbuch* (JSHRZ 5/6), Gütersloh 1984, 461–780.

1.3. Josephus

Flavius Josephus, *Jüdische Altertümer.* Übers. und mit Einl. und Anmerkungen versehen von Heinrich Clementz. Mit Paragraphenzählung nach Flavii Josephi Opera recognovit Benedictus Niese (editio minor), Wiesbaden 2004.
Flavius Josephus, *Der Jüdische Krieg und Kleinere Schriften.* Übers. und mit Einl. und Anmerkungen versehen von Heinrich Clementz. Mit Paragraphenzählung nach Flavii Josephi Opera recognovit Benedictus Niese, Wiesbaden 2005.
Flavius Josephus, *Translation und Commentary*, ed. by Steve Mason, Leiden 1999 ff.
Flavii Iosephi Opera 1–7, Edidit et apparatu critico instruxit Benedictus Niese, Berlin 1955².

1.4. Philo von Alexandria

Cohn/Wendland 1962–1964: *Philo von Alexandria. Opera quae supersunt 1–6*, hg. von Leopold Cohn/Paul Wendland, Berlin 1962–1964².

Cohn/Heinemann/Adler/Theiler 1962–1964: *Philo von Alexandria. Die Werke in deutscher Übersetzung 1–7*, hg. von Leopold Cohn/Isaak Heinemann/Maximilian Adler/Willy Theiler, Berlin 1962–1964².

1.5. Tannaitische Literatur

Danby 1933: *The Mishnah*. Translation of Herbert Danby, Oxford 1933.

Lohse/Mayer 1999: *Die Tosefta*. Seder I: Zeraim. 1.1. Berakot-Pea. Übersetzt und erklärt von Eduard Lohse/Günther Mayer, Stuttgart u. a. 1999.

Horowitz 1975: *Der Jerusalemer Talmud in deutscher Übersetzung*. I Berakhoth, hg. von Charles Horowitz, Tübingen 1975.

Bunte 1962: *I. Seder: Seraim, 7.–8.Traktat: Maaserot/Maaser Scheni*. Text, Übersetzung und Erklärung nebst einem textkritischen Anhang von Wolfgang Bunte (Die Mischna. Text, Übersetzung und ausführliche Erklärung, hg. von Karl Heinrich Rengstorf/Leonhard Rost), Berlin 1962.

1.6. Inschriften und Weiteres

Cotton 2010–2012: Cotton, Hannah M. u. a. (Hgg.): *Corpus Inscriptionum Iudaeae/Palaestinae*. A Multi-Lingual Corpus of the Inscriptions from Alexander to Muhammad, 2 Vol. in 3 Bde., Berlin 2010–2012.

Luciani, Samosatensis Opera, Vol 2., Quomodo historia conscribenda sit, hg. von Karl Jacobitz, Leipzig 1913.

Noy/Panayotov/Bloedhorn 2004: Noy, David/Panayotov, Alexander/Bloedhorn, Hanswulf (Hgg.): *Inscriptiones Judaicae Orientis*, Vol. 1. Eastern Europe (TSAJ 101), Tübingen 2004.

Ameling 2004: Ameling, Walter (Hg.), *Inscriptiones Judaicae Orientis*, Vol. 2: Kleinasien (TSAJ 99), Tübingen 2004.

Noy/Bloedhorn 2004: Noy, David/Bloedhorn, Hanswulf (Hg.): *Inscriptiones Judaicae Orientis*, Vol. 3: Syria and Cyprus (TSAJ 102), Tübingen 2004.

Gibson 1993: Gibson, Elisabeth L. (Hg.): *The Jewish Manumission Inscriptions of the Bosporus Kingdom* (TSAJ 75), Tübingen 1999.

Noy 1993: Noy, David (Hg.): *Jewish Inscriptions of Western Europe*, Vol. 1: Italy (Excluding the City of Rome), Spain and Gaul, Cambridge 1993.

Noy 1995: Noy, David (Hg.): *Jewish Inscriptions of Western Europe*, Vol. 2: The City of Rome, Cambridge 1995.

Noy/Horbury 2007: Noy, David/Horbury, William (Hgg.): *Jewish Inscriptions of Graeco-Roman Egypt*, Cambridge 2007.

2. Sekundärliteratur

Aitken 2011: Aitken, James K.: ברך, in: Heinz-Josef Fabry/Ulrich Dahmen (Hgg.): Theologisches Wörterbuch zu den Qumrantexten, Bd. 1, Stuttgart 2011, 521–529.

Bar-Asher 2007: Bar-Asher, Moshe: Les formules de bénédiction forgées par les sages (étude préliminaire), REJ 166 (2007), 446–461.

Bokser 1981: Bokser, Baruch M.: Ma'al and Blessings Over Food. Rabbinic Transformation of Cultic Terminology and Alternative Modes of Piety, JBL 100 (1981), 557–574.

Chazon 2012: Chazon, Esther G.: Looking Back: What the Dead Sea Scrolls Teach Us About Biblical Blessings, in: Nóra Dávid u. a. (Hgg.): The Hebrew Bible in Light of the Dead Sea Scrolls (FRLANT 239), Göttingen 2012, 155–171.

Falk 1998: Falk, Daniel K.: Daily, Sabbath, and Festival Prayers in the Dead Sea Scrolls (STDJ 27), Leiden 1998.

Greenberg 1993: Greenberg, Moshe: Biblical Prose Prayer As a Window to the Popular Religion of Ancient Israel, Berkeley 1993.

Hamidović 2011: Hamidović, David: Les théonymes témoignent-ils d'une évolution du monothéisme juif à l'aube de l'ère chrétienne?, in: Eberhard Bons/Thierry Legrand (Hgg.): Le monothéisme biblique. Evolutions, contextes et perspectives (LeDi 244), Paris 2011, 285–297.

Hamidović, im Druck: Hamidović, David: Messianic expectations and memories of David in the Qumran manuscripts, in: Fröhlich, Ida (Hg.): David in Cultural Memory (im Druck).

Novick 2008: Novick, Tzvi: Blessings over Miṣvot. The Origins of a Category, HUCA 79 (2008), 69–86.

Park 2000: Park, Joseph S.: Conceptions of Afterlife in Jewish Inscriptions (WUNT 2/121), Tübingen 2000.

Rey-Coquais 1982: Rey-Coquais, Jean-Paul: Inscriptions grecques inédites, découvertes par Roger Saidah, in: Archéologie au Levant. Recueil à la mémoire de Roger Saidah, Lyon u. a. 1982, 394–408.

Robert 1946: Robert, Louis: Un corpus des inscriptions juives, Hellenica 3 (1946), 90–108.

Robert 1960: Robert, Louis: Epitaphes juives d'Ephèse et de Nicomédie, Hellenica 11/12 (1960), 394–396.

Schuller 1990: Schuller, Eileen: Some Observations on Blessings of God in Texts from Qumran, in: Harold W. Attridge u. a. (Hgg.): Of Scribes and Scrolls. Studies on the Hebrew Bible, Intertestamental Judaism, and Christian Origins, Lanham/New York 1990, 133–143.

Sharvit 1995: Sharvit, Shimon: The Blessings Before Mitzvot. Their Versions and the Distribution of their Formulas, Bar-Ilan 26–27 (1995), 377–388.

Weinberger 1999: Weinberger, Leon J.: Jewish Hymnography. A Literary History, London 1999.

3. Literaturhinweise zum vertiefenden Studium

Chazon, Esther G.: Looking Back: What the Dead Sea Scrolls Teach Us About Biblical Blessings, in: Nóra Dávid u. a. (Hgg.): The Hebrew Bible in Light of the Dead Sea Scrolls (FRLANT 239), Göttingen 2012, 155–171.

Hamidović, David: Les théonymes témoignent-ils d'une évolution du monothéisme juif à l'aube de l'ère chrétienne?, in: Eberhard Bons/Thierry Legrand (Hgg.): Le monothéisme biblique. Evolutions, contextes et perspectives (LeDi 244), Paris 2011, 285–297.

Novick, Tzvi: Blessings over Miṣvot. The Origins of a Category, HUCA 79 (2008), 69–86.

Schuller, Eileen: Some Observations on Blessings of God in Texts from Qumran, in: Harold W. Attridge u. a. (Hgg.): Of Scribes and Scrolls. Studies on the Hebrew Bible, Intertestamental Judaism, and Christian Origins, Lanham/New York 1990, 133–143.

Neues Testament

Karl-Heinrich Ostmeyer

Der Segen nach dem Neuen Testament – Kontinuitäten und Spezifika

1. Terminologische Grundlagen

Das neutestamentliche Segensverständnis ist verankert in seiner antiken jüdischen Umwelt. Regelmäßig werden die hebräischen Termini für Segen (*bᵉrākāh*) und segnen (*bērak*) in der griechischen Übersetzung des AT (der Septuaginta) mit εὐλογία (*eulogia*) und εὐλογεῖν (*eulogein*) wiedergegeben. Die griechischen Termini lassen sich wörtlich mit »Zuspruch von Gutem« und »gut sprechen« ins Deutsche übertragen.

Sowohl im AT als auch im NT wird letztlich Gott als Ursprung des Segens vorausgesetzt – auch wenn Gott als Quelle des Segens nicht ausdrücklich genannt wird (z. B. Ruth 2,19; 2Kor 9,6; 1Petr 3,9; Belegstellen der Bibel werden an dieser Stelle, wie auch im Folgenden nur exemplarisch genannt).

Wird Gott als Ausgangspunkt des Segens verstanden, dann ist Segnen *ein In-Beziehung-Setzen von göttlicher und irdischer Welt*. Wer segnet, spricht damit dem Gesegneten den Segen Gottes zu oder bekräftigt die (gemeinsame) Teilhabe am göttlichen Segen.

Subjekte des Segenzuspruchs sind Gott (Eph 1,3b; Hebr 6,7 etc.), Menschen (Gen 9,26; Lk 1.68 etc.) und Dinge, die zum Segen gereichen (Gen 49,25 f.; 1Kor 10,16 etc.; vgl. Eph 4,29). Gesegnet werden Menschen (Mk 10,16; Lk 1,42 etc.), Dinge (Mk 8,7; 1Kor 10,16 etc.) und Gott selbst (Lk 1,64; Röm 9,5; 2 Kor 1,3 etc.).

Ist Gott selbst der Adressat des Segens, sprechen die deutschen Übersetzungen der Bibel vom ›Preisen‹ und ›Loben‹ Gottes. Gott erscheint in der deutschen Wiedergabe nicht als Empfänger von Segnungen. Diese Differenzierung zwischen *segnen* und *loben* in Abhängigkeit vom jeweiligen Objekt ist ein Spezifikum des Deutschen. Im Griechischen (εὐλογεῖν) und Hebräischen (*bērak*) wird in beiden Fällen ein einziger Terminus verwandt. Neben den Ursprachen der Bibel ist auch in vielen Übersetzungen Gott als Objekt der Segnung gebräuchlich. Als Paradigma sei Eph 1,3 angeführt:

Griechisch
Εὐλογητὸς ὁ θεὸς καὶ πατὴρ τοῦ κυρίου ἡμῶν Ἰησοῦ Χριστοῦ, ὁ εὐλογήσας ἡμᾶς ἐν πάσῃ εὐλογίᾳ πνευματικῇ […];

Latein (Vulgata):
benedictus Deus et Pater Domini nostri Iesu Christi qui benedixit nos in omni benedictione spiritali […];

Englisch (King James Version):
Blessed be the God and Father of our Lord Jesus Christ, who hath blessed us with all spiritual blessings […];

Französisch (French Bible de Jérusalem):
Béni soit le Dieu et Père de notre Seigneur Jésus Christ, qui nous a bénis par toutes sortes de bénédictions spirituelles […];

Deutsch (Lutherübersetzung 1984)
Gelobt sei Gott, der Vater unseres Herrn Jesus Christus, der uns gesegnet hat mit allem geistlichen Segen […]

Deutsch (Münchner Neues Testament):
Gepriesen der Gott und Vater unseres Herrn Jesus Christos, der uns segnete in allem geistlichen Segen […]

Segnung, als die Verbindung mit dem Heilsbereich Gottes, ist nicht notwendig geknüpft an die Verwendung des griechischen Terminus εὐλογεῖν und seines hebräischen Pendants. Es sind hier ebenso diejenigen Begriffe zu berücksichtigen, die parallel zu εὐλογεῖν verwendet werden und in gleicher Weise die Vermittlung zwischen dem Reich Gottes und der irdischen Welt zum Ausdruck bringen.

Bereits in Gen 2,3 und Ex 20,11 erscheinen »segnen« (εὐλογεῖν) und »heiligen« (ἁγιάζειν) in einem Atemzug: Gott segnet und heiligt den Sabbat (Gen 2,3) und der Mensch soll es ihm gleichtun (Ex 20,11). In Sir 33,12 segnet und heiligt Gott die aus dem Staube erschaffenen Menschen.

Die Schriften des NT übernehmen auch hier den Sprachgebrauch der Septuaginta. Wie »segnen« (εὐλογεῖν) steht auch »heiligen« (ἁγιάζειν) für Wechselseitigkeit: Gott heiligt Menschen (Joh 17,17; 1Thess 5,23) und Dinge (1Tim 4,4f.), Menschen heiligen Christus (1Petr 3,15); den Namen Gottes (Mt 6,9 par) und andere Menschen (1Kor 7,14), Geheiligtes heiligt zuvor Ungeheiligtes (Mt 23,17.19).

Paulus zitiert in Röm 4,7f. aus dem 32. Psalm (Ps 31,1f.LXX) und stellt dabei eine Verbindung von Selig-Sein und Rechtfertigung her. Wer geheiligt ist, ist gerechtfertigt (1Kor 6,11; Apg 26,18) durch die Heilstat Jesu (Heb 13,12). Dieses Geheiligt-Sein der Gerechtfertigten hat heiligende Wirkung auf die Welt (1Kor 7,14).

In der Briefliteratur des NT erscheint der ›Zuspruch von Gutem‹ als ein Zuspruch von Gnade (χάρις, ausführlich siehe unter 2.) und Frieden (εἰρήνη, Röm 1,7; 1Kor 1,3 etc.). Der Friede Gottes (Phil 4,7) ist in einem ganzheitlichen Sinne zu verstehen und bezeichnet mehr als ein innerweltliches friedliches Zusammenleben: Im Hintergrund steht die Vorstellung des Heil-Seins (vgl. hebräisch: šālôm). Im NT ist Frieden an Gott und Christus (vgl. Eph 2,14) gebunden und bezeichnet zugleich das *im* Heil Sein.

In diesem Sinne gesegnet sind die in der Bergpredigt selig Gepriesenen (μακάριοι, Mt 5,3–11). Dazu zählen die im Geist Armen (Mt 5,3; vgl. Lk 6,20) und die um der Gerechtigkeit willen Verfolgten (Mt 5,10; vgl. Lk 6,22; 1Petr 4,14). Sie werden hineingenommen in das Reich Gottes: Sie schauen Gott (Mt 5,8) und sind seine Kinder (Mt 5,9). Gerade die Angefochtenen (Mt 5,11f.; 11,6) erhalten im Festhalten an Jesus, in dem das Reich Gottes in die Welt gekommen ist (Lk 11,20; 17,21; vgl. Mk 1,15), Zuspruch der Seligkeit und damit Anteil am Segen Gottes.

2. Segen als wechselseitiger Prozess

Für Paulus ist »Gnade« (χάρις) der zentrale Segensbegriff. Der Apostel verwendet den Terminus in zwei Richtungen: Menschen empfangen χάρις von Gott (Röm 12,3.6; 1Petr 5,5 etc.) und Menschen geben Gott χάρις (1Kor 15,57; 2Kor 9,15). Dasselbe griechische Wort (χάρις) wird im ersten Fall im Deutschen mit ›Gnade‹ und im anderen Fall (in Bezug auf Gott) mit ›Dank‹ übersetzt.

Wenn Menschen – als von Gott Gesegnete – in derselben Begrifflichkeit Gott segnen und Gnade (zurück-)geben, dann wird bereits in der griechischen Ursprache deutlich, dass es sich beim Segnen um einen wechselseitigen Prozess handelt. Das Segnen Gottes durch Menschen ist ein Zurückgeben, im Sinne einer Antwort des Menschen auf zuvor von Gott Erfahrenes. Segnen lässt sich verstehen als ein Gespräch zwischen Gott und den von ihm Angenommenen; ein Gespräch, in dem beide dieselbe Sprache sprechen.

Menschen, die von Gott gesegnet sind und damit teilhaben an seinem Segen, werden selbst zu Spendern des göttlichen Segens: Abraham ist von Gott gesegnet und soll selbst ein Segen sein (Gen 12,2; vgl. 12,3b: »In dir sollen gesegnet werden alle Völker der Erde«). Die Rechtfertigung Abrahams geschieht ohne Werke, denn bereits *vor* seiner Beschneidung wurde ihm von Gott die Seligpreisung zugesprochen (Röm 4,9; μακαρισμός). Folglich gilt sie Juden wie Nichtjuden (Röm 4,9–11). Rechtfertigung, Gesegnetsein und Seligsein (μακάριος, Röm 4,7–9) vollziehen sich durch den Glauben an Christus (Röm 4,5–12). Gen 15,6 wird für Paulus zu einer Schlüsselstelle seiner Christologie (Gal 3,8): »Nach den beiden Zitaten aus Gen 15,6LXX und 12,3b ist Abraham in Gal 3,6–9 der erste Segensempfänger in der Gemeinschaft der Glaubenden, die wie *Abraham* und mit ihm gerechtfertigt und gesegnet werden durch den Glauben an Christus« (Heckel 2002: 238).

Das Ineinander von Segensempfang und Segensspenden sowie der wechselseitige Gebrauch zentraler Segenstermini (z. B. εὐλογεῖν, ἁγιάζειν und χάρις, s. o.) erweist die Segnung als Hineinnahme in ein Beziehungsgeschehen. Wer von Gott gesegnet ist, erhält *Zugang zur göttlichen Sphäre des Heils*. Das Segnen Gottes durch den gesegneten Menschen ist folglich die adäquate (Sprach-)Form der wechselseitigen Verständigung von Mensch und Gott. Segen und Segnen sind ein Kommunikationsgeschehen zwischen Gott und Mensch.

Der Segen ist ein Geschenk Gottes und existiert nicht unabhängig von ihm; er lässt sich nicht erwerben (Apg 8,18–22). Der gesegnete Mensch vermag andere zu segnen und nimmt sie so mit hinein in den Bereich des Heils.

Werden *Dinge* gesegnet oder wird Gott über Dingen gesegnet (Mk 8,7 par; 14,22 par), dann drückt sich darin das Bewusstsein aus, dass alle Gabe von Gott kommt und sich seiner Gnade verdankt. Ein Segensspruch vor einer Mahlzeit setzt diese Mahlzeit in Beziehung zum Heilsbereich. Sie wird durch die Segnung geöffnet für die Gegenwart Gottes.

Auf Dingen ruht nur insofern Segen, als sie zum Segen gereichen, das heißt, dazu beitragen, eine Verbindung zum Heilsbereich Gottes zu eröffnen und aufrecht zu erhalten (1Kor 10,16). D. h. im Umkehrschluss, dass alles, was dem Willen Gottes entgegensteht, für den Segen Gottes unempfänglich ist und aus sich selbst weder Segen noch Fluch spendet.

Der Segnung als einem Beziehungsgeschehen eignen notwendig ethische Aspekte. Es »verlangt ein dieser heilvollen Gemeinschaft entsprechendes Verhalten« (Heckel 2002: 244). Wenn der Mensch aus Gnade teilhat am Bereich des Heils und der Segensgemeinschaft mit Gott, so steht es ihm nicht an, anderen den Zugang zu verwehren.

So sind auch die Grüße zu Beginn und am Ende der neutestamentlichen Briefe keine Floskeln, sondern Zusprüche des Segens Gottes und Christi: »Der Grüßende wünscht dem Begrüßten die Fülle der in Christus geschenkten Segensgüter und nimmt ihn auf diese Weise hinein in die Fülle des dem Gläubigen erschlossenen Segens« (Deichgräber 1980: 564).

Bezeichnet Segen die Verbindung zum Heilsbereich Gottes, dann bedeutet Fluch (ausführlich s. u. S. 125–128) die Kappung dieser Verbindung und die Ausgrenzung aus dem Bereich des Heils. Gott behält das letzte Wort über Gabe und Verwehrung des Anteils am Heil: Der Magier Bileam vermag nicht, gemäß seinem Auftrag durch den moabitischen König Balak (Num 22,6.17 etc.), das Volk Israel zu verfluchen: »Wie soll ich fluchen, dem Gott nicht flucht?«

(Num 23,8). Statt zu fluchen, bestätigt er den Segen Gottes über Israel (Num 23,20; 24,10). Umgekehrt ist ein Segen nicht vorstellbar, der gegen Gottes Willen wirkt.

Wenn Jakob sich in Gen 27,24–30 den Segen erschleicht, so hintergeht er damit seinen Vater Isaak und veranlasst ihn, Gottes Segenswillen auszuführen. Unabhängig von der Intention des Segensspenders ist der Segen irreversibel (Gen 27,33b) und der menschlichen Verfügungsgewalt entzogen. Im Kampf am Jabbok in Gen 32,23–33 verdeutlicht der Segen (Gen 32,27.30), dass es sich bei dem unerkannten Kämpfer nicht um eine dämonische Macht handelte. Die Auseinandersetzung vollzog sich nach dem Willen Gottes und wurde von Jakob – wie seine Segensforderung verdeutlicht – in diesem Sinne angenommen.

Im ersten Samuelbuch verweigert Gott dem König Saul seine Gegenwart (1Sam 28,6). Vergeblich versucht Saul, sich durch eine Totenbeschwörung die Verbindung zur Welt Gottes zu erzwingen (vgl. Apg 8,18–24). In der Schlacht am nächsten Tag verlieren Saul und seine Söhne ihr Leben (1Sam 28,19; 31,2–4).

Der erste Segen der Bibel in Gen 1,22a gilt nicht etwa Menschen, sondern den zuvor erschaffenen Tieren. Erst an zweiter Stelle kommt das Menschenpaar in den Blick und empfängt den Segen Gottes (Gen 1,28a). Der erste Segenszuspruch, dessen Subjekt nicht Gott selbst ist, wird perspektivisch von Abram/Abraham ausgesagt: Gott segnet ihn in Gen 12,2 und erteilt ihm den Auftrag, selbst ein Segen zu sein für »alle Geschlechter auf Erden« (Gen 12,3).

3. Das Spezifikum der neutestamentlichen Segensvorstellung

Die im NT zur Sprache kommenden Segenskonzeptionen stehen, was Wortlaut und Grundvorstellungen angeht, in der Tradition des AT. Es stellt sich die Frage nach den Spezifika christlicher Segnungen.

Für Paulus ist die *Bindung des Abrahamsegens* an Christus entscheidend. Christus ist nach Überzeugung des Apostels der Nachkomme, der dem Abraham verheißen ist (Gal 3,16; vgl. Gen 13,15 etc. und 22,18). Wenn es in Gen 15,6 heißt: »Dem Abraham wurde sein Glaube zur Gerechtigkeit gerechnet«, so handelt es sich für Paulus um den Glauben an Christus. Kinder Abrahams sind die, die wie Abraham glauben (Gal 3,7). Die Segnung aller Geschlechter auf Erden in Abraham (Gen 12,3) ist für den Apostel exklusiv an den Glauben an Christus gebunden (Gal 3,8). Durch »Christus als den *einen* verheißenen Nachkommen (Gal 3,16) [werden] ›in ihm‹ auch *alle* Glaubenden Nachkommen Abrahams (3,29) und damit Erben (3,29; 4,1–7) des verheißenen Segens […] (3,8 f.14.18)« (Heckel 2002: 239). Gemäß dieser Interpretation von Gen 12,3a stehen die Gläubigen unter dem Segen (vgl. Röm 4,7–9) und die Ungläubigen unter dem Fluch (Gal 3,13 f.): »Gottes rettendes Tun [ist] für Paulus allein in christologischer Perspektive zu suchen« (Obermann 1998: 73). Der Mensch ohne Christus befindet sich nach Paulus in der Tradition Adams, er gehört zu dessen Nachkommenschaft: »in Adam haben alle gesündigt« (Röm 5,12). Diese von Adam herstammende Sünde verwehrt allen Menschen den Zugang zum Reich Gottes. Das heißt, kein Kind Adams steht unter dem Segen Gottes und niemand vermag sich aus eigener Kraft Segen zu erwirken.

Da alle Menschen als Kinder Adams geboren werden, bedarf es einer neuen Initiative von Seiten Gottes. Er sendet seinen Sohn, der nicht in der Nachfolge Adams steht. Dieser Sohn hat keinen Anteil am Todesfluch über Adam (1Kor 15,22), denn an ihm war keine Sünde (Heb 4,15b; 7,26; 1Petr 2,22). Die Zeugung Jesu Christi ohne menschliches Zutun aus dem Geist Gottes und damit unabhängig vom adamitischen Stammbau ist für Paulus (Röm 5,12–19; 1Kor 15,22), Matthäus (Mt 1,20) und Lukas (Lk 1,35) eine Denknotwendigkeit. Indem der Christus freiwillig und unverdient den Tod auf sich nimmt, ist er der einzige, den der Tod wieder herausgeben muss. Wie Adam Fluch und Tod über alle seine Nachkommen, d. h. über alle Menschen brachte, so erwirkt Christus Segen und Leben für alle (1Kor 15,22). In der Taufe erlangen die Gläubigen Anteil an Tod und Auferstehung Christi (Röm 6,3–11; vgl. Kol 2,12). Christus ist der Erstgeborene aus dem Tod (Apk 1,5; Kol 1,18). Die Gläubigen, die sich an ihn halten, sind seine Geschwister (Röm 8,29). Wie die Nachkommen Adams alle unter dessen Fluch stehen, so sind alle, die Christus nachfolgen, hineingenommen in seinen Segen (1 Kor 15,22). Im Glauben an Christus haben sie bereits in dieser Welt Anteil am Reich Gottes. »Es besteht in Gal. 3 kein sachlicher Unterschied in dem Paulinischen Verständnis der in Christus erfüllten Abrahamsverheißung zwischen dem Akt des Gesegnetwerdens = Gerechtgesprochenwerdens (V.8 f.) und der Gabe des Segens = dem Geist (V.14)« (Schenk 1967: 46).

Christus ist die Verkörperung des Segens; beide sind Synonyme (Gal 3,14; vgl. Eph 1,3 f.). Ohne Christus und unabhängig von ihm gibt es keinen Segen und keinen Zugang zu Gott (vgl. Joh 14,6). Für Paulus gibt es nur die Zugehörigkeit zu Christus auf der einen und die Existenz unter dem Fluch auf der anderen Seite. »Wenn jemand den Herrn nicht liebhat, der sei verflucht. Maranata!« (1 Kor 16,22).

Dadurch, dass Paulus den Segen mit dem Glauben an Christus (Gal 3,14) und den durch ihn erwirkten Zugang zum Heil verknüpft (Gal 3,13 f.), *ist Teilhabe am Segen zugleich Rechtfertigung* (Gal 3,6–9; Röm 4,3.16). Wer unter dem Segen Christi steht, der ist gerechtfertigt. Die Sünde, die den Menschen von Gott trennt, ist durch Christus und seine Heilstat beseitigt.

Segnen und Fluchen bezeichnet die Zugehörigkeiten zu den Bereichen des Heils und des Unheils und bestärkt sie. Wenn – wie in 1 Kor 5,11 – jemand, der sich als Mitbruder versteht, ein Leben führt, das (nach Paulus) dem Bereich des Fluches entspricht, so ist ein solcher Mensch ganz dem Unheilsbereich zu übergeben (1 Kor 5,2.13), damit eine Kontaminierung vermieden wird (1 Kor 5,6) und sich nicht die Welt des Heils in die des Fluches verwandelt.

4. Segenskonzeptionen in den Schriften des Neuen Testaments

Die Autoren des NT stimmen darin überein, dass aller Segen von Gott kommt und dass unabhängig von Gott oder gegen seinen Willen kein Segen gespendet oder erzwungen werden kann (vgl. Apg 8,18–22). Gleichwohl setzen die Verfasser der neutestamentlichen Schriften je nach Theologie und Christologie unterschiedliche

Schwerpunkte und Akzente. In einigen, vor allem den kürzeren Briefen des NT, wird Segen nicht explizit thematisiert (z. B. im 2. Thessalonicherbrief).

4.1. Paulus

Die in den vorangegangenen Abschnitten angestellten grundsätzlichen Überlegungen zum Segen und Segnen entsprechen im Wesentlichen dem paulinischen Segenskonzept: Segen bei Paulus lässt sich verstehen als Raum, in dem Gott und Gläubige miteinander verkehren und kommunizieren. Die Heilstat Christi eröffnet den Gläubigen einen Zugang zum Heils- und Segensbereich Gottes. Die Gläubigen sind gesegnet und segnen als solche selbst Gott und ihre Mitmenschen. Der Erlöste hat Charis (χάρις) von Gott empfangen und gibt sie weiter.

Während Paulus εὐλογεῖν – wie auch χάρις – wechselseitig für Gott *und* Menschen verwendet (1 Kor 14,16; Gal 3,9), begegnet εὐχαριστέω: »danken« (z. B. Röm 14,6; 1 Kor 1,4) bei dem Apostel – wie grundsätzlich im NT – nur in einer Richtung: Εὐχαριστέω steht für den Dank der Menschen an Gott; im *Munde Gottes* begegnet ›danken‹ nicht.

Kennzeichnend für das paulinische Segensverständnis ist 1 Kor 10,16: Paulus fragt rhetorisch in Bezug auf den Abendmahlskelch, ob der gesegnete Kelch, den wir segnen, nicht die Gemeinschaft des Blutes Christi sei. Segen ist damit als ein komplexes Geschehen beschrieben, in dem Segnender und Gesegneter oder Gesegnetes durch das von Christus am Kreuz erwirkte Heil in einer Heils- und Segensgemeinschaft stehen. Wer Gott segnet, segnet zugleich alle, die von Gott gesegnet sind. Von Seiten Gottes lässt sich Segnen verstehen als die durch Christus ermöglichte Ausdehnung der göttlichen Heilssphäre auf die Gläubigen. Das gemeinschaftlich eingenommene Herrenmahl dient der Bekräftigung der Zugehörigkeit zum Segen Gottes und der Stärkung der Gemeinschaft mit Christus und untereinander.

Am Anfang der paulinischen Briefe wird jeweils die Gnade (χάρις) Christi zugesprochen und damit gleichsam der Heilsraum eröffnet. Am Briefende ist ein solcher Zuspruch nicht mehr erforderlich, denn der einmal eröffnete Heils- und Segensraum steht weiterhin offen.

Ein Austritt oder Hinauswurf aus dem Bereich des Segens ist eine Übergabe an den Satan (vgl. 1Kor 5,5.13), den Herrscher über den Bereich der Segenslosigkeit und des Fluches.

Paulus bringt diese Vorstellung in 1Kor 16,22 auf den Punkt: »Wenn jemand den Herrn nicht lieb hat, der sei verflucht!«

4.2. Kolosserbrief

Der Kolosserbrief setzt seinen Schwerpunkt auf den Dank des Gläubigen an Gott. Von Gott kommen Gnade (χάρις, Kol 1,2.6 etc.) und Erlösung (ἀπολύτρωσις, Kol 1,14); der Mensch dankt (εὐχαριστεῖν, Kol 1,3.12; 2,7 etc.). Beides vollzieht sich jeweils in einer Richtung. Der Gebrauch der griechischen Termini ist fest an Gott oder die Menschen gebunden und nicht austauschbar. Das heißt, der Kolosserbrief akzentuiert kein Verständnis des Segens als eines Raums der wechselseitigen Kommunikation mit Gott und Christus. Anders als in den Protopaulinen begegnet im Kolosserbrief εὐλογεῖν nicht als Terminus für Segnen.

4.3. Epheserbrief

Die Ausführungen des Epheserbriefes zum Segen konzentrieren sich auf Eph 1,3. Der Vers und sein Inhalt werden im weiteren Verlauf des Schreibens nicht aufgegriffen. Eph 1,3 dient dazu, dem Brief einen paulinischen Anstrich zu geben. Eine eigenständige Segenskonzeption entwickelt der Epheserbrief nicht. Segen wird in Eph 1,3 verstanden als Sphäre der wechselseitigen Kommunikation in Christus. »Eine einzige Bewegung des Segens geht von Gott zum Menschen und ermöglicht den menschlichen Lobpreis, als welcher der Segen (das Wort für ›Lobpreis‹ und ›Segen‹ ist im Hebräischen wie im Griechischen dasselbe!) wieder zurück zu Gott kommt. Diese Bewegung des Segens geschieht ›in Christus« (Luz 1998: 121). Der Gläubige lebt in dem alles erfüllenden Christus (Eph 1,10.23; 2,10 etc.).

4.4. Pastoralbriefe

In den Pastoralbriefen spielt Segen als eigenes Thema keine Rolle. Anders als in den unumstrittenen Paulusbriefen wird die Gnade (χάρις) zu Beginn der Pastoralbriefe nicht der Gemeinde, sondern zunächst den einzelnen Empfängern (1Tim 1,2; 2Tim 1,2; Tit 1,4) zugesprochen – erst am Ende kommt auch die Gemeinde in den Blick (1Tim 6,21; 2Tim 4,22; Tit 3,15). Während in den in ihrer Echtheit unumstrittenen Paulusbriefen die χάρις als Verkörperung Christi (Röm 3,24; 5,15; 1Kor 1,4 etc.) und als Segenswort verstanden wird, erscheinen χάρις und Christus in 2Tim 4,22 als unabhängige Größen.

4.5. Hebräerbrief

Der Hebräerbrief bietet eine eigenständige Segenskonzeption. Christus erscheint nicht als Verkörperung des Segens, sondern Gott wirkt in den Gemeindegliedern durch Jesus Christus (Heb 13,20f.).

Wegen des Menschen ist die Erde verflucht (Gen 3,17). Ausdruck dieses Fluches sind die von ihr hervorgebrachten Dornen und Disteln (Gen 3,18). Der Hebräerbrief spricht davon, dass die Erde, die Dornen und Disteln hervorbringt, dem Fluch nahe sei (Heb 6,8), während fruchtbringende Erde den Segen Gottes empfange (Heb 6,7).

Der Segen Gottes erscheint somit als Frucht des Wohlverhaltens und ist Gottes Antwort auf eine ihm wohlgefällige Existenz (Heb 6,7–12). Damit ist die Ankündigung der Segnung zugleich das Medium der Ermahnung zu guten Werken.

Gott wird nicht gesegnet, sondern Gott ist es, der den Segen verleiht: Segnung vollzieht sich in der Hierarchie von oben nach unten (Heb 7,7) und wird folglich im Hebräerbrief nicht als eine wechselseitige Kommunikation verstanden. Segen ist nicht vorab als vorausgehende Gnade gegeben, sondern er wird als eschatologisches Verheißungsgut aufgefasst: Wer Segen empfängt, empfängt ihn auf ewig. Für die Abgefallenen ist keine zweite Buße denkbar (Heb 6,4–6).

4.6. Markus- und Matthäusevangelium

Im Markusevangelium steht Segen für die Teilhabe am Reich Gottes. Gläubige und die von Jesus persönlich gesegneten Kinder in Mk 10,14–16 haben Anteil am Reich Gottes. Gläubig-Sein, Beten-Können und Gesegnet-Sein sind für Markus Synonyme.

Die theologische Konzeption des Markusevangeliums basiert auf der Grundannahme, dass die Erkenntnis des Wesens Jesu Christi erst von seinem Kreuz und seiner Auferstehung her zur Gänze möglich ist. Jesus ist zwar von Beginn an der Christus, als solcher ist er aber noch nicht offenbar. Parallel dazu ist die Erkenntnis des Gesegnet-Seins zu Jesu Lebzeiten noch nicht umfassend möglich. Das heißt, die Gläubigen sind Gesegnete, sie sind sich aber dessen noch nicht bewusst – ganz anders die offenen Seligpreisungen in Mt 5,3–11 (s. o. S. 113).

Das Segensverständnis des Markusevangeliums entspricht im Kern der paulinischen Segenskonzeption. Gleiches gilt für Matthäus. Auch für ihn bedeutet Segnung die Hineinnahme von Segnendem und Gesegneten in eine göttliche Segenssphäre. Am Ende des 1. Evangeliums verheißt der Auferstandene vor seiner Himmelfahrt den Jüngern seine fortdauernde Gegenwart bis ans Ende (Mt 28,20).

Die leibliche Gegenwart Jesu impliziert die Teilhabe am Reich Gottes. So sprechen die Synoptiker von der Zeit des irdischen Jesus als von einer Zeit der Gegenwart des Bräutigams, die von Freude geprägt ist und in der Fasten fehl am Platze wäre (Mk 2,19 f. par). Die Kinder in Mt 19,13–15 sind durch die unmittelbare Begegnung mit Jesus gesegnet. Ihrer ist schon das Himmelreich.

4.7. Lukasevangelium

Der Evangelist Lukas setzt eigene Akzente. Betont erscheint der Segen in den ersten beiden Kapiteln (Lk 1,42.64.68; 2,34) und in den letzten Versen des Evangeliums (Lk 24,50–53). In den beiden Eingangskapiteln seines Evangeliums profiliert Lukas im Kontext des Segens die Rolle des Heiligen Geistes (Lk 1,28–35.67 f.; 2,25–28.34). So legt sich das Motiv des Segens als Rahmen um das Evangelium.

Im Korpus des Evangeliums segnet Jesus selbst (Lk 9,16; 24,30) oder fordert zum Segnen auf (Lk 6,28; vgl. 13,35). Wie bei den anderen Synoptikern bedeutet Teilhabe am Segen zugleich Teilhabe am Reich Gottes.

Entsprechend der lukanischen Christologie werden die Gläubigen im Zuge der Auffahrt Jesu vom Auferstandenen gesegnet und erweisen – erst als so Gesegnete – Jesus mit der Proskynese göttliche Verehrung (Lk 24,52). Im Anschluss vermögen sie nun selbst Gott zu segnen (Lk 24,53). Zuvor zitieren die Jünger beim Einzug Jesu in Jerusalem den 26. Vers aus dem 118. Psalm: »Gelobt sei, der da kommt« (εὐλογημένος ὁ ἐρχόμενος, Lk 19,37 f.; vgl. 13,35). Im Unterschied zu den anderen Evangelisten beschränkt Lukas das Segenszitat auf die Jünger Jesu.

Die Segnung durch den Auferstandenen wird verstanden als innere Reinigung: Christus segnet, indem er jeden von seinen πονηρίαι (Sünden, Schlechtigkeiten) abwendet (Apg 3,26).

Segnung steht damit für eine qualitative Wandlung und für die Hineinnahme in die Beziehung zu Gott. Segen ist nicht primär ein Einzelakt, sondern die Eröffnung einer dauerhaften Gemeinschaft mit Gott durch gegenseitiges Segnen. Diese Teilhabe am wechselseitigen Segnen und Segenempfangen steht bei Lukas für christliche Existenz schlechthin.

4.8. Johanneische Schriften

Die Terminologie des johanneischen Schrifttums unterscheidet sich grundlegend von der der anderen Autoren des NT. Im Evangelium und in den Briefen erscheint nur in Joh 12,13 in einem Zitat aus Ps 118,25 f. eine Form von εὐλογεῖν. In der Apokalypse begegnet εὐλογία *(eulogia)* in Reihungen von Ehrungsprädikaten (Apk 5,12 f.; 7,12) ohne eigenen Akzent.

Christus ist der in Ps 118,26 verheißene Gesegnete. Seinen Absolutheitsanspruch unterstreichen die Ich-Bin-Worte (Joh 6,35.41; 8,12 etc.). Christus ist der Weg, die Wahrheit und das Leben; kein anderer Weg führt zum Vater als durch ihn (Joh 14,6; vgl. 10,7.9). Wer an den Sohn glaubt, der hat in diesem Glauben bereits das ewige Leben (Joh 3,36a; 5,24a; 6,47). Er kommt nicht ins Gericht

(Joh 5,24b; vgl. 3,36b), sondern hat Teil am Reich Gottes und gehört zu Christus und steht damit unter dem Segen Gottes. Wer jedoch nicht glaubt, befindet sich unter dem Zorn Gottes (3,36b), in Finsternis (Joh 12,46b) und im Bereich des Todes (Joh 3,36; 5,24b).

Hinsichtlich dieser Exklusivität des Heils in Christus berührt sich die johanneische Heilskonzeption mit der oben skizzierten Segensvorstellung des Paulus (vgl. 1Kor 3,11).

4.9. Katholische Briefe

Im Jakobusbrief erhält εὐλογεῖν sein Gewicht als Gegenstück zum Fluchen (Jak 3,9f.): Fluchen ist für Christen inakzeptabel, weil Fluch und Segen aus einem Mund hervorgehen. Im Brief wird Gott durch Menschen gesegnet (Jak 3,9); Menschen dagegen werden im Jakobusbrief nicht gesegnet. Die Vorstellung vom Segen als einem Raum der Kommunikation fehlt im Jakobusbrief.

Im 1. Petrusbrief wird Segnen eingeordnet in die Gesamtkonzeption des Briefes. Der von Gott angenommene und wiedergeborene Gläubige hat Teil am Segen Gottes (1Petr 1,3; vgl. 1,23). Er steht als Gesegneter in einem Geschehen wechselseitiger Kommunikation.

Der 1. Petrusbrief ist eine Trostschrift, laut der zum Christsein notwendig das Leiden in der Nachfolge Jesu gehört (1Petr 2,20f.). Es ist Ausdruck seines Gesegnetseins (1Petr 2,19f.; 5,10.12; vgl. 3,9). Der Christ erfährt das Leiden als Folge seiner Zugehörigkeit zu Christus und seines Verzichts auf Vergeltung (1Petr 2,19f.; 3,9). Im Leiden wird die Berufung zur ewigen δόξα erfahrbar (1Petr 5,10). Leiden ist wahre Gnade (χάρις, 1Petr 2,19f.; 5,12); das bedeutet, wer leidet, verherrlicht Gott (1Petr 1,7; 4,14–16). Dementsprechend wäre Fluchen ein Ausdruck der Nicht-Akzeptanz des Leidens und käme einem Ausbrechen aus dem Segensraum gleich. Da der in der Nachfolge Christi Leidende Anteil am Segen Gottes hat und sich im Heil bewegt, ist sein Handeln selbst Segen (1Petr 3,9; 4,11). Christen sind Erben der χάρις (charis, 1Petr 1,2–4) und der εὐλογία (*eulogia*, 1Petr 3,9; vgl. Gal 3,6–4,7). Leiden in der Nachfolge Christi ist Charis bei Gott (1Petr 2,20f.) und damit Segen.

5. Der Fluch

Kehrseite des Segnens ist das Fluchen (ἀναθεματίζειν, καταράομαι; Fluch: κατάρα, ἀρά, ἀνάθεμα). Wer in dem weitgehend dualistisch geprägten Weltbild des NT nicht oder nicht mehr dem Bereich des Heils und dem Bereich Christi angehört, d. h. keinen Anteil am Segen hat, der befindet sich – automatisch – unter dem Fluch. Übergangsbereiche sind nicht vorgesehen.

Diesem »Entweder – Oder« entsprechend, formuliert Paulus in 1Kor 16,22: »Wenn jemand den Herrn nicht lieb hat, der sei verflucht.« Paulus hätte ebenso positiv erklären können: »Wer den Herrn segnet, ist gerettet und im Heil!« Wer Jesus als seinen Herrn anerkennt, der sagt es im Heiligen Geist (1Kor 12,3b), und wer im Heiligen Geist ist, kann und wird Jesus niemals verfluchen (1Kor 12,3a).

Auf diesem Fundament basieren die weiteren Heils- und Verwerfungsaussagen nicht nur des Paulus, sondern der Mehrzahl der Autoren des NT: Wenn Paulus die allein rettende Botschaft von Jesus Christus verkündigt, dann ist alle Predigt, die etwas anderes besagt, heillos und falsch (Gal 1,9). Das gälte, so Paulus, sogar dann, wenn er selbst oder ein Engel vom Himmel etwas anderes predigten (Gal 1,8). Christus ist die Verkörperung des Heils ohne Wenn und Aber. In 2 Kor 1,17–20 schließt Paulus alle Übergänge aus: Christus ist das »Ja« ohne jedes »Nein«.

Wollte jemand Heil durch das Gesetz erlangen, müsste er alles erfüllen, was das Gesetz sagt (Dtn 27,26LXX; vgl. Gal 3,10). Da das aber für Menschen in der Nachfolge Adams unmöglich ist, stehen alle seit dem Sündenfall (Gen 3,16–19.23 f.) unter dem Fluch (Gal 3,10).

Von Seiten des Menschen führt kein Weg zurück in den Bereich des göttlichen Segens. Rettung für die Menschen verdankt sich allein der Initiative Gottes. Er sandte seinen Sohn zu den verlorenen Menschen »unter das Gesetz« (Gal 4,4.21).

Als Sündloser nahm er den Fluchtod am Kreuz auf sich (»verflucht ist jeder, der am Holz hängt«, Gal 3,13b; vgl. Dtn 21,23). Da er als Sohn Gottes durch den Geist und nicht durch einen Menschen gezeugt ist, steht er nicht in der Nachfolge Adams. Er unterlag folglich nicht dem Todesurteil für die Übertretung Adams und seiner Kinder. Christus wurde laut Gal 3,13 selbst zum Fluch und überwand ihn damit stellvertretend für die Menschen, die in seiner Nachfolge stehen.

Fluch und Sünde sind bei Paulus Synonyme. Das erweist die Parallele von 2 Kor 5,21 und Gal 3,13: Im 2. Korintherbrief spricht Paulus davon, dass Gott Christus für uns zur Sünde gemacht hat (ὑπὲρ ἡμῶν ἁμαρτίαν ἐποίησεν), und im Galaterbrief heißt es: »Er ist für uns zum Fluch geworden« (γενόμενος ὑπὲρ ἡμῶν κατάρα).

Christus wurde vom Tod auferweckt und eröffnete so das Heil für alle, die sich an ihn halten (1 Kor 15,21 f.). Wer an Christus als seinen Erlöser glaubt (Röm 5,1 f.), unterliegt nicht mehr dem Fluch des Gesetzes (Gal 3,10–13). Er steht nicht mehr in der Nachfolge Adams (Röm 5,12.18), sondern ist durch Christus als dem Erstgeborenen unter seinen Brüdern (Röm 8,29 f.) ein Kind Gottes (Röm 8,11–17; Gal 3,26). Anteil am Heilswerk Christi erlangt der Gläubige in der Taufe. In ihr stirbt der alte Adam und der Täufling ersteht als neuer Mensch in Christus (Röm 6,3–12; Kol 2,12).

Fluch, Sünde und ihr Resultat, der Tod (Röm 5,12; vgl. Gen 2,17), bedingen einander, so wie Segen, Heil und (ewiges) Leben. Die Perspektive des Heils ist Ewigkeit. D. h. in einer Welt des Heils und des Friedens Gottes ist kein Platz für den Tod (1 Kor 15,26). Folglich heißt es im 1. Korintherbrief: Am Ende wird Gott alles in allem sein (1 Kor 15,28; vgl. Apk 22,3a).

Für die biblischen Autoren stellte sich die Frage nach dem Verbleib des entmachteten Todes. Ein Sterben des Todes bietet logische Schwierigkeiten, denn dann bliebe ein noch größerer Tod, der den alten Tod getötet hätte – *ad infinitum*. Paulus zitiert deshalb in 1 Kor 15,54b aus Jes 25,8a: »Der Tod ist verschlungen vom Sieg« (vgl. 2 Kor 5,4b). Der Dualismus wird nicht aufgelöst in einer Synthese, an der beide Seiten Anteil haben, sondern Tod und Sünde verschwinden ohne Rückstände im Leben. Entsprechend heißt es auch in der Johannesapokalypse für die Zeit des himmlischen Jerusalems: »Nichts Verfluchtes wird mehr sein« (Apk 22,3a).

In der Gegenwart existieren der Bereich des Segens und der des Fluchs nebeneinander. Was aber ist der angemessene Umgang mit der Welt des Todes, der Sünde und des Unheils: Sollen Christen das Fluchwürdige selbst verfluchen? Die Angelegenheit ist ähnlich gelagert wie die Frage nach dem Tod des Todes. Ein Christ, der im Bereich des Segens und des Heils existiert, würde durch eigenes Fluchen wesensfremd handeln und Fluch und den Bereich des Unheils zumindest im Munde führen (vgl. Jak 3,9f.). Paulus fordert explizit dazu auf (Röm 12,14), den Verfolgern nicht zu fluchen, sondern sie zu segnen. Nicht einmal im Zusammenhang mit dem Unzüchtigen in 1Kor 5 verflucht Paulus oder fordert dazu auf. Paulus beschreibt in 1Kor 5 eine das Heil gefährdende Beziehung, deren Auswirkungen sich nur durch den Ausschluss des Verursachers aus der Gemeinschaft eingrenzen lassen. *De facto* ist die Übergabe des Verursachers an den Satan (1Kor 5,5a) das Gegenteil von Segen. Paulus kritisiert die Gemeindeglieder, die bisher geduldet haben, dass der Sünder noch zur Gemeinde und d.h. nominell zum Bereich des Heils und damit des Segens gehört (1Kor 5,1f.11).

Grundlage der paulinischen Segensvorstellung ist ein dualistisches Weltbild, das keinen Raum für Übergänge und Grautöne lässt. Der Herrschaftsbereich des Satans, d.h. die Welt des Unheils und des Fluchs steht unvermittelbar dem Reich Gottes, als Inbegriff von Heil und Segen, gegenüber.

Paulus ordnet an, den Übeltäter aus der Gemeinde zu entfernen (1Kor 5,13). Das impliziert, dass der Betroffene sich nach seinem Rauswurf im christusfreien Raum und damit im Herrschaftsbereich des Satans (1Kor 5,5a) und des Fluches befindet, ohne dass Paulus selbst ein Fluchwort in den Mund nimmt.

Die Worte derer im Heilsbereich können nur Segen sein. Die Äußerungen von außerhalb bedeuten Fluch. D.h.: das Reden und Tun eines Menschen lässt erkennen, wo er hingehört.

Wenn Feinde, Fluchende und Hassende gesegnet werden sollen (Lk 6,27f.), dann bedeutet das nicht, dass auch deren Taten und Haltungen gesegnet werden sollen. Paulus fordert dazu auf, mit denen nichts zu schaffen zu haben (1Kor 5,9f.) und denjenigen die Teilhabe an der Gemeinde zu verwehren, die sich nicht Gott wohlgefällig verhalten (1Kor 5,11–13) und einen Lebenswandel führen, auf dem nicht der Segen Gottes ruht; von ihnen sagt Paulus, dass sie nicht das Reich Gottes ererben werden (1Kor 6,9f.; vgl. Gal 5,21).

Wechsel von einem Bereich zum anderen, sei es positiv durch Mission oder negativ durch Abfall, sind möglich. Eine Vermischung beider Bereiche ist unbedingt zu vermeiden. Dadurch würde der Bereich des Heils unter die Herrschaft des Satans und des Fluches fallen (vgl. 1Kor 5,6f.).

Petrus leugnet in Mt 26,70.72 par., Jesus zu kennen. Dass er sich in Mt 26,74 selbst verflucht, ist nur konsequent. Paulus bietet sich in Röm 9,3 als Geisel an: Er würde aus dem Heilsbereich Christi in den Unheilsbereich wechseln, wenn er dadurch sein Volk retten könnte. Synonym für die Zugehörigkeit zum christusfreien Raum spricht er davon, selbst zum Fluch zu werden (ἀνάθεμα), »von Christus weg« (ἀπὸ τοῦ Χριστροῦ).

Dieselbe Gedankenfigur begegnet bei der Erzählung vom Weltgericht. Der Menschensohn ruft die einen als Gesegnete seines Vater zu sich (Mt 25,34b; οἱ εὐλογημένοι τοῦ πατρός μου), die anderen nennt er Verfluchte und schickt sie von sich weg (Mt 25,41b; ἀπ᾽ ἐμοῦ οἱ κατηραμένοι) in das ewige Feuer. Lukas parallelisiert das Segnen der Fluchenden mit der Feindesliebe (Lk 6,27a) und dem Rechttun an den Hassenden (Lk 6,27b).

Bemerkenswert ist die bei Matthäus und Markus berichtete Verfluchung eines Feigenbaums durch Jesus (Mk 11,12–14.20f.; Mt 21,18–22). Bei Markus steht der Verfluchungsakt parallel zur Tempelaustreibung Jesu. In der Verfluchung drücken sich das Ende des alten Äons und die im Glauben an Jesus begonnene neue Gottesbeziehung aus. Wie an den meisten anderen Fluchstellen des NT wird anhand des Fluchaktes differenziert zwischen dem an Jesus gebundenen Segensbereich und dem Bereich des Unheils.

Der Schwerpunkt der Feigenbaum-Perikope bei Matthäus (Mt 21,18–22) liegt auf der Demonstration der Macht des Glaubens. Auf dem Objekt der Verfluchung lastet in beiden Evangelien kein Akzent. Die Evangelien des Lukas und des Johannes verzichten auf die Wiedergabe der Feigenbaumverfluchung, ebenso wie auf den Bericht von der Selbstverfluchung des Petrus (Mt 26,74a; Mk 14,71).

6. Segen praktisch

Im Alltag der westlichen Welt ist gegenseitiges Segnen unüblich geworden. Neutestamentliche Segensworte begegnen explizit heute vor allem im gottesdienstlichen Vollzug. Zu nennen sind u. a. die trinitarische Begrüßung, mit der gleichsam ein Segensraum eröffnet wird, sowie der Kanzelgruß (Röm 1,7; 1Kor 1,3 usw.) und der Kanzelsegen (Phil 4,7). Der Schlusssegen zum Ausgang des Gottesdienstes wird in der Regel in der Tradition des AT als aaronitischer Segen gespendet (Num 6,24–26). Letztlich lässt sich der Gottesdienst als Ganzer als Segensgeschehen verstehen.

Äußerlich erfahrbar wird der Segen in den Sakramenten: Taufe und Herrenmahl. Der matthäische Tauf- und Missionsbefehl (Mt 28,19f.) und mit ihm das Matthäusevangelium enden mit Jesu Zusage seiner Gegenwart bis an der Welt Ende (Mt 28,20). Wird Jesus selbst als Verkörperung des Segens verstanden, dann lässt sich die in der Taufe zugesagte Gemeinschaft mit Jesus als fortdauernde Teilhabe am Segen auffassen.

Wird die Taufe als Eintritt in einen Segensraum gedeutet (Röm 6,4; Kol 2,12), so lässt sich das Herrenmahl deuten als Bestätigung und Stärkung der Segensteilhabe in der Gemeinschaft der Gläubigen. Segen steht für die Gemeinschaft am Heil wirkenden Blute Christi.

Das Kelchwort des Paulus im 1. Korintherbrief (10,16) unterstreicht, dass Segnung ein Beziehungsgeschehen ist zwischen Gott und der irdischen Welt. Im Herrenmahl steht der einzelne in der Gemeinschaft der Kommunizierenden. Der Kreuzestod, als der von Christus getragene Fluch (Gal 3,13), ist für die Menschen, die an ihn glauben, zum Segen geworden (Gal 3,14).

Jenseits aller theologischen Erörterungen zum Wesen des Segens wird im NT konkret und praktisch gesegnet. Die Wirksamkeit des Segens ist dabei nicht an einen bestimmten Gestus oder einen festen Wortlaut gebunden. Grundsätzlich ist Segnen kein Privileg einer bestimmten Gruppe. Jede und jeder darf den Segen zusprechen und bedarf seiner zugleich.

Bei der Aufforderung zum Segnen ist an eine Lebenshaltung und an ein missionarisches Handeln zu denken: Aufgabe der Gläubigen ist es, so zu leben und zu wirken, dass sich andere dem Bereich des Heils im Glauben an Christus öffnen (1Kor 14,16.25).

7. Schlusswort

Segen im Namen Gottes ist performativ. Segen bewirkt, was er zusagt.

Segnung ist folglich mehr als eine Fürbitte. Der Segnende spricht dem Gesegneten die Teilhabe am Reich Gottes zu. Im Segen ist die Verbindung zum göttlichen Reich hergestellt (Mt 24,34), Fluch dagegen bedeutet Ausschluss.

Gott bleibt immer oberste Instanz. Wer mit ihm verbunden ist, hat auch Teil an seinem Reich. Die Äußerungen derer, die des Reiches Gottes teilhaftig sind, sind Segenshandlungen, durch die sie diejenigen, die den Segen empfangen, hineinnehmen in das Reich Gottes. Der in Vollmacht Segnende bedarf keiner Zwischeninstanz. Er bittet nicht Gott um Segen, sondern er eröffnet den Segen für die, die er segnet. Daraus ergibt sich, dass nicht gesegnet werden kann, worauf nach Gottes Willen kein Segen ruht.

Für einen Gläubigen, d.h. für einen Menschen, der dem Bereich des Heils angehört, ist der Fluch wesensfremd. Fluchen bedeutet, sich sprachlich oder gedanklich dem Bereich der Heillosigkeit zu nähern (Jak 3,9f.). Die angemessene christliche Haltung ist, von vornherein nichts Verfluchtes in den eigenen Reihen zu dulden und nichts damit zu schaffen zu haben (1Kor 5,9; 6,9f.).

Wird der Segen als Teilhabe am Reich Gottes durch den in der Schrift offenbarten Jesus Christus verstanden, dann ist dieser Segen kein zeitbedingtes und kein begrenztes Geschehen. Der Segen verbindet mit Gott und seinem ewigen Reich (Mt 25,34). In Christus sind alle Gläubigen über alle Zeiten hinweg miteinander verbunden durch den Segen Gottes.

Quellen- und Literaturverzeichnis

1. Quellen

García Martínez, Florentino/Tigchelaar, Eibert J. C. (Hgg.): *The Dead Sea Scrolls*. Study Edition, Vol. 1–2, Leiden u. a. 2000.

Flavii Iosephi Opera 1–7, Edidit et apparatu critico instruxit Benedictus Niese, Berlin 1955².

Nestle-Aland: *Novum Testamentum Graece*. 1898–1998, Jubiläumsausgabe, hg. von Barbara und Kurt Aland u. a., Stuttgart 1998[27].

Field, Fridericus (Hg.): *Origenis Hexaplorum quae supersunt; sive veterum interpretum Craecorum in totum vetus testamentum fragmenta*. Vol 1–2, Oxford 1875.

Philo von Alexandria, *Opera quae supersunt 1–6*, hg. von Leopold Cohn/ Paul Wendland, Berlin 1962–1964².

Rahlfs, Alfred (Hg.): *Septuaginta*. Verkleinerte Ausgabe in einem Band, Stuttgart 1979 [1935].

2. Sekundärliteratur

Arnoldshainer Konferenz. Veröffentlichungen, Gottes Segen und die Segenshandlungen der Kirche. Ein Votum des Theologischen Ausschusses der Arnoldshainer Konferenz, Neukirchen-Vluyn 1995.

Deichgräber 1980: Deichgräber, Reinhard: Art. Benediktionen, II. Neues Testament, TRE 5, Berlin/New York 1980, 562–564.

Heckel 2002: Heckel, Ulrich: Der Segen im Neuen Testament. Begriff, Formeln, Gesten. Mit einem praktisch-theologischen Ausblick (WUNT 150), Tübingen 2002.

Luz 1998: Luz, Ulrich/Becker, Jürgen: Die Briefe an die Galater, Epheser und Kolosser (NTD 8/1), Göttingen 1998.

Obermann 1998: Obermann, Andreas: An Gottes Segen ist allen gelegen. Eine Untersuchung zum Segen im Neuen Testament. Mit einem Ausblick auf kirchliches Segenshandeln heute (BThSt 37), Neukirchen Vluyn 1998.

Schenk 1967: Schenk, Wolfgang: Der Segen im Neuen Testament. Eine begriffsanalytische Studie (ThA XXV), Berlin (Ost) 1967.

3. Literaturhinweise zum vertiefenden Studium

Audet, Jean-Paul: Esquisse historique du genre littéraire de la »bénédiction« juive et de l' »eucharistie« chrétienne, RB 65 (1958), 371–399.

Beyer, Wolfgang H.: Art. εὐλογέω, εὐλογητός κτλ., ThWNT 2, Stuttgart 1935, 751–763.
Bieder, Werner: Segnen und Bekennen. Der Basler Mission zum Anlass des 150jährigen Bestehens von ihrem Studienleiter gewidmet, Basel 1965.
Bieringer, Reimund: Art. Blessing, III. New Testament, EBR 4, Berlin/Boston 2012, 139–147.
Böttrich, Christfried: Jesus und der Feigenbaum. Mk 11:12–14,20–25 in der Diskussion, NT 39 (1997), 328–359.
Braulik, Georg: »Durch dich sollen alle Geschlechter der Erde Segen erlangen«. Vom Segen nach dem Alten Testament, BiLi 52 (1979), 172–176.
Brun, Lyder: Segen und Fluch im Urchristentum, Oslo 1932.
Dahl, Nils A.: Das Proömium des Epheserbriefes, in: David Hellholm u. a. (Hgg.): Studies in Ephesians. Introductory Questions, Text- and Edition-Critical Issues, Interpretation of Texts and Themes (WUNT 131), Tübingen 2000, 315–334.
Dahl, Nils A.: Benediction and Congratulation, in: David Hellholm u. a. (Hgg.): Studies in Ephesians. Introductory Questions, Text- and Edition-Critical Issues, Interpretation of Texts and Themes (WUNT 131), Tübingen 2000, 279–314.
Dunn, James D. G.: Works of the Law and the Curse of the Law (Galatians 3:10–14), NTS 31 (1985), 523–542.
Fitzgerald, John T.: Art. Segen und Fluch, IV. Neues Testament, RGG[4] 7, Tübingen 2004, 1135–1136.
Frettlöh, Magdalene L.: Theologie des Segens. Biblische und dogmatische Wahrnehmungen, Gütersloh 1998[2].
Häusl/Ostmeyer 2009: Häusl, Maria/Ostmeyer, Karl-Heinrich: Art. Segen und Fluch, in: Frank Crüsemann u. a. (Hgg.): Sozialgeschichtliches Wörterbuch zur Bibel, Gütersloh 2009, 515–518.
Horst, Friedrich: Segen und Segenshandlungen in der Bibel, EvTh 7 (1947/48), 23–37, wiederabgedruckt in: ders.: Gottes Recht. Gesammelte Studien zum Recht im Alten Testament. Festschrift für Friedrich Horst. Aus Anlaß der Vollendung seines 65. Lebensjahres (THB 12), hg. von Hans Walter Wolff, München 1961, 188–202.
Jörns, Klaus-Peter: Segen – und kein Fluch? Überlegungen zur Einheit Gottes im Vorfeld der Praktischen Theologie, in: ders.: Der Lebensbezug des Gottesdienstes. Studien zu seinem kirchlichen und kulturellen Kontext, München 1988, 259–279.
Lattke, Michael: Art. Eulogie, RGG[4] 2, Tübingen 1999, 1658.
Link, Hans G.: Art. Segen, TBLNT 4 II/2, Wuppertal 1977, 1119–1127.
Morland, Kjell A.: The Rhetoric of Curse in Galatians. Paul Confronts Another Gospel, (Emory Studies in Early Christianity 5), Atlanta 1995.
Ostmeyer, Karl-Heinrich: Satan und Passa in 1. Korinther 5, ZNT 9 (2002), 35–42.

Ostmeyer, Karl-Heinrich: Kommunikation mit Gott und Christus. Sprache und Theologie des Gebetes im Neuen Testament (WUNT 197), Tübingen 2006.
Patsch, Hermann: Art. εὐλογέω, EWNT 2, Stuttgart u. a. 1992, 198–201.
Scharbert, Josef: Art. ברך, ThWAT 1, Stuttgart u. a. 1973, 808–841.
Schnackenburg, Rudolf: Die große Eulogie Eph 1,3–14. Analyse unter textlinguistischen Aspekten, BZ 21 (1977), 67–87.
Westermann, Claus: Der Segen in der Bibel und im Handeln der Kirche (KT 122), München 1968.
Zager, Werner: Art. Segen/Segen und Fluch, III. Neues Testament, TRE 31, Berlin/New York 2000, 79–84.
Zeller, Dieter: Charis bei Philon und Paulus (SBS 142), Stuttgart 1990.

Kirchengeschichte

Christopher Spehr

Segenspraxis und Segenstheologie in der Christentumsgeschichte

1. Einleitung

Segen, Segnen und Gesegnetwerden gehören seit Beginn des Christentums zum Kernbestand gottesdienstlicher Praxis und religiöser Lebenswirklichkeit. Aus hebräisch-jüdischer Tradition stammend fand der Segen durch die Verkündigung und das Wirken Jesu und seiner Apostel Eingang in die christliche Gemeindepraxis. Die alttestamentlichen Dimensionen des Segens, die einerseits als Sprechakte oder Sprachhandlungen, andererseits als Gabe oder Geschick die Zuwendung Gottes zu den Menschen beschreiben, wurden von den frühen Christen rezipiert und auf Christus als Segnenden *und* Segensgabe übertragen. Das griechische Wort εὐλογεῖν, dem das hebräische ברך *brk* korrespondiert, bedeutet im NT je nach Kontext entweder »segnen« oder »Gott lobpreisen«. Genauer geht es in dieser Wortgruppe um die lebensfördernde, gemeinschaftsstiftende und heilbringende Hinwendung, die von Gott ausgeht, zwischen den Menschen weitergegeben und schließlich als Lob und Dank an Gott zurückgegeben wird. Diese Bedeutung enthält das lateinische Äquivalent *benedicere* (»segnen/loben/anbeten«) bzw. *benedictio* (»Segen/Segnung/Lobpreis/Seligpreisung«), das in der Geschichte der lateinischen Kirche und in ihrer Bibelübersetzung, der Vulgata, zum Segensbegriff avancierte. Das deutsche Wort »segnen« ist dem lateinischen Verb *signare* (»das Zeichen des Kreuzes machen/bekreuzigen«) entlehnt, wodurch der Segensgestus besonders betont wird. Anders als das französische »bénir« oder italienische »benedire«, die dem lateinischen *benedicere* entstammen und die Doppelbedeutung »segnen« und »loben« beinhalten, tritt im Deutschen dieser Zusammenhang sprachlich auseinander.

Weil Segen als Akt und Wirkung zum einen ein komplexes Geschehen zwischen Gott und Mensch zum Ausdruck bringt, das nicht auf *einen* liturgischen oder sakramentalen Ort beschränkt ist, zum anderen als eigenständiges Thema erst im 20. Jahrhundert von der Theologie (neu) entdeckt wurde, fehlt eine kirchengeschichtliche Überblicksdarstellung zum Thema bis heute. Weil hierzu an dieser Stelle nicht zu leistende Untersuchungen in der 2000-jährigen Christentumsgeschichte notwendig wären, werden im Folgenden lediglich einzelne Facetten in historisch-chronologischer und theologisch-systematischer Perspektive entsprechend der Hauptepochen der Kirchengeschichte skizziert. Der Schwerpunkt wird dabei auf der lateinischen Kirche mit ihren reformatorischen Ausprägungen liegen.

2. Der Segen in der Alten Kirche

In der Praxis der frühen Christenheit entwickelte sich der Segen als Wort- und Handlungsgeschehen im Kontext des Gottesdienstes. Bereits im 1. Jahrhundert n. Chr. traten im gottesdienstlichen Rahmen Segnungen von Einzelpersonen und Gegenständen hinzu. Während über den Segen an sich keine theologischen Reflexionen aus den ersten Jahrhunderten vorliegen, bieten die überlieferten Kirchenordnungen wie die *Traditio Apostolica* (= TA) ansatzweise Einblicke in die Organisation und das Leben der frühen Gemeinden und mithin in ihre Segenspraxis.

2.1. Gottesdienst

Wie die gottesdienstliche Liturgie in den frühen Gemeinden aussah, wissen wir nicht. Die ersten vollständigen Liturgien sind seit dem späten 4. Jahrhundert im östlichen Mittelmeerraum überliefert. Die mit den theologischen Schulbildungen und einer zunehmend regionalen Vereinheitlichung einhergehende liturgische Ausgestaltung ereignete sich in den kirchlich-theologischen Zentren Alexandrien und Antiochien, später auch in Jerusalem und Konstantinopel (Byzanz). Die dort gefeierten Liturgien, die von der Liturgiewissenschaft als »östlicher Liturgiegroßverband« bezeichnet werden, sollten auf die westlichen Liturgien ausstrahlen. Für die frühe lateinische Liturgie war Nordafrika impulsgebend.

In den frühchristlichen Gottesdiensten wurden jüdische Elemente übernommen, die christlich umgestaltet wurden. Zu diesen Grundelementen zählten von Anfang an Formen des Segens. Nach der *Didache*, einer wahrscheinlich in Syrien entstandenen Sammlung von Vorschriften für das gemeindliche Leben aus dem frühen 2. Jahrhundert, wurden drei »Eucharistie«-Gebete bei der Mahlfeier gesprochen: zuerst beim Kelch (*Didache* 9,2), dann beim gebrochenen Brot (ebd. 9,3 f.) und schließlich bei der Beendigung der Mahlzeit (ebd. 10,2–6). Die als Danksagung (εὐχαριστία) formulierten Gebete dürften anstelle des jüdischen Tischsegens getreten sein. Auch wenn hier dem Kelch nicht εὐλογεῖν (so 1Kor 10,16), sondern εὐχαρίστειν zugeordnet wird, bleibt der neutestamentliche Zusammenhang von Dank und Segen gewahrt. Justin der Märtyrer (gest. um 165) bestätigt in seiner ersten *Apologie* (65,3; 66,2) die Lob- und Danksagung als Segenshandlung über Brot und Becher. Der eucharistische Segen und die sich in der altkirchlichen Mahlfeier entfaltenden Segensgebete sind Lob- und Dankgebete.

Anders verhält es sich mit dem Segensgruß, der ebenfalls eine Form des Segens darstellt. Die bereits im NT vorkommenden epistolarischen Segensgrüße, die höchstwahrscheinlich Bestandteil des urchristlichen Gottesdienstes waren, wurden als feierliche *salutatio* ritualisiert. In der *Traditio Apostolica*, die noch bisweilen Hippolyt von Rom (gest. 235) zugeschrieben wird, aber vermutlich einem vom 2. bis ins 4. Jahrhundert reichenden, nicht näher bekannten Redaktionsprozess zugeordnet werden muss (vgl. Markschies 1999), wird die Abendmahlsfeier mit der noch heute üblichen Grußformel »Der Herr sei mit euch« (2Thess 3,16b) durch den Bischof eröffnet. Hierdurch wird der auferstandene und erhöhte Herr als gegenwärtig der versammelten Gemeinde zugesprochen und die gottesdienstliche Feier unter den Segen des lebendigen Christus gestellt. Dass die Gemeinde darauf mit dem

Gegengruß »Und mit deinem Geist« (nach Gal 6,18; Phil 4,23) antwortet, stellt auch den Bischof unter diesen Segen (TA 4). Der Gruß vor der Abendmahlspräfation gehört zu den ältesten liturgischen Bestandteilen. Die Salutation »Friede sei mit euch«, welche dem auferweckten Christus zugeschrieben wird (Joh 20,19.21.26), dürfte als Segenswunsch den altkirchlichen Gottesdienst eröffnet haben. Im lateinischen Nordafrika Augustins (354–430) war der Eingangsgruß *pax vobiscum* (»Friede mit euch«, ursprünglich *pax vobis* »Friede euch«) verbreitet, der auch für Rom bezeugt ist und seit dem 10. Jahrhundert nur den Bischöfen vorbehalten bleiben sollte (vgl. Drews 1902: 555 f.). Ebenso wurde es üblich, wie z. B. im 8. Buch der *Apostolischen Konstitutionen* (= AK VIII), einer um 380 im Umfeld Antiochiens entstandenen Kirchenordnung, dass der frisch geweihte Bischof seine Predigt mit dem Segensgruß »Die Gnade unseres Herrn Jesus Christus, die Liebe Gottes des Vaters und die Gemeinschaft des Heiligen Geistes sei mit euch allen.« (nach 2Kor 13,13) eröffnete (AK VIII, cap. V). Nach der Predigt konnte, wie in Augustins *Sermones* überliefert, die Predigt mit einem Segensgebet schließen, das mit den Worten eingeleitet wurde: *conversi ad Dominum* (»zum Herrn gewandt«). Diese Aussage hat vermutlich nicht nur eine geistliche Hinwendung beschrieben, sondern bedeutete real ein Sich-Umdrehen zur Eingangsseite, wodurch die innere Ausrichtung körperlich bezeugt werden sollte (vgl. Partoens 2007: 244 f.).

Kam dem Segen in Form von Gruß, Gebet und eucharistischen Segenshandlungen im Verlauf des Gottesdienstes zentrale Bedeutung zu, so wurde die Feier seit frühester Zeit auch mit einer Segensformel beschlossen. Dieser Schlusssegen wurde für die Rezeption des Segens in der Gemeinde prägend. Die Entlassung in den Alltag gestaltete sich analog zur Eröffnung als Wechselgruß, wie er z. B. in den östlichen Liturgien tradiert wurde. Der Bischof sprach »Der Herr sei mit euch allen!«, die Gemeinde antwortete »Und mit deinem Geist!«, woraufhin der Diakon, als Gehilfe des den Gottesdienst leitenden Bischofs, die Entlassformel »Geht im Frieden!« sagte (Frör 1955: 581).

Dass auch individuelle Schlusssegnungen gebräuchlich waren, belegt TA 19 bei der meist vor der Eucharistiefeier durchgeführten

Entlassung der Katechumenen (d. h. den drei Jahre lang zu unterrichtenden Taufanwärtern). Nach dem Schlussgebet für die Katechumenen legte der Lehrer ihnen die Hand auf, betete für sie und entließ sie. Mit einem Segensgebet wurden auch die Täuflinge vor der Eucharistie entlassen, während die Energumenen (Besessene) und Pönitenten (Büßer) mit einem Bittgebet den Gottesdienst verlassen mussten (AK VIII, cap. VI–IX). Im *Euchologion*, einer unterägyptischen Sammlung von 30 liturgischen Gebeten aus dem frühen 4. Jahrhundert, die irrtümlich dem Bischof Serapion von Thmuis (gest. nach 362) zugeschrieben wurden (vgl. Slenczka 2000: 53–55), haben sich u. a. ein Handauflegungsgebet und drei gruppenspezifische Segnungsgebete erhalten. Während das Handauflegungsgebet nach der Eucharistie um den »Segen zur Bewahrung der Gemeinschaft und zur Sicherung der gefeierten Eucharistie« für die Kommunikanten bat (Pseudo-Serapion, *Euchologium*, 150 f.), richteten sich die drei Sendungsgebete an die Katechumenen, Laien und Kranken und betonten die göttliche Zuwendung zum jeweiligen Stand (ebd. 145 f.). Am Ende des Gottesdienstes stand das Gebet für die Laien: »Die lebendige und reine Hand, die Hand des Eingeborenen, die alles Schlechte beseitigt und alles Heilige befestigt und gesichert hat, werde ausgestreckt über die Häupter dieses Volkes. Es werde gesegnet dieses Volk durch den Segen des Geistes, durch den Segen des Himmels und durch den Segen der Propheten und Apostel; es werden gesegnet die Leiber des Volkes zur Keuschheit und Reinheit und die Seelen werden gesegnet zum Erlernen, zur Erkenntnis und zu den Geheimnissen. Alle zumal werden gesegnet durch Deinen Eingeborenen Jesus Christus, durch den Dir Ehre und Kraft sei im Heiligen Geist, jetzt und in alle Ewigkeit der Ewigkeiten. Amen.« (ebd. 146).

Welche Haltung die Gemeinde beim Empfang des Segens einzunehmen hat, akzentuieren die *Apostolischen Konstitutionen*. Dort betont der Diakon: »Verneiget euch vor Gott durch seinen Christus und lasset euch segnen.« Während die Gemeinde in gebeugter Haltung verharrt, folgt hier das Segensgebet des Bischofs, das aus einer als Lobpreis gestalteten trinitarischen Rahmung und einem Gebet um Erhörung der Bitten der Gläubigen, ihre Heiligung, Schutz und Befreiung vom Widersacher sowie Bewahrung ihrer Häuser besteht.

Der Diakon schließt mit »Geht in Frieden!« (AK VIII, cap. XV). An diesem bischöflichen Segensgebet wird die Entwicklung des Segensverständnisses im späten 4. und 5. Jahrhundert anschaulich: Während der Lobpreis noch den Rahmen bot, stand nun die Bitte im Mittelpunkt. Der Segen als schöpfungstheologisches Lob- und Dankgebet wurde von der Bitte überlagert.

Seit dem 4. Jahrhundert etablierte sich im lateinischen Gottesdienst für den abschließenden Segen der Begriff *missa* (»Messe«, vgl. Jungmann I 1949: 222 f.). Dieser von *dimissio* (»Entlassung nach einer Audienz oder Versammlung«) stammende Begriff, durch den einerseits der Schluss des Gottesdienstes angesagt (*Ite missa est*, »Gehet, die Versammlung ist entlassen«), andererseits der Vorgang des Schlusses ausgedrückt wurde, konnte um 400 bereits als Bezeichnung für den gesamten Gottesdienst gebraucht werden, da jeder gemeindliche Gottesdienst den Segen in Form des eucharistischen Dankes, des Grußes und des Gebetes enthielt. Der aaronitische Segen (Num 6,24–26) hingegen wurde vom frühen Christentum gottesdienstlich nicht rezipiert, sondern als jüdischer Priestersegen abgelehnt. Lediglich zu Num 6,27 findet sich eine Bemerkung in den Pseudo-Augustinischen *Quaestiones*, die heute dem nicht näher bekannten Ambrosiaster aus der 2. Hälfte des 4. Jahrhunderts zugeschrieben werden. Dort betont er, dass der Segen kein menschliches Verdienst, sondern eine göttliche Wohltat sei (Pseudo-Augustin, *Quaestiones*, 36).

2.2. Die kirchlichen Ämter

Wurden in den Segensgrüßen der gottesdienstlichen Gemeinde regelmäßig der auferstandene Herr, der göttliche Friede, die Gnade Christi, die Liebe Gottes und die Gemeinschaft mit dem Heiligen Geist zugesprochen und in den Segensgebeten fürbittend um die geistliche und leibliche Bewahrung im Alltag gebeten, so erfolgte die Beauftragung der Segensspender in einem einmaligen Segensakt. Aus der Vielfalt der urchristlichen Ämter, Dienste und Funktionen hatte sich zu Beginn des 2. Jahrhunderts die kirchliche Ämtertrias von Bischof, Presbyter und Diakon herausgebildet, die als Klerus (griech. κλῆρος, lat. *clerus*) vom Volk (griech. λαός, lat. *populus*),

d. h. von den Laien (griech. λαικός, lat. *laicus*), unterschieden wurden. Der Bischof stand der Gemeinde vor, leitete die Gottesdienste und wachte über die gemeindliche Lehre, Ordnung und Sitte. Er sprach den Segen, während dem Diakon, der dem Bischof als Helfer diente, u. a. die Entlassformel zukam. Die Presbyter unterstützten den Bischof in der Leitung der Gemeinde. Erst von der Mitte des 3. Jahrhunderts an übernahmen sie in Vertretung des Bischofs gottesdienstliche Aufgaben an Neben- und Filialkirchen und avancierten sukzessive zum Priester.

Der Wahl des Bischofs und dessen Einsetzung (lat. *ordinatio*, dt. »Ordination«) kam somit besondere Bedeutung zu. Wie in TA 2 f. überliefert, bildete die als besondere Segenshandlung zu charakterisierende »Weihe« (*consecratio*), die unter Handauflegung der Nachbarbischöfe und als Gebet zur Herabrufung des Heiligen Geistes vollzogen wurde, den Kern der gottesdienstlichen Ordinationsfeier. Durch Handauflegung und epikletisches Bittgebet sollte der göttliche Geist auf den Amtsträger dauerhaft niederfahren, wodurch die unverlierbare Amtsgnade garantiert wurde. In analoger Weise gestaltete sich auch die vom Bischof durchgeführte Presbyter- und Diakonenweihe (TA 7 f.). Explizit nicht geweiht, aber für den Dienst in der Gemeinde berufen, wurden nach der *Traditio Apostolica* Bekenner, Witwen, Lektoren, Jungfrauen, Subdiakone und Heiler. Folglich sollte der nur dem Klerus vorbehaltene Ritus der Handauflegung (Apg 6,6 u. ö.) zur Stärkung des Empfängers den Heiligen Geist vermitteln und ihn zur Wahrnehmung seiner eucharistischen und liturgischen Amtsaufgaben (vgl. TA 10) befähigen. Bevor sich die Theorie von der apostolischen Sukzession der Bischöfe ausbildete, existierte die Handauflegung als epikletischer Gestus. Die Weihe, die als spezifischer Segen dauerhafte Amtsgnade verlieh, unterschied sich von den wiederholbaren gottesdienstlichen Segenshandlungen in ihrer Einmaligkeit und Qualität.

2.3. Geheiligtes Leben

Die Handauflegung als individuelle Segensgeste galt seit neutestamentlicher Zeit als Zeichen für die Verleihung des Heiligen Geistes (Apg 8,16 f.; 19,6). Wie bei der Amtsinstallation gehörte sie als sichtbares Zeichen von Anfang an auch zum Akt der Taufe. Explizit betonte der nordafrikanische Theologe Tertullian (ca. 160–220) in seiner zwischen 198 und 203 verfassten Schrift *De baptismo* diesen Zusammenhang. Nach dem Taufbad und der Salbung mit Öl erfolge die Handauflegung mit Segensspruch, durch den der Heilige Geist herbeigerufen und eingeladen werde. Zwar bot Tertullian nicht den Wortlaut, verwies aber als Erläuterung der Segenshandlung auf Gen 48,14, interpretierte das dort beschriebene Überkreuzen der Hände als Verweis auf Christus und betonte, alle Segnung komme von Christus (Tertullian, *De baptismo*, cap. 8). Im Christentum des 3. Jahrhunderts fand die Handauflegung als Segensgeste zusätzlich während des Katechumenats und vor der Taufe statt. Eine von der Taufe losgelöste Kindersegnung war in der Alten Kirche nicht bekannt.

Dass der Segen durch den Bischof sowohl im Gottesdienst als auch bei Hausbesuchen den Kranken gespendet wurde, ist hingegen für die Alte Kirche vielfältig bezeugt. Der um Heilung bittende Krankensegen bildete zugleich die Grundlage für verschiedene Wundergeschichten, wie sie z. B. vom Bischof Martin von Tours (ca. 316–397) berichtet werden. Als er einen Aussätzigen traf, küsste und segnete er ihn zum Entsetzen aller. Sofort wurde der Kranke gesund. Am folgenden Tag kam er mit glänzend weißer Haut zur Kirche, um für die neu gewonnene Gesundheit zu danken (vgl. Markschies 2006: 108 f.). Dererlei mit dem Segen eines Bischofs in Verbindung gebrachte Heilungslegenden sorgten seit dem 5. Jahrhundert für eine Verdinglichung des Segens, dem nun Wunderkraft zugeeignet wurde.

Schon früh gehörte zur Eheschließung unter Christen eine Segenshandlung. Wie Tertullian in seiner um 207 entstandenen Schrift *Ad uxorem* (II, 8,6–8) berichtet, fand, wenn beide Partner Christen waren, die Eheschließung vor der Kirche statt. Anschließend wurde die Eucharistie gefeiert und die Ehe durch einen Segen besiegelt (Tertullian, *Ad uxorem*, 393 f.). Es steht zu vermuten, dass die Tradition des jüdischen Segens über Neuvermählte im christlichen Segensritual adaptiert worden ist. Die Ehe wurde somit unter die Wirkmacht des Schöpfers gestellt, der sie als Grundordnung des menschlichen Zusammenlebens gestiftet hatte.

Die in der Alten Kirche üblichen Segnungen von Gaben, auch Benediktionen genannt, stammten ebenfalls aus jüdischer Tradition und galten einer doppelten Zielsetzung: dem gemeindlichen Gottesdienst und dem christlichen Leben. Schon früh wurden die für die gottesdienstliche Feier benötigten Elemente Gott in einem Dank- und Bittgebet dargebracht. Neben dem Dank über Brot und Wein wurde, wie im *Euchologion* bezeugt, ein Segensgebet über dem Taufwasser gesprochen. Darin wurde Gott angerufen, das Wasser mit dem Heiligen Geist zu erfüllen, ihm Kraft zu verleihen und es zeugungsfähig und gnadenvoll zu machen. Wie Gott durch seinen eingeborenen Logos den Jordan geheiligt habe, so solle auch das Taufwasser heilig und geistig werden, damit die Täuflinge nicht mehr Fleisch und Blut, sondern πνευματικοί (geistliche Menschen) seien (Pseudo-Serapion, *Euchologium*, 151). In der *Traditio Apostolica* fand im Rahmen der Eucharistie die Darbringung und Danksagung von Öl durch den Bischof mit dem Ziel statt, dass diejenigen, die damit gesalbt würden, Heiligkeit erlangten (TA 5). Im etwas jüngeren *Euchologion* wurde die Darbringung von Öl mit der Darbringung von Wasser verbunden und auf die menschliche Genesung konzentriert. Unter Anrufung des Namens Jesu wurde um die Verleihung von Heilkraft für Wasser und Öl gebetet, damit »jedes Fieber und jeder Dämon und jede Krankheit durch den Trank und durch die Salbung entfernt werde« (Pseudo-Serapion, *Euchologion*, 150). Die vom Taufwasser zu unterscheidende Wassersegnung wurde bald von der Eucharistiefeier gelöst und zu einer eigenständigen Segenshandlung für Weihwasser entwickelt (ebd. 151).

Im Gottesdienst des 3. Jahrhunderts konnten auch Käse und Oliven als Dankesgaben mit dem Wunsch der Heiligung, Lebensstärkung und Festigung in der göttlichen Liebe zum Bischof gebracht werden. Als Segensformel über diese Lebensmittel betonte TA 6: »Herrlichkeit dir, Vater und Sohn mit dem Heiligen Geist in der heiligen Kirche, jetzt und immer und in alle Ewigkeit. Amen«. Eine von der Eucharistiefeier unabhängige Segnung von Lebensmitteln wird ebenfalls in der *Traditio Apostolica* bezeugt: die Segnung der Erstlingsfrüchte (Gen 4,3f.) durch den Bischof. Die Erstlingsfrüchte wurden Gott als Dank für die Vielfalt der Schöpfung zum Opfer gebracht, unter Namensnennung des Spenders gesegnet und als Nahrung für Mensch und Tier gewürdigt (TA 31). Hierbei galt als segensaffin das an Bäumen und Sträuchern wachsende Obst, während das auf der Erde wachsende Gemüse nicht zu segnen war. Von den Blumen galten Rosen und Lilien als segnungswürdig. Ziel der Pflanzen- und Früchtesegnung sollte die Danksagung und Verherrlichung Gottes sein (TA 32). Im 8. Buch der *Apostolischen Konstitutionen* wurde der Erstlingsgabe schließlich die Funktion zugewiesen, den Unterhalt des Klerus zu sichern (AK VIII, cap. XXX).

3. Die Vielfalt des Segens im Mittelalter

Mit der Ausbreitung des Christentums in den Westen und Norden Europas wurden nicht nur die Segensgebete in den lateinischen Liturgien vermehrt, sondern es nahmen auch die Segnungshandlungen über Einzelpersonen und Gegenständen signifikant zu. Die kirchlich-theologische Reflexion über die Benediktionen erfolgte seit dem 11. Jahrhundert.

3.1. Erfahrbare Gesten

Durch die Verbreitung des Christentums im gallikanisch-fränkischen und iroschottischen Raum wuchs das frömmigkeitspraktische Bedürfnis nach der Erfahrbarkeit des Segens. Während sich als Liturgie- und Kirchensprache das Lateinische gegenüber landessprachlichen Formen im frühen Mittelalter durchsetzte und die gottesdienstliche Feier von einem großen Teil des Volkes nicht verstanden wurde, fanden Gesten und Handlungen großen Anklang. Hierzu zählte auch der Segen, der durch die erhobenen Hände des Bischofs, das Kreuzzeichen oder die Handauflegung sinnlich erfahrbar war.

Im griechischsprachigen Osten fand die Segensgeste ihre Vergegenständlichung und Verehrung in der Ikonographie des Christus Pantokrator. Seit dem 5./6. Jahrhundert gehört zum Typus der Pantokrator-Ikone der den Betrachter gerade anschauende Christus, der in der linken Hand ein geschlossenes oder aufgeschlagenes Evangelienbuch hält und mit der rechten Hand segnet. Die Segensgebärde besteht aus dem gestreckten zweiten und dritten Finger, während der Daumen gegen den Ringfinger gestellt ist. Symbolisiert wird mit dieser bedeutendsten Ikone die Gottgleichheit Christi, seine Weltherrschaft, Lehrautorität und Segensmacht. In den westlichen Christusdarstellungen wurde der Weltenherrscher ebenfalls als segnender dargestellt obgleich seit dem späteren Mittelalter das Bild des Gekreuzigten größere Verbreitung fand (vgl. Bandry 2010: 47 f.).

Zur individuellen Rezeption des Segens zählten seit der Alten Kirche Berichte über die Erfahrbarkeit der Segensgeste. So konnte der Segen eines als besonders fromm geltenden Christen bereits früh eine populäre Eigendynamik entwickeln und den Weg zur Heiligenverehrung ebnen. Wie der Martin-Biograph Sulpicius Severus (ca. 363–425) in seinem *2. Brief* an den Diakon Aurelius berichtete, träumte er während der Todesstunde seines Lehrers Martin von Tours, dass dieser ihn segne. Die den Kopf berührende Geste samt feierlicher Segensformel, welche Worte des Kreuzeszeichen enthielt, beschrieb Severus als etwas sehr Intimes und Angenehmes (Severus, *Briefe*, 59 f.). Der emotional besetzte Abschiedssegen fand in den mittelalterlichen Heiligenlegenden ebenso Verbreitung wie die Zuschreibung des Bischofs- oder Abtssegens als Merkmal für Heilung, Schutz und Bewahrung (so z. B. über Benedikt von Nursia [um 480–547] in Papst Gregors I. [590–604] *Dialogi*, cap. 3 u. ö.).

3.2. Lebenshaltung und Lebensschutz

Die enge Verknüpfung zwischen leiblichem oder irdischem Wohlergehen und individuellen Segenswünschen war keineswegs allein Sache der Bischöfe oder Kleriker, sondern seit frühchristlicher Zeit allen Christenmenschen aufgegeben. Hierbei war das wechselseitige Verständnis von Segen und Lobpreis, der neuen Segen hervorbringt, charakteristisch. So betonte Augustin in seinen *Enarrationes in Psalmos*: »Wenn Gott uns segnet, wachsen wir, und wenn wir den Herrn lobpreisen, wachsen wir. Beides nützt uns. […] Das erste ist der Segen des Herrn für uns und daraus folgt, dass wir den Herrn preisen. Jenes ist der Regen, dieses die Frucht« (Augustin, *Enarrationes*, 856,7–14). Weil diese theologische Grundhaltung Bestandteil der monastischen Lebensweise wurde, fand sie Eingang in die klösterlichen Regelwerke, von denen die *Regula Benedicti* (= RB) in der römischen Kirche die weiteste Verbreitung fand. Die Aufforderung zum lobpreisenden und fürbittenden Segnen erfuhr ihre Zuspitzung in der Feindesliebe. In Anlehnung an den Satz »Segnet die, die euch verfluchen« (*Didache* 1,3) avancierte die Segenshaltung in RB 4,32 zur geistlichen Lebenskunst.

Grundsätzlich zählte der Segen zu den traditionell christlichen Grußformeln und Anstandsregeln. Nach RB 63,15 hatte bei einer Begegnung von Mönchen der jüngere Bruder stets um den Segen des Älteren zu bitten. Nach der vermutlich aus dem 6. Jahrhundert stammenden *Regula Magistri* (= RM) lautete der Segensdialog knapp: *Benedic(ite)!* (»Segne[t]«), worauf der Segnende antwortete *Deus (te benedicat)* (»Gott [segne dich]!)« (RM 23,18.29; 27,8).

Neben den Segen als Gruß trat – heute vielfach ausschließlich der keltisch-irischen Tradition zugeordnet – der Reisesegen, der als Abschiedssegen gestaltet war. In Anlehnung an *Tobit* 5,23 entstand diese Segensart, die Mönche, Pilger, Soldaten oder Handelsreisende zurüsten und vor den zahlreichen Gefahren auf der Reise bewahren sollte. Hierfür entwickelten sich spezifische Segensformeln, die im Frankenreich z. T. pagane Reisezaubersprüche verdrängten. In den überlieferten Segensformularen wurde für den Reisenden der Beistand Gottes oder eines Heiligen erfleht. Beispielsweise betonte der im 12. Jahrhundert aufgezeichnete *Weingartner Reisesegen*, dass 55 Engel den Reisenden behüten, Gott ihn wieder gesund nach Hause senden und während der Reise der Segen des Heiligen Ulrichs ihn umsorgen möge (Steinmeyer 1971: 397 f.). Eigene, vom Priester durchgeführte Segnungen gab es zudem für adelige Kreuzfahrer (*Johannessegen*) oder für Laienpilger (seit dem 8. Jahrhundert bezeugt, seit dem 9. Jahrhundert mit der Übergabe von Pilgerinsignien wie Stab und Tasche verbunden), aber auch Einzelgegenstände wie das Schwert (*Schwertsegen*) konnten gesegnet werden (vgl. Franz II 1909: 261–307).

Aufgrund des germanischen Denkens mit seinem ausgeprägten

dinglichen Realismus nahm die Segnung von Geschöpfen und Gegenständen seit dem frühen Mittelalter stetig zu. Das u. a. von Augustin betonte wechselseitige Segensverständnis wurde zurückgedrängt und durch eine Auffassung von Segen als Garant für Glück, Fruchtbarkeit und Wohlstand ersetzt. Die Segnungen sollten dem irdischen Lebenswohl dienen, dämonische Mächte vertreiben, menschliche Organe und Körperteile heilen, die Bewahrung von Reit- und Arbeitstieren gewährleisten und den Schutz von Haus und Hof bewirken. Ursprünglich als Mittel der Heilung und Heiligung sowie der Reinigung als Vorbereitung auf den Gottesdienst und Sakramentsempfang entstanden, wurden die Realbenediktionen nun funktionalistisch gedeutet und seitens der mittelalterlichen Volksfrömmigkeit in die Nähe von Beschwörungen und zauberhaften Handlungen gerückt. Hierbei war die Vorstellung leitend, dass alle geschaffenen Dinge der Macht der Dämonen unterworfen und nur durch Benediktionen dieser Macht entrissen werden könnten. Exorzistische Segensformeln oder Exorzismen, die den eigentlichen Segnungen vorangehen, wurden daher prägend. Dieses Segensverständnis fand nicht zuletzt in volkssprachlichen und somit verständlichen Segensformeln Verbreitung. So zählen zu den ältesten gereimten Dichtungen in deutscher Sprache Segenssprüche aus dem 10. bis 13. Jahrhundert wie der *Trierer Pferdesegen*, der *Bamberger Blutsegen*, der *Regensburger Augensegen*, der *Wiener Hundesegen* oder der *Lorscher Bienensegen* (Steinmeyer 1971: 365–398).

Die verbreitete Vorstellung, dass gesegnete Gegenstände wie Kräuter, Salz, Öl, Wasser oder Brot Menschen und Vieh schützten, verstärkte die dingliche Aufladung des Segens. Durch Konsekration wurden folglich Dinge des Alltags enthoben und dem heiligen Bereich überstellt. Zu den Segensbräuchen traten Flur-, Feld- und Haussegen, die magische Vorstellungen wie die Teufels- und Dämonenabwehr zum Inhalt hatten. Mit dem *Diebessegen* meinte man, Diebe verzaubern oder gar töten zu können. Theologisch bildete die magisch-zwingende Inanspruchnahme für menschliche Bedürfnisse eine kaum zu überbietende Pervertierung der Unverfügbarkeit des göttlichen Segens (vgl. Angenendt 2000: 389–404).

3.3. Liturgische Entfaltungen

Im frühen Mittelalter hatten sich im Westen des untergegangenen römischen Reiches zwei liturgische »Großfamilien« etabliert: die gallisch-keltische und die römische. Mit den römischen Bemühungen um die kirchliche Vormachtstellung im Abendland und Bestrebungen zur Vereinheitlichung der Liturgie verdrängte die ursprünglich stadtrömische Liturgie andere Liturgieformen, vermischte sich mit Elementen aus dem fränkischen Raum und setzte sich als römischer Ritus (präziser: als römisch-fränkische Mischliturgie) durch.

Während Segnungen (z. B. des Lektors vor der Evangeliumslesung, des Weihrauchs in der Eucharistiefeier) innerhalb der römischen Messformulare gegenüber den altkirchlichen Traditionen vermehrt wurden, kam es in der römischen Messe zur Verkürzung des Schlusssegens. Das bischöfliche Segensgebet, das im Osten Erweiterungen erfuhr, wurde unter Papst Gregor I. zu einem Segensgebet über die Büßer umgestaltet und auf die Wochentage der Fastenzeit konzentriert. Im römischen Stationsgottesdienst, der für die römische Messe vorbildlich wurde, folgte auf den Ruf des Diakons *Ite missa est* die Antwort der Gemeinde *Deo gratias* (»Gott sei Dank«), woraufhin der Auszug begann. Im Weggehen bat der Klerus den Papst *Iube, domne, benedicere* (»Herr, gib mir den Segen«), welcher antwortete: *Benedicat vos dominus* (»Es segne euch der Herr«). Vom Frankenreich ging im 9. Jahrhundert der Impuls aus, den Schlusssegen an den Altar zu verlegen und feierlicher zu gestalten. Ebenso erfuhr die Liturgie durch die u. a. von Amalar von Metz (um 775–850) betriebene Allegorese eine biblische Interpretation. Segnung und Entlassung deutete er als letzte Segnung der Jünger auf dem Ölberg und Abschied des Herrn (Jungmann I 1949: 115). Eine verbindliche Einführung des um 1230 erstmals belegten trinitarischen Schlusssegens *Benedicat vos omnipotens Deus, Pater, et Filius, et Spiritus Sanctus* (»Es segne euch der allmächtige Gott, der Vater, und der Sohn und der Heilige Geist«) erfolgte erst mit dem *Missale Romanum* von 1570 (vgl. Jungmann II 1949: 532–540).

Die wachsende Wertschätzung des kirchlichen Segens, den ausschließlich geweihte Amtsträger spenden durften, führte zur

Ausdifferenzierung besonderer Segnungen. Formeln für Benediktionen wurden bis ins 11. Jahrhundert in den Sakramentarien der römischen Kirche eingetragen. Seit dem 10. Jahrhundert wurden Pontifikalien für die bischöflichen, vom 12. Jahrhundert an sogenannte Ritualien für die priesterlichen Funktionen als liturgische Bücher angelegt. Der bischöfliche Segen, auch Pontifikalsegen genannt, galt als besonders wirksamer Segen. Mit der Entwicklung des Ablasses wurde der vom Papst zu spendende apostolische Segen um die Gewährung von Ablass erweitert. Der seit dem 13. Jahrhundert ritualisierte apostolische Segen *Urbi et orbi* stellt noch heute an Weihnachten, Ostern und nach der Papstwahl die Stadt Rom und den Erdenkreis unter besonderen Schutz und verleiht Ablass.

Das mittelalterliche Segensbedürfnis ließ Segensriten nicht nur für Amtsträger, Täuflinge und Ehepaare, sondern für alle Personen und Situationen, »über den einzelnen und über ein ganzes Geschlecht, über Könige und Kinder, über Schwangere und Unfruchtbare, auch für jeden Beruf und alle Tätigkeiten« entstehen (Angenendt 2000: 399).

Die einmalige Konsekration von Kultgegenständen, auch Weihe genannt, fand in der Einweihung von Kirchen ihren Höhepunkt. Während bis zum 6. Jahrhundert die Eucharistie das zentrale Element bei der Indienstnahme einer römischen Kirche bildete, erfolgte im Frühmittelalter die rituelle Ausgestaltung. Bereits in der Alten Kirche waren über Märtyrergräbern Kirchen errichtet oder Reliquien besonders heiliger Personen unter dem Altar beigesetzt worden. Hieraus entwickelte sich der Brauch, Reliquien des Namenspatrons der neuen Kirche in das Gebäude zu überführen und in die Mensa (Tischplatte) des Altars vor der ersten Messe einzuschließen. Im 8. Jahrhundert folgte die Besprengung mit Weihwasser sowie eine Ausdehnung der Kirchweihzeremonie je nach theologischer Intention. Während der römische Ritus die Zeremonie einer Begräbnisfeier nachbildete, in deren Mittelpunkt die Vorbereitung des Grabaltars und die Umbettung des reliquiaren Heiligen stand, dienten in der gallikanischen Zeremonie Taufe und Konfirmation als Vorbild, so dass die Kirche gewaschen und gesalbt wurde. Im 10. Jahrhundert verschmolzen im westlichen, noch heute für den römischen Ritus charakteristischen Zeremoniell beide Formen, so dass Beisetzung sowie Waschung und Salbung seitdem die Inhalte der katholischen Kirchweihe bilden (Davies 1980: 568 f.). Eine präzise sprachliche Differenzierung zwischen der Weihe von Kultgegenständen und der Segnung von Alltagsgegenständen wurde im Mittelalter nicht durchgeführt.

3.4. Theologische Deutungen

Obwohl die Segenshandlungen sowohl in der kirchlichen Praxis als auch in der Volksfrömmigkeit zum Grundbestand des mittelalterlichen Christenmenschen zählten, fanden theologische Reflexionen hierüber lediglich im Rahmen der Sakramentenlehre statt. Das Sakramentenverständnis hatte sich im Frühmittelalter von einem eher symbolischen Denken der Alten Kirche hin zu einer realistischen Interpretation verschoben. Jetzt galt die geweihte Materie als der Ort, durch den die Heilsgnade dem Gläubigen vermittelt werde. Segensriten wurden daher nicht mehr symbolisch, sondern als selbstwirksam verstanden. Dass Christus die eigentliche Segensgabe sei, wurde bei den um materialen Beistand bittenden und Wohlergehen garantierenden Segensfeiern kaum noch akzentuiert.

In der Frühscholastik begann die Theologie eine genauere Wesensbestimmung der Sakramente vorzunehmen. Der Pariser Theologe Hugo von St. Victor (gest. 1141) unterteilte in seiner Schrift *De sacramentis* (I, p. 9, cap. 7) die Gruppe der Sakramente in drei Klassen: 1. die zum Heil notwendig sind wie Taufe, Firmung und Abendmahl (*sacramenta ad salutem*), 2. die zur Heiligung nützlich sind wie z. B. Weihwasser (*sacramenta ad exercitationem*), 3. die zur Heiligung anderer Sakramente dienen wie z. B. die Weihe von Personen und gottesdienstlichen Geräten (*sacramenta ad praeparationem*). Die erste Klasse diene zum Heil, die zweite zur Übung und die dritte zur Vorbereitung. Für die beiden letzten Klassen verwendete er den Ausdruck *minora sacramenta*, die er noch einmal in Dinge (*res*), Handlungen (*facta*) und Worte (*dicta*) unterteilte. Segnungen sowie geweihte Personen und Gegenstände ordnete Hugo allen drei Gruppen zu. Eine genaue Differenzierung nach Einsetzung, Wirkung und Wirksamkeit der Sakramente formulierte er nicht (vgl. Franz I 1909: 8–10).

Der Lehrer und spätere Bischof von Paris Petrus Lombardus (1095/1100–1160) prägte in seinem *4. Buch der Sentenzen* die Siebenzahl der Sakramente: »die Taufe, die Firmung, das Brot der Segnung, das ist die Eucharistie, die Buße, die letzte Ölung, der Ordo [Priesterweihe], die Ehe« (Lombardus, *Sententiae* IV, dist. II, cap. 1). Über die Wirkung betonte er: »Von diesen gewähren die einen ein Heilmittel gegen die Sünde und übertragen helfende Gnade, wie die Taufe; andere sind nur ein Heilmittel, wie die Ehe; andere stärken uns durch Gnade und Tugend, wie die Eucharistie und die Weihe.« (ebd). Auf dem Konzil von Lyon 1274 wurde die Siebenzahl lehramtlich festgeschrieben und wurden grundlegende Segenshandlungen somit als Sakramente definiert (DH 860; vgl. Geyer 1918; Finkenzeller 1980: 119–125).

Petrus Lombardus hatte zudem den vom Sakrament unterschiedenen Begriff *sacramentalia* in die theologische Diskussion eingeführt. Undifferenziert wurden als Sakramentalien daraufhin bis ins 13. Jahrhundert alle religiösen Handlungen oder Sachen bezeichnet, die mit den Sakramenten im Zusammenhang standen. Eine eigene Theologie der Sakramentalien erfolgte allerdings auch in der um theologische Systematisierungen ringenden Hochscholastik nicht. Thomas von Aquin (1224/25–1274) sprach in seiner *Summa theologica* eher beiläufig von den Sakramentalien. Wie dem Exorzismus vor der Taufe oder dem Weihwasser schrieb er allen Sakramentalien disponierende Funktion zu. Zum einen bereiteten sie den Menschen für den Empfang des Sakraments und der mit ihm vermittelten Gnade vor, zum anderen heiligten sie durch Weihe die Dinge für die Verwendung im Sakrament. Außerdem interpretierte er die Sakramentalien als Mittel zur Tilgung lässlicher Sünden, betonte aber, dass sie anders als die Sakramente nicht von Christus eingesetzt seien, keine eigene Gnade verleihen könnten und nicht heilsnotwendig seien. Zuvor hatte der Pariser Theologe Wilhelm von Auvergne (ca. 1180–1249) in seinem Traktat *De sacramento* die Sakramentalien als Hilfsmittel für die Sakramente bezeichnet und ihre Wirkung aus den Gebeten und Fürbitten der Kirche abgeleitet (vgl. Franz I 1909: 11–21). Eine eigenständige Theologie der Sakramentalien, zu denen auch die Benediktionen zählten, erfolgte in der römisch-katholischen Kirche erst in der Barocktheologie und pointiert in der Neuscholastik des 19. und 20. Jahrhunderts (vgl. ebd.).

4. Die Neubewertung des Segens in der Reformation

Segen und Segenshandlungen erfuhren durch die Theologie Martin Luthers (1483–1546) eine fundamentale Neuausrichtung. Mit seiner Rückbesinnung auf die Heilige Schrift als alleiniger Richtschnur des Glaubens und der Wiederentdeckung der paulinischen Rechtfertigungslehre unterzog er die mittelalterlichen Segensvorstellungen einer radikalen Kritik und akzentuierte exegetisch, liturgisch und frömmigkeitspraktisch den Segen als gute Gabe Gottes. Der Genfer Reformator Johannes Calvin (1509–1564), der auf das reformierte Kirchenwesen Einfluss nahm, thematisierte den Segen innerhalb seiner Erwählungs- und Bundestheologie.

4.1. Luthers Theologie des leiblichen und geistlichen Segens

Hatte die scholastische Theologie Segen und Segenshandlungen sakramententheologisch pointiert und innerhalb des kirchlichen Heilsangebots profiliert, entwickelte der Wittenberger Reformator Martin Luther seit 1520 einen Neuansatz. In seiner Programmschrift *De captivitate* (1520) griff er auf Augustins Definition eines Sakramentes (biblisches Verheißungswort und Zeichen) zurück und ließ nur Taufe und Abendmahl als von Christus eingesetzte und den Glauben hervorrufende Sakramente gelten. Die übrigen Sakramente empfahl er als kirchliche Bräuche, die den Glauben und die Liebe förderten. Beispielsweise definierte er die Priesterweihe (*de ordine*) auf dem Hintergrund des allgemeinen Priestertums der Gläubigen als funktionale Beauftragung für das Predigtamt, nicht aber als Verleihung eines unauslöschlichen Charakters (Luther, *De captivitate*; WA 6, 560,19–567,31). Im Rahmen seiner Ablasskritik lehnte Luther die Spendung von Ablass durch kirchliche Segnungen wie Kirchen-, Altar- und Bilderweihen radikal ab (Luther, *Vermahnung*; WA 30,2, 348,15–17) und verwarf darüber hinaus jeglichen mittelalterlichen Segenszauber sowie die Vorstellung, dass durch den Segen eine besondere Kraft den Dingen verliehen werde.

Im Rahmen der Bibelexegese gewann der Theologe sein reformatorisches Segensverständnis, das er vornehmlich in Predigten und Vorlesungen vertiefte. Luther, der seine Theologie im Vollzug des Unterscheidens konstituierte, konnte hierbei zwischen einem leiblichen und einem geistlichen Segen differenzieren. Während der leibliche oder irdische Segen die lebensweltlichen Dimensionen entfaltete, zielte der geistliche oder himmlische Segen auf das menschliche Heil und ewige Leben. Beide Segensgestalten waren für Luther aufeinander bezogen (gegen Greiner 1998: 219). Die Rede vom leiblichen Segen hatte für Luther in der Fruchtbarkeits- und Mehrungsverheißung von Gen 1,22–28 ihren Ursprung. Im Horizont dieses durch den Sündenfall allerdings geschwächten Schöpfungssegens konnte er alle lebensdienlichen Güter, Gaben und Wohltaten, die Gott dem Menschen angedeihen lasse, als Segen definieren. Zusammengefasst sah er die zum Leben in der Welt gehörenden Segensgaben im Begriff des Brotes, welchen er in der Auslegung der vierten Vaterunserbitte im *Kleinen Katechismus* (BSLK 514,3–10) wirkmächtig umschrieb. Ziel der irdischen Segensgaben war nach Luther ein Leben aus Dankbarkeit gegenüber Gott, das in der heilvollen Erfahrung des geistlichen Segens seine Entsprechung hatte.

Ausgehend von der Segensverheißung an Abraham (Gen 22,18) und in Aufnahme von Gal 3,16 interpretierte Luther die Heilsgabe christologisch-soteriologisch und fundierte somit den geistlichen Segen. Weil er die alttestamentliche Abrahamsverheißung in, mit und durch Christus erfüllt sah, wurde Luther nicht müde zu betonen, dass in Gen 22,18 »das gantz Euangelion und reich Christi« zusammengefasst oder die »gantze Theology auff einen hauffen« zu finden sei (Luther, *In Genesin*; WA 24, 391,4; 393,11 f.). Christus sei nicht nur *salvator* (Retter), sondern auch – so Luther wortschöpferisch – *benedictor* (Segner) und *semen benedictum* (gesegneter Samen), d. h. Segensgabe. Er sei Spender und Inhalt zugleich. Folglich übersetzte Luther den Begriff Segen rechtfertigungstheologisch mit Evangelium und definierte »segenen« als »gerecht machen, vergebung der suenden, erloesung vom todt, teuffel und helle, leben und seligkeit wieder bringen.« (Luther, *Predigten 1526*; WA 20, 343,9–11). Für Luther bildete Christi Heilswerk den Kern des Segens, das dem gläubigen Menschen Leben und Seligkeit bringe. Allerdings distanzierte er sich in seinen Auslegungen der biblischen Segensverheißungen in unhaltbarer Weise vom jüdischen Volk, indem er betonte, es habe Christus als Segenserfüller nicht angenommen (vgl. Frettlöh 1998: 125–133; Greiner 1998: 246 f.).

4.2. Liturgische Neugestaltung des Segens

Mit der exegetischen Neubestimmung des biblischen Segens gewann Luther im Zuge seiner Gottesdienstordnungen (vgl. Spehr 2011: 94–102) auch eine neue liturgische Gestalt des Segens. 1523 empfahl er in der *Formula Missae* (»Ordnung der Messe«) am Ende des Gottesdienstes statt des üblichen Appells *ite missa* den Lobruf *Benedicamus domino* (»Wir loben den Herrn«) und riet, entweder den gewöhnlichen (trinitarischen) Segen oder den aaronitischen (Num 6,24–26) zu sprechen. Zudem verwies Luther auf den Segen in Ps 67,7 f. mit dem Hinweis, Christus habe vor seiner Himmelfahrt seine Jünger vermutlich mit dererlei Worten gesegnet (Luther, *Formula Missae*; WA 12, 213,25–214,3). Wichtiger als die Festlegung auf eine Segensformel war für Luther, dass der gottesdienstliche Schlusssegen – entsprechend der mittelalterlichen Gottesdienstallegorese – vom segnenden Christus her zu verstehen sei. In der Gottesdienstordnung *Deutsche Messe* von 1526 legte Luther sich dann auf den aaronitischen Segen als Schlusssegen fest (WA 19, 102,11–14). Dieser Segen sollte im Wortlaut der *Lutherbibel* von 1545 zum Kernbestand des lutherischen Gottesdienstes avancieren und für evangelische Christen bis heute die vertrauteste Segensformel bilden.

Die liturgische Neugewinnung der priesterlichen Segensworte entfaltete Luther theologisch u. a. 1532 in der kleinen Schrift *Der Segen*, die eine Segenstheologie in nuce darstellt. Die drei Verse Num 6,24–26 interpretierte er vom trinitarischen Segen her: V.24 spreche von der Schöpfung als Werk des Vaters, V.25 von der Erlösung als Werk des Sohnes und V.26 von der Heiligung als Werk des Heiligen Geistes (Luther, *Der Segen*; WA 30,3, 581,35–582,8). In der Auslegung der drei Verse unterstrich er den Segen als Geschenk Gottes in Gestalt des kreatürlichen Lebens und des rechtfertigenden Evangeliums. Die begnadeten Menschen rief er zur Weitergabe und Vermehrung des Segens in die Verantwortung: »Es ist alles Gottes Segen, Gottes huet und sorge. Nicht, das wir darumb solten muessig gehen, nichts erbeiten noch hueten, Sondern sollen das unser thun mit erbeiten und hueten, Aber doch wissen, das Gott muesse das gedeyen und geraten geben jnn unser erbeit und huet.« (ebd. 574,33–575,22).

Die kirchlichen Segenshandlungen gestaltete Luther um, indem er Gottes Wort (biblische Lesungen) und darauf bezogenes Gebet für konstitutiv erklärte. An der Einsegnung der Eheleute vor dem Altar durch den Pfarrer hielt er fest, ebenso wie an der Handauflegung bei der Taufe. Im Mittelpunkt der Ordination zum Predigtdienst, die er zusammen mit seinen Wittenberger Kollegen in den 1530er Jahren entwickelte, stand ebenfalls die Handauflegung mit Segensbitte (Krarup 2007: 251–263). Die Sachbenediktionen reduzierte er radikal auf ihren Dienstcharakter. Bei der Trauung behielt er den Tausch der Ringe bei, verzichtete aber auf deren Segnung. Die Weihe einer neuen Kirche fand für Luther – wie bei der Torgauer Schlosskirche 1544 praktiziert – durch die bestimmungsgemäße Indienstnahme statt und war Aufgabe der gesamten auf Gottes Wort hörenden Gemeinde (vgl. Spehr 2011: 103).

Die Bitte um den täglichen Segen empfahl Luther frömmigkeitspraktisch im *Kleinen Katechismus* allen Christenmenschen. Im Morgen- und Abendsegen sollte um das Mitsein Gottes gebetet und die Bitte durch das Schlagen des Kreuzes bekräftigt werden. Der Tischsegen vor den Mahlzeiten erinnerte die Mahlgesellschaft an die guten Gaben Gottes und ermahnte zur Dankbarkeit (Luther, *Kleine Katechismus*; BSLK 521,12–523,18). Mit diesen der klösterlichen Lebenswelt entlehnten Riten prägte Luther das evangelische Verständnis des persönlich-häuslichen Segens, der über Jahrhunderte zum Kernbestand lutherischer Glaubens- und Lebensexistenz werden sollte.

4.3. Calvins Theologie des Segens

Der Genfer Reformator Johannes Calvin thematisierte den göttlichen Segen in Bibelkommentaren, Predigten und im dogmatischen Hauptwerk, der *Institutio Christianae Religionis* (= Inst.; »Unterricht in der christlichen Religion«), im Rahmen seiner Erwählungslehre und Bundestheologie. Wesen, Inhalt und Vermittlung des Segens gründeten für ihn im ewigen Ratschluss Gottes vor der Schöpfung, so dass der Segen zum Inbegriff des göttlichen Vorsehungshandelns werden konnte (vgl. Inst. I,16f.). Calvin interpretiert den Segen als Gabe ewiger und zeitlicher Güter, die dem erwählten Menschen durch Christus zuteil werden. Hierbei sind die zeitlichen oder irdischen Segensgüter wie Fruchtbarkeit der Erde (Inst. I,16,5), Erfolg in der Arbeit, menschliches Glück, beschütztes Leben und alle Ordnungen menschlichen Zusammenlebens sichtbarer Ausdruck der Vorsehung, die beim Gesegneten zum dankbaren und verantwortungsvollen Umgang mit den Gaben und gegenüber den Mitmenschen führen sollen. Gleichzeitig sind die Segensgaben Unterpfand der Bundestreue Gottes und Vorgeschmack auf die himmlische Herrlichkeit, so dass der Mensch auf Gottes Segen allein vertrauen soll (Inst. III,7,8f.). Zudem dienen die Gaben der Verherrlichung Gottes (Frettlöh 1998: 162–174).

Weil sich für Calvin, welcher der zweiten Generation der Reformatoren angehörte, der theologische Fokus von der Rechtfertigung auf die Heiligung verschob und das Thema Kirche in den Vordergrund drängte, stellte er Überlegungen zur Vermittlung des göttlichen Segens an. Hierbei betonte er, dass Christus in Ausübung seines priesterlichen Amtes den zuvor durch die alttestamentlichen Erzväter vermittelten Segen vollgültig weitergebe. Dieser Segen werde der Gemeinde durch die Verkündigung des Evangeliums und den priesterlichen Schlusssegen im Gottesdienst zuteil, den Jesus seinen Jüngern zum Abschied mit erhobenen Händen gespendet habe. Als solchen Segen führte Calvin den aaronitischen Segen in der *Genfer Gottesdienstordnung* von 1542 ein, wobei er den Wunsch nach *Schalom* im dritten Vers mit »bonne prospérité« (»gutes Wohlergehen«; freier: »Glück und Wohlergehen«) statt wie Luther mit »Frieden« übersetzte (Calvin, *Genfer Gottesdienstordnung*, 170,1–3;

174,5–10). Den gottesdienstlichen Segensdienst konnte anstelle Christi nur der berufene kirchliche Amtsträger, d.h. der für die Verkündigung zuständige Pastor, ausüben. Neben diesem besonderen priesterlichen Segensamt kannte Calvin einen allgemeinen Segensdienst der Gemeinde, der sich in Form der Fürbitte, des Grußes oder des Glückwunsches als gegenseitige Segenszusprache realisieren sollte (vgl. Frettlöh 1998: 174–188).

5. Der Segen in Kirche und Theologie seit der Reformation

Das Konzil von Trient (1546–1563) verteidigte die römisch-katholische Sakramentenlehre mit ihren Sakramentalien. Im Zuge des nachtridentinischen, liturgischen Vereinheitlichungsprozesses wurde im *Rituale Romanum* 1614 der Versuch unternommen, die zahlreichen Benediktionen zu reduzieren. Weil dieses Liturgiebuch aber nicht für die gesamte katholische Kirche verpflichtend gemacht werden konnte, gleichzeitig aber im Barockkatholizismus des 17. Jahrhunderts das Bedürfnis nach zusätzlichen Segnungen und Weihen wuchs, wurden neue Benediktionen dem *Rituale* beigegeben. Gleichzeitig entstanden umfangreiche diözesane oder private Sakramentaliensammlungen, so dass die katholischen Personal- und Realbenediktionen zu einem die konfessionelle Identität stabilisierenden Merkmal wurden (vgl. Varelmann 2008: 158–175). Im Rahmen der neuscholastischen Diskussion des 19. und frühen 20. Jahrhunderts um Einsetzung, Wirkungen und Wirksamkeit der kirchlichen Zeremonien definierte der katholische Liturgiehistoriker Adolph Franz (1842–1916) die Sakramentalien als »sichtbare religiöse Zeichen, welche von der Kirche zu Kultuszwecken, zur Abwehr dämonischer Einflüsse und zur Förderung des geistigen und leiblichen Wohles der Gläubigen eingesetzt« seien (Franz 1909 I: 13).

Hingegen folgten die evangelischen Theologen dem von Luther und Calvin vorgezeichneten Weg. So betonte der Jenaer lutherische Theologe Johann Gerhard (1582–1637) in der akademischen Disputation *Benedictionis ecclesiasticae* 1620, dass allein Gott effektiv segnen könne. Ein klerikales Priestertum, welches über göttliche

Kräfte eigenständig verfügen könne, lehnte er ab. Menschliches Segnen sei Fürbitte zu Gott. Mit Gottes Geist und Gnade könnten allein Personen, nicht aber Sachen gesegnet werden. Wettersegen und andere Segensarten wurden im evangelischen Kirchenwesen durch spezifische Bitt-, Buß- und Dankgebete ersetzt, in denen die Sorge der Menschen vor Naturgewalten und Gefahren vor Gott gebracht und bei Bewahrung ihm gedankt wurde.

Die strikte Ablehnung von Realbenediktionen, welche in den lutherischen und mehr noch in den reformierten Kirchenordnungen des 16. Jahrhunderts festgeschrieben war, wurde schon im folgenden Jahrhundert durch die Praxis der Kirchen- oder Altarweihen leicht relativiert. Wenn in lutherischen Kirchen seit Mitte des 17. Jahrhunderts Weihehandlungen von Sachen vollzogen wurden, so geschah dies entweder bei Ingebrauchnahme der für den gemeindlichen Gottesdienst bestimmten Dinge (*res sacrae*) oder bei Indienstnahme von Sachen (z. B. des als »Gottesacker« bezeichneten Friedhofs), bei denen die sie benutzenden Menschen – keinesfalls aber die Abwehr von Dämonen – im Zentrum standen (vgl. Graff I 1937: 400–414). Im 19. Jahrhundert betonte man in Abgrenzung zu den katholischen Weihehandlungen, dass es sich hierbei um »Dedikationen« handle, also um Widmungen zum Gebrauch. Auf dieser Linie bewegten sich auch die kirchliche Einweihung von Schulen (z. B. 1611 neue Schule in Prag), Waisenhäusern oder Universitäten mittels Predigten, durch welche die evangelische Weihe eine eigene Funktion für die allgemeine Öffentlichkeit auszuüben begann. Aufgrund der historisch engen Verflechtung zwischen evangelischer Kirche und Staat, des öffentlichen Bedürfnisses und einer wachsenden Prinzipienlosigkeit in der evangelischen Benediktionspraxis wurden im 19. und frühen 20. Jahrhundert die Weihehandlungen auf Gegenstände ausgedehnt, die nichts mehr mit den reformatorischen Einsichten und dem gottesdienstlichen Gebrauch zu tun hatten. Seit den Befreiungskriegen 1813 weihten evangelische Pfarrer Fahnen, Schwerter, Kasernen und Soldaten. Diese militärischen Weihehandlungen erfuhren im Ersten Weltkrieg nicht zuletzt in den Kriegspredigten ihren tragischen Höhepunkt und führten schließlich zur Krise der Realbenediktionen (vgl. Eyselein 1993: 159–161).

Demgegenüber blieben nach 1Tim 4,4f. für die eigentlichen

Segenshandlungen Gottes Wort, d.h. die Schriftlesung, und das Gebet konstitutiv. Zur Bekräftigung der Taufe fand die vom Straßburger Reformator Martin Bucer (1491–1551) 1539 für die *Ziegenhainer Zuchtordnung* entwickelte Konfirmation als Segenshandlung sukzessive Eingang in die evangelischen Kirchenordnungen und in die anglikanische Kirche. Infolge des Engagements Philipp Jacob Speners (1635–1705) sowie pietistischer, aber auch aufklärerischer Bemühungen wurde im 18. Jahrhundert die Konfirmation – im Volksmund Einsegnung genannt – in Deutschland flächendeckend eingeführt (vgl. Graff I 1937: 313–331; Dienst 1990: 441–443). Aber auch bei diesen Segenshandlungen lässt sich eine Veränderung seit dem 17. Jahrhundert beobachten. Zunehmend wurden sie zu Rechtsakten mit der Verleihung von Rechten und Pflichten geformt, in deren Mittelpunkt eine indikativische Vollzugsformel stand. Trauung, Ordination (und Konfirmation) fanden jetzt innerhalb der Kirche als obrigkeitliche Amtshandlungen des Geistlichen statt. Schriftlesung und Segensgebet erhielten Rahmenfunktion.

Weil Luther für die Bestattung keine eigene Ordnung formuliert hatte und nach reformatorischer Lehre die Lebenden für das Seelenheil der Toten nicht mehr Sorge zu tragen hatten, blieb die Begräbniszeremonie als Segenshandlung umstritten. Im 18. Jahrhundert etablierte sich der Brauch, die Leiche im Grab einzusegnen wie den Leichnam vor dem Gang zum Grab aus dem Haus auszusegnen (vgl. Graff I 1937: 359f.; II 1939: 275). Als Valetsegen fand der Sterbesegen im 19. Jahrhundert Eingang in die evangelischen Agenden und in die privaten Gebetbücher.

Im lutherischen Gottesdienst etablierte sich der aaronitische Segen als Schlusssegen. Weil vor dem Abendmahl zahlreiche Gottesdienstbesucher die Kirche verließen, wurde nach der Predigt – möglicherweise in Rückgriff auf altkirchliche Traditionen – spätestens seit Mitte des 17. Jahrhunderts sukzessiv ein Kanzelsegen eingeführt. Im 18. und frühen 19. Jahrhundert war es der aaronitische Segen (so noch in der preußischen *Kirchen-Agende 1822*, 18), der aber verbreitet durch 1Thess 5,23, 2Kor 13,13 oder Phil 4,7 verdrängt wurde. Im Zuge der liturgischen Vereinheitlichungsbemühungen des 19. Jahrhunderts, die in Preußen im Streit um die Einführung der *Kirchen-Agende 1822* gipfelten, wurde Phil 4,7 zum üblichen Kanzelsegen. Vorausgegangen war im 18. Jahrhundert eine liturgische Kontroverse um den aaronitischen Segen, in der zum einen in Ablehnung des zum jüdischen Zeremonialgesetz gehörenden Priestersegens neutestamentliche Formeln gefordert wurden, zum anderen nach für den aufgeklärten Menschen allgemein verständlicheren Segensformeln gesucht wurde.

Theologisches Anliegen im Protestantismus blieb die Ablehnung magischer Momente im Segen. Im Zuge der Aufklärung wurde diskutiert, ob ein Segen real wirksam sein könne oder ob der Segen nicht vielmehr als Segenswunsch zu verstehen sei. Entsprechend wurden in den Agenden der Aufklärungszeit Segensgebete formuliert, die um Unterstützung und Beistand des zu Segnenden auf dessen Weg baten. Auch wenn durch Wilhelm Löhe (1808–1872) und andere lutherische Theologen des 19. Jahrhunderts versucht wurde, die durch den Segen empfangene Gnade Gottes der Gemeinde als Gewissheit zu vermitteln, verstärkte sich die Position, den Segen als Wunsch und Bitte zu deuten (vgl. Gottes Segen 1995: 47–49).

Wie Gottes Segen theologisch verantwortungsvoll zu interpretieren sowie im kirchlichen Dienst, in der Ökumene und in der individuellen Frömmigkeitspraxis angemessen zu gestalten ist, bleibt eine herausfordernde Aufgabe gegenwärtiger Theologie. Die Wiederentdeckung und Vertiefung des Segensthemas in der jüngsten Vergangenheit durch die exegetische und praktische Theologie ist ein Meilenstein in der Geschichte des Segens. Erweitert um das Studium der Theologie- und Kirchengeschichte werden individuelle Ansätze und epochenbestimmende Positionen reflektiert, die zu einer eigenen Segenshaltung befähigen.

Quellen- und Literaturverzeichnis

1. Quellen

Apostolische Konstitutionen: Les constitutions apostoliques. Tome III. Livres VII et VIII. Introduction, texte critique, traduction et notes par Marcel Metzger (SC 336), Paris 1987.

Augustin: *Enarrationes*/Interpretationen: Sancti Aurelii Augustini: Enarrationes in Psalmos LI-C (CChr.SL 39), Turnhout 1956.
Augustin: *Sermones*/Predigten: Sermones ad populum. S. Aurelii Augustini Hipponensis Episcopi sermones ad populum (PL 38/39), Paris 1865².
Pseudo-Augustin: *Quaestiones*/Fragen: Pseudo-Augustini Quaestiones Veteris et Novi Testamenti CXXVII, Hg. Alexander Souter (CSEL 50), Wien 1908.
Benedikt von Nursia: *Regula Benedicti*: Benedicti Regula, editio altera emendata, recensuit Rudolph Hanslik (CSEL 75), Wien 1977.
Calvin, Johannes: *Genfer Gottesdienstordnung* (1542): Calvin-Studienausgabe, Bd. 2: Gestalt und Ordnung der Kirche, Neukirchen-Vluyn 1997, 137–225.
Calvin, Johannes: *Institutio Christianae Religionis*/Unterricht in der christlichen Religion, nach der letzten Ausgabe übers. und bearb. von Otto Weber, Neukirchen-Vluyn 1963².
Denzinger, Heinrich: *Kompendium der Glaubensbekenntnisse und kirchlichen Lehrentscheidungen*, verb., erw., ins Deutsche übertr. und hg. von Peter Hünermann, Freiburg i. Br. u. a. 2010⁴³.
Paulsen, Henning: *Didache*: Die apostolischen Väter. Griechisch-deutsche Parallelausgabe, hg. von Andreas Lindemann/Henning Paulsen, Tübingen 1992, 1–21.
Gerhard, Johann: *Benedictionis ecclesiasticae*/Der kirchlichen Segnung: Logos peri tēs sylogias ekklēsiastikēs, Benedictionis ecclesiasticae Num 6. v. 22 et seqq. descriptae explicatio [...] Praeside Johanne Gerhardo, respondente Johanne Moldenit, Jena 1620.
Gregor I.: *Dialogi*/Dialoge: Gregor der Große: Der heilige Benedikt: Buch II der Dialoge lateinisch/deutsch, St. Ottilien 1995.
Hugo von St. Victor: *De sacramentis*/Über die Sakramente: Hugonis de S. Victore Opera omnia. Editio nova accurante J.-P. Migne. Tomus 2 (PL 176), Paris 1854, 173–618.
Justin: *Apologie*: Apologie pour les chrétiens/Apologiae pro christianis, Justin. Introduction, texte critique, traduction et notes par Charles Munier (SC 507), Paris 2006.
Kirchen-Agende 1822: Kirchen-Agende für die Hof- und Domkirche in Berlin, Berlin 1822².
Luther, Martin: *De captivitate*/Von der Gefangenschaft: De captivitate Babylonica ecclesiae praeludium: D. Martin Luthers Werke. Kritische Gesamtausgabe, Bd. 6, Weimar 1888, 484–573.
Luther, Martin: *Deutsche Messe*: Deutsche Messe und Ordnung Gottesdiensts: D. Martin Luthers Werke. Kritische Gesamtausgabe, Bd. 19, Weimar 1897, 44–113.
Luther, Martin: *Formula Missae*/Ordnung der Messe: Formula Missae et Communionis pro Ecclesia Wittembergensi: D. Martin Luthers Werke. Kritische Gesamtausgabe, Bd. 12, Weimar 1891, 197–220.

Luther, Martin: *In Genesin*: In Genesin Declamationes/Über das erste Buch Mose. Predigten 1527: D. Martin Luthers Werke. Kritische Gesamtausgabe, Bd. 24, Weimar 1900.

Luther, Martin: *Der Kleine Katechismus*: Bekenntnisschriften der evangelisch-lutherischen Kirche, Göttingen 1998[12], 501–527.

Luther, Martin: *Predigten 1526*: Predigten des Jahres 1526: D. Martin Luthers Werke. Kritische Gesamtausgabe, Bd. 20, Weimar 1904, 212–591.

Luther, Martin: *Der Segen*: Der Segen so man nach der Messe spricht über das Volk, aus dem vierten Buche Mosi, am 6. Capitel. 1532: D. Martin Luthers Werke. Kritische Gesamtausgabe, Bd. 30,3, Weimar 1910, 572–582.

Luther, Martin: *Vermahnung*: Vermahnung an die Geistlichen, versammelt auf dem Reichstag zu Augsburg, Anno 1530: D. Martin Luthers Werke. Kritische Gesamtausgabe, Bd. 30,2, Weimar 1909, 237–356.

Petrus Lombardus: *Sententiae*: Magistri Petri Lombardi: Sententiae in IV libris distinctae. Tomus II, Liber III et IV., Hg. Collegii S. Bonaventurae ad Claras Aquas (SpicBon 5), Grottaferrata 1981[3].

Pseudo-Serapion: *Euchologium*: Das Euchologium des Bischofs Serapion von Thmuis: Griechische Liturgien, übers. von Remigius Storf mit Einleitungen versehen von Theodor Schermann (BKV[2] 5), Kempten/München 1912, 140–157.

Regula Magistri: Die Magisterregel. Einführung und Übersetzung von Karl Suso Frank, St. Ottilien 1989.

Sulpicius Severus: *Briefe*: Die drei Briefe: Des Sulpicius Severus Schriften über den hl. Martinus, Des heiligen Vinzenz von Lerin Commonitorium, Des heiligen Benediktus Mönchsregel aus dem Lateinischen übers. von Pius Bihlmeyer u. a. (BKV[2] 20), Kempten/München 1914, 54–69.

Steinmeyer 1971: *Die kleineren althochdeutschen Sprachdenkmäler*, hg. von Elias von Steinmeyer, Dublin/Zürich 1971[3].

Tertullian: *De baptismo*: Tertullian: De baptismo/Von der Taufe, De oratione/Vom Gebet, übers. und eingel. von Dietrich Schleyer (FChr 76), Turnhout 2006, 159–217.

Tertullian: *Ad uxorem*: Quinti Septimi Florentis Tertulliani ad uxorem libri duo, cura et studio Emil Kroymann, in: Tertulliani opera Bd. 1 (CChrSL 1), Turnhout 1954, 371–394.

Traditio Apostolica: Traditio Apostolica/Apostolische Überlieferung, übers. und eingel. von Wilhelm Geerlings (FChr 1), Freiburg i. Br. u. a. 1991.

Thomas von Aquin: *Summa theologica/Summe der Theologie*: Die Deutsche Thomas-Ausgabe. Vollständige, ungekürzte deutsch-lateinische Ausgabe der Summa theologica, hg. vom Katholischen Akademikerverband, Salzburg u. a. 1933 ff.

Wilhelm von Auvergne: *De sacramento/Über das Sakrament*: Wilhelm von Auvergne: De sacramento extremae unctionis et de sacramentalibus: Guiliemi Alverni Opera Omnia, Bd. 1, (Nachdruck der Ausgabe Paris 1674) Frankfurt a. M. 1963, 553–555.

Ziegenhainer Zuchtordnung: Ordenung der Christlichen Kirchen Zucht, Für die Kirchen im Fürstenthumb Hessen 1539: Die evangelischen Kirchenordnungen des XVI. Jahrhundert, Bd. 8/1, hg. von Emil Sehling, Tübingen 1965, 101–112.

2. Sekundärliteratur

Angenendt 2000: Angenendt, Arnold: Geschichte der Religiosität im Mittelalter, Darmstadt 2000².
Bandry 2010: Bandry, Gérard-Henry: Handbuch der frühchristlichen Ikonographie. 1. bis 7. Jahrhundert, Freiburg i. Br. u. a. 2010.
Davies 1980: Davies, John G.: Art. Benediktionen III. Praktisch-theologisch, TRE 5, Berlin 1980, 564–575.
Dienst 1990: Dienst, Karl: Art. Konfirmation I. Historisch, TRE 19, Berlin 1990, 437–445.
Drews 1902: Drews, Paul: Art. Liturgische Formeln, RE 11, Leipzig 1902³, 545–557.
Eyselein 1993: Eyselein, Christian: Segnet Gott, was Menschen schaffen? Kirchliche Einweihungshandlungen im Bereich des öffentlichen Lebens (CThM.PT 20), Stuttgart 1993.
Finkenzeller 1980: Finkenzeller, Josef: Die Lehre von den Sakramenten im allgemeinen. Von der Schrift bis zur Scholastik (HDG 4/1a), Freiburg i. Br. 1980.
Franz I 1909: Franz, Adolph: Die kirchlichen Benediktionen im Mittelalter, 1. Bd., Freiburg i. Br. 1909.
Franz II 1909: Franz, Adolph: Die kirchlichen Benediktionen im Mittelalter, 2. Bd., Freiburg i. Br. 1909.
Frettlöh 1998: Frettlöh, Magdalene L.: Theologie des Segens. Biblische und dogmatische Wahrnehmungen, Gütersloh 1998.
Frör 1955: Frör, Kurt: Salutationen, Benediktionen, Amen, in: Karl-Ferdinand Müller/Walter Blankenburg (Hgg.): Leiturgia. Handbuch des evangelischen Gottesdienstes Bd. 2: Der Hauptgottesdienst, Kassel 1955, 570–596.
Geyer 1918: Geyer, Bernhard: Die Siebenzahl der Sakramente in ihrer historischen Entwicklung, ThGl 10 (1918), 325–348.
Gottes Segen 1995: Gottes Segen und die Segenshandlungen der Kirche. Ein Votum des Theologischen Ausschusses der Arnoldshainer Konferenz, Neukirchen-Vluyn 1995.
Graff I 1937: Graff, Paul: Geschichte der Auflösung der alten gottesdienstlichen Formen in der evangelischen Kirche Deutschlands, Bd. 1: Bis zum Eintritt der Aufklärung und des Rationalismus, Göttingen 1937².
Graff II 1939: Graff, Paul: Geschichte der Auflösung der alten gottesdienstlichen Formen in der evangelischen Kirche Deutschlands, Bd. 2: Die Zeit der Aufklärung und des Rationalismus, Göttingen 1939².

Greiner 1998: Greiner, Dorothea: Segen und Segnen. Eine systematisch-theologische Grundlegung, Stuttgart u. a. 1998.

Jungmann I 1949: Jungmann, Josef Andreas: Missarum sollemnia. Eine genetische Erklärung der römischen Messe, 1. Bd.: Messe im Wandel der Jahrhunderte, Messe und kirchliche Gemeinschaft, Vormesse, Wien 1949².

Jungmann II 1949: Jungmann, Josef Andreas: Missarum sollemnia. Eine genetische Erklärung der römischen Messe, 2. Bd.: Opfermesse, Wien 1949².

Krarup 2007: Krarup, Martin: Ordination in Wittenberg. Die Einsetzung in das kirchliche Amt in Kursachsen zur Zeit der Reformation (BHTh 141), Tübingen 2007.

Markschies 1999: Markschies, Christoph: Wer schrieb die sogenannte Traditio Apostolica? Neue Beobachtungen und Hypothesen zu einer kaum lösbaren Frage aus der altkirchlichen Literaturgeschichte, in: Wolfram Kinzig u. a. (Hgg.): Tauffragen und Bekenntnis (AKG 74), Berlin/New York 1999, 1–74.

Markschies 2006: Markschies, Christoph: Das antike Christentum. Frömmigkeit, Lebensformen, Institutionen (Becksche Reihe 1692), München 2006.

Partoens 2007: Partoens, Gert: Art. Augustin als Prediger, in: Volker Drecoll (Hg.): Augustin Handbuch, Tübingen 2007, 242–247.

Slenczka 2000: Slenczka, Wenrich: Heilsgeschichte und Liturgie. Studien zum Verhältnis von Heilsgeschichte und Heilsteilhabe anhand liturgischer und katechetischer Quellen des dritten und vierten Jahrhunderts (AKG 78), Berlin/New York 2000.

Spehr 2011: Spehr, Christopher: Martin Luthers Theologie des Gottesdienstes, in: Hans-Joachim Eckstein u. a. (Hgg.): Kompendium Gottesdienst, Tübingen 2011, 84–103.

Varelmann 2008: Varelmann, Marianne: Segensfeiern. Theologie – Geschichte – Praxis (STPS 75), Würzburg 2008.

3. Literaturhinweise zum vertiefenden Studium

Angenendt, Arnold: Geschichte der Religiosität im Mittelalter, Darmstadt 2000².

Frettlöh, Magdalene L.: Theologie des Segens. Biblische und dogmatische Wahrnehmungen, Gütersloh 1998.

Frör, Kurt: Salutationen, Benediktionen, Amen, in: Karl-Ferdinand Müller/Walter Blankenburg (Hgg.): Leiturgia. Handbuch des evangelischen Gottesdienstes Bd. 2: Der Hauptgottesdienst, Kassel 1955, 570–596.

Systematische Theologie

Hartmut Rosenau

Segen – Systematisch-theologisch

Segen und Segnen gehören zu den ursprünglichen, ältesten und spezifischen Phänomenen und Praktiken religiöser Art (vgl. Beyer 1935: 752). Sie sind im strengen Sinn des Wortes »archaisch«, d. h. sie stehen nicht nur am Anfang, sondern sind bleibender Inhalt und Ausdruck von Religion. Wenn diese Einschätzung zutrifft, dann setzt eine systematisch-theologische Reflexion des Segens und des Segnens zunächst eine Klärung dessen voraus, was Religion ist, bzw. was darunter in der Verbindung von deskriptiven und normativen Aspekten verstanden werden soll. Das kann im Rahmen dieses Beitrags natürlich nicht umfassend geschehen, aber dennoch sollten in Anlehnung an bekannte exemplarische Bestimmungen des Religionsbegriffs Aspekte benannt werden, die für das *Verständnis von Segen und Segnen* aufschlussreich sein können. Umgekehrt könnten Beschreibungen des Segens wie des Segnens auch eine kritische Erschließungskraft für das Phänomen ›Religion‹ haben. Darüber hinaus sind Segen und Segnen Querschnittsthemen, die im Grunde durch alle klassischen dogmatischen Lehrstücke von den Prolegomena bis hin zur Eschatologie gehen und natürlich auch von Relevanz für die Ausarbeitung einer theologischen Ethik sind.

Allerdings wird das Verständnis von Segen und Segnen gerade mit Blick auf einen immer nur perspektivisch und darum immer auch umstritten gegebenen Religionsbegriff – wie auch im Blick auf unterschiedliche Dogmatik-Entwürfe – selbst wiederum nur perspektivisch und umstritten sein können. Je nachdem, ob hier z. B. ein offenbarungstheologischer Zugang leitend ist oder der Ansatz einer natürlichen Theologie, wird entsprechend auch die Bedeutung und das Verständnis des Segens und Segnens unterschiedlich sein. In diesem Beitrag wird im Anschluss an alt- und zwischentestamentliche Weisheitstraditionen eine »*sapientiale*« *Perspektive* vorgeschlagen, die in gewisser Weise offenbarungstheologische Aspekte sowie Grundeinstellungen einer natürlichen Theologie bei Vermeidung jeweiliger Aporien zwischen Fideismus und Apologetik vermittelt (vgl. Rosenau 2012: 15–38). Diese Aporien ergeben sich angesichts einer Krise des Schriftprinzips, des Historismus und einer ausgeprägten Skepsis gegenüber metaphysischen Wahrheitsansprüchen im Blick auf die gegenwärtige post-christliche Zeit unserer Gesellschaft und ihre post-moderne Kultur mit vor allem durch Traditionsabbruch, Individualismus und Pluralismus gekennzeichneten religiösen Erfahrungen. Vor diesem Hintergrund erhält das Thema Segen und Segnen eine herausragende, sowohl gesellschafts- als auch theologiekritische Relevanz.

1. Zum Religions- und Segensbegriff

Dem lateinischen Substantiv »*religio*« liegt (nach Cicero, 1995: *De natura deorum* I, 1–14) zum einen das Verb »*relegere*« zugrunde, was so viel heißt wie: »sammeln, etwas sorgfältig beachten und durchgehen«. Gemeint sind kultische, rituelle Handlungen oder auch liturgische Formeln und Texte (in Gottesdiensten wie in Familienandachten oder Krankenbesuchen), die sorgfältig und genau vollzogen, gesprochen oder gelesen werden müssen, wenn sie ihren Sinn und Zweck erfüllen sollen, nämlich im gesammelten Respekt vor dem Heiligen ein angemessenes Verhältnis von Göttlichem und Weltlichem herzustellen oder bewusst zu machen (vgl. Pezzoli-Olgiati 2004: 1131). So auch bei Segnungen, die meist in bestimmten herausgehobenen hochsprachlichen Formen und mit festgelegten feierlichen Gesten (erhobene Hände; Handauflegungen etc.) von besonderen Personen (Priesterinnen und Priester; Familien- und Sippenoberhäupter etc.) mit bestimmten Qualifikationen sowie in besonderen Haltungen derer, die gesegnet werden (aufstehen; niederknien; Hände falten oder ausbreiten etc.) zum Ausdruck kommen. Dadurch unterscheidet sich der Segen bzw. das Segnen gegenweltlich deutlich von alltagssprachlich allgemeinen, zumeist unbedacht vorgetragenen Wünschen oder Bitten im Blick auf Verbindlichkeit, Ernsthaftigkeit und Authentizität. Diese entstehen durch den intentionalen Bezug auf Heiliges im Unterschied zu Profanem. So gesehen rücken Segen und Segnen phänomenologisch (wenn auch theologisch problematisch) in die Nähe sowohl des Gebets bzw. des Betens, des Sakraments und der sakramentalen Feier (Hildebrandt 2000: 92), der Weihe und des Eids als auch in die Nähe von Magie und Zauberspruch (vgl. Maier 2000: 75).

Ihnen ist der *performative* Charakter gemeinsam (vgl. Veijola 2000: 76), so dass hier nicht nur Wirkliches beschrieben oder (noch) nicht (oder nicht mehr) Wirkliches bis hin zum Irrealen, Unmöglichen und Phantastischen beschworen, sondern vielmehr Wirkliches gesetzt, als seiend vorgestellt, als solches bewusst und angenommen wird. Dieser performative Zug wird besonders an dem griechischen (neutestamentlichen) Wort für »Segen« – εὐλογία (lat.: *benedictio*) – deutlich (z. B. Gal 3,6–9). Die übliche Übersetzung mit »Lobpreis« oder »Dank« trifft hier zwar auch zu (vgl. Knobloch 2004: 1128), ist aber im Grunde zu schwach. Denn dabei wird übersehen, dass das Segnen phänomenologisch in erster Linie eine Art von optativ formulierter Bitte ist (»Der Herr segne dich und behüte dich« nach Num 6,24–26) – nach deren Erfüllung sich natürlich auch Lob und Dank einstellt bzw. einstellen sollte.

Wörtlich übersetzt und ursprünglich meint εὐλογία (wie das lateinische Pendant *benedictio*): »etwas gut oder schön reden bzw. etwas Gutes oder Schönes reden« (vgl. Beyer 1935: 752), und zwar nicht im Sinne einer moralischen Wertung oder eines ästhetischen Geschmacksurteils, schon gar nicht im Sinne eines Kompliments oder einer Schmeichelei, sondern so, dass dieses als gut oder schön Beredete dann auch gut oder schön ist, wird oder bleibt, als solches bewusst und anerkannt wird. Denn wer schlecht oder Schlechtes (über jemanden oder etwas) redet, redet Schlechtes herbei, vor dem wir uns durch Gutes Reden schützen wollen und können. Dabei sollte man nicht eine realistische Auffassung von Segen, der »wirklich« etwas *in re* – messbar oder experimentell überprüfbar – bewirkt, gegen eine idealistische Auffassung ausspielen, als sei hier ›nur‹ eine Änderung im Bewusstsein bei gleichbleibenden Sachverhalten vor, während und nach dem Segen oder einer Segnung passiert – oder umgekehrt. Denn neutral zu konstatierende Sachverhalte gibt es nicht, sondern immer nur solche in einer bestimmten perspektivischen (religiösen, weltanschaulichen oder philosophischen) Deutung aus einer bestimmten Haltung und Einstellung heraus. Auf der anderen Seite ist Bewusstsein immer intentional, also Bewusstsein von etwas, das als seiend vorgestellt wird. Wenn vor diesem Hintergrund mit Recht die Performativität des Segens und des Segnens hervorgehoben wird, der zufolge hier allein durch das qualifizierte Wort eine neue oder andere Wirklichkeit gesetzt wird, dann wird diese Art von Wirklichkeitssetzung nicht dadurch unterlaufen, dass hier »nur« von einem Einstellungswandel gegenüber der eigenen Lebenswirklichkeit oder der anderer gesprochen wird, denn ein solcher ist genau das, worauf es nicht nur erkenntnistheoretisch oder hermeneutisch, sondern vor allem existentiell in Abhebung von unterschiedlichen Formen alltagssprachlichen Geredes ankommt. Segen gibt es demnach nicht an sich, sondern nur für jemanden. Ein und derselbe Sachverhalt kann daher für jemanden ein Segen sein, für eine andere Person dagegen nicht.

Die Verbindung von »gut« (griech.: ἀγαθός) und »schön« (griech.: καλός) in der griechischen Vorsilbe ἐυ (-λογία) macht ihrerseits darauf aufmerksam, dass inhaltlich gesehen das neutestamentliche Verständnis von Segen nicht nur sehr eng mit der alttestamentlichen Vorstellung von »Frieden« (hebr.: שָׁלוֹם šālôm; vgl. Veijola 2000: 76) und dem Gebrauch des hebräischen Prädikats טוֹב ṭôb: »gut; schön« (vgl. z. B. Gen 1,1 f.), sondern auch mit dem antik-philosophischen Ideal einer in rechte Maßverhältnisse gebrachten Kalokagathie, einer Einheit von Schönem (griech.: καλόν) und (griech.: καί) Gutem (griech.: ἀγαθόν) in einer optimalen, vernunftbestimmten Lebensführung verwandt ist (vgl. Platon, *Philebos* 1990: 64e), auch wenn in diesem Zusammenhang das Wort für ›Segen‹ nicht benutzt wird (vgl. Maier 2000: 75). Dieser Aspekt einer interreligiösen und interkulturellen Verwandtschaft bzw. Anschlussfähigkeit ist durchaus auch signifikant, wenn eine inhaltliche Bestimmung des Segens im Blick auf die oben skizzierte gegenwärtige Lage von Religion, Kultur und Gesellschaft versucht wird. An dieser Stelle geht es aber zunächst einmal um möglichst präzise formale Ein- und Abgrenzungen des Verständnisses von Segen und Segnen im Blick auf verwandte Phänomene. Dann allerdings kann und muss beides wenn auch nicht kategorial, so doch modal wiederum vom Gebet, vom Sakrament, von der Weihe und vom Eid, von Magie und Zauber unterschieden werden, auch wenn hier die Grenzen *in re* fließend sein mögen.

2. Religion und Segen als Rückbezogenheit auf Gott

Solche möglichen Unterscheidungen im Blick auf die Art und Weise der Wirklichkeitssetzung ergeben sich aus einer zweiten (nach Cicero ebenfalls möglichen) Worterklärung des lateinischen Substantivs *religio*, die auf das Verb *relegare* verweist. Damit ist die existentielle »Rückbindung« von Mensch und Welt an eine höhere göttliche Macht und Wirklichkeit gemeint, von der alles, insbesondere das Dasein der Menschen, »schlechthin abhängig« und »bestimmt« ist, um hier sowohl Friedrich D. E. Schleiermachers Religions-, aber auch Rudolf Bultmanns Gottesbegriff aufzunehmen (vgl. Schleiermacher, *Der christliche Glaube* 1984: 26). Im Segen wie im Akt des Segnens kommt dieses religiöse Wirklichkeitsverständnis prägnant zum Ausdruck. Es bildet auch den inneren theologischen Gehalt der etymologischen Ableitung des deutschen Ausdrucks »Seg(n)en« von dem im mittelalterlichen Kirchenlatein gebräuchlichen Verb »*signare*«, was soviel wie »bezeichnen, auszeichnen« oder »bestimmen« (im Sinne einer Schutzbezeichnung, eines apotropäischen Ritus) meint. Im christlichen Kontext ist dieses segnende Schutzzeichen in erster Linie das Kreuz (lat.: *cruce signare*: »etwas mit dem Kreuzzeichen versehen« und »segnen«; vgl. Mann 1979: 37).

3. Schöpfungsordnung als Horizont von Segen

Vom Gebet unterscheidet sich der Segen und das Segnen vor diesem Hintergrund nicht nur dadurch, dass beim Segen und Segnen die segnende Person wie die gesegnete Person im Angesicht des

Heiligen und Göttlichen immer kopräsent sind, beim Gebet, insbesondere beim Fürbittengebet, dies jedoch nicht zwingend der Fall sein muss (vgl. Greiner 1998: 48). Der entscheidendere Unterschied ist vielmehr, dass nun nicht einzelnes Konkretes, Wirkliches, Mögliches und insofern Bedingtes und Relatives (vgl. Kauer-Hain 2005: 28 f.) aus mehr oder weniger individueller oder gruppenspezifischer Betroffenheit in Bitte und Dank, Lob und Klage vor die Gottheit gebracht wird. Vielmehr werden hier, wenn auch anlässlich einer konkreten Lebenssituation, die transzendentalen, also (in abwandelnder Anlehnung an Kant, *Kritik der reinen Vernunft* B 26/A 13) die allgemeinen und notwendigen, elementaren Bedingungen der Möglichkeit des Lebens und seiner optimalen (nicht: maximalen) Entfaltung und beständigen Wachstumskraft in den Blick genommen. In alttestamentlicher Perspektive geht es hier z. B. um Land als Lebensraum und Fruchtbarkeit von Menschen, Tieren und Feldern als Voraussetzung einer kraftvollen, bestimmungsmäßigen Entfaltung des Lebens (Gen 12,1–3, s. o. Leuenberger, in diesem Band, S. 59). Abstrakt und verallgemeinernd gesagt wird im Segen und Segnen der universale Wirklichkeitshorizont für alles Wirkliche und Mögliche überhaupt, das Unbedingte als tragender Seins- und Erkenntnisgrund für alles Bedingte in den Blick genommen, um an dieser Stelle auch Paul Tillichs weites Verständnis von Religion als das Ergriffensein von dem, was uns unbedingt angeht, für eine systematisch-theologische Klärung des Segensbegriffs heranzuziehen (Tillich, *Über die Idee einer Theologie der Kultur* 18). Im Rückgang auf die scholastische Transzendentalienlehre könnte man auch sagen, dass der Segen die konvertible Einheit von Wahrem, Gutem und Schönem im Sein des Seienden zum Vorschein bringt. Daher wird mit Recht der Segen und das Segnen mit dem dogmatischen Topos der »Schöpfung« verbunden (vgl. Mann 1979: 37) und als signifikanter Ausdruck der Geschöpflichkeit, des rechten Verhältnisses zwischen Schöpfer und Geschöpf interpretiert. Hierin unterscheiden sich der Segen und das Segnen auch von einer Weihe oder Weihehandlung. Denn hier werden nicht allgemeine und notwendige, ganz elementare Bedingungen der Möglichkeit des Lebens und seiner Entfaltung vermittelt, sondern besondere Qualitäten für besondere Aufgaben, bzw. es werden bestimmte

Menschen mit besonderen Qualifikationen in besondere Aufgaben eingewiesen oder mit besonderen Aufträgen versehen, auch wenn diese einzelnen bestimmten Menschen nach der reformatorischen Überzeugung von einem allgemeinen Priestertum alle (Getaufte und Glaubende) sein können.

Der Segen, das Segnen und das Verlangen, sich und andere segnen zu lassen, macht deutlich, dass sich unsere Existenz zwischen Stabilität und Fragilität, Gelingen und Scheitern, Entfaltung und Gefährdung innerhalb eines *umfassenden Seins- und Sinnzusammenhangs* vollzieht, von dessen bestimmenden Möglichkeits- und Wirklichkeitsvorgaben die Menschen zur Gestaltung ihres Lebens schlechthin abhängig sind. Daher nehmen sie diese in gottesfürchtiger Demut bis hin zur mystischen Selbst- und Willensaufgabe (vgl. Meister Eckhart, *Deutsche Predigt und Traktate* 303–309 [Predigt 32: »Beati pauperes spiritu«]) vertrauensvoll angesichts von Gottes lenkendem und erhaltendem Schaffen sowie seiner Vorsehung (*gubernatio; conservatio; providentia*) im Modus einer *creatio continua* als ihnen unverfügbare Voraussetzungen eines gelingenden Lebens ästhetisch-ethisch wahr (im ursprünglichen Sinn von griech.: αἴσθησις sowie im übertragenen Sinne der Wahrnehmung einer Vorgabe wie einer Aufgabe). Daher kann ›Segen‹ beschrieben werden als die »Erfahrung von Gottes wirkmächtigem Da- und Dabeisein« (Greiner 1998: 26), wobei zu ergänzen wäre, dass ein solches »Dabeisein« nicht als augenblickshafter, punktueller Durchbruch (griech.: καιρός) analog einer *revelatio specialis*, sondern als permanente Begleitung eher im Sinne einer oft auch unspektakulären, unscheinbaren, aber darum doch nicht selbstverständlichen *revelatio generalis* erfahren wird. So betrachtet sind Segen und Segnen Realisationen einer »Schöpfungsordnung« als Rahmenbedingung einer bestimmungsmäßigen Lebensführung als Geschöpf im Unterschied zum Schöpfer, wie sie besonders an entscheidenden Übergängen von Lebensphasen, vor allem aber am Anfang (Geburt) und Ende des Lebens (Tod) deutlich werden. Auch zum Übergang von Tag zu Nacht und umgekehrt (vgl. Luthers Formulierungen eines Morgen- und Abendsegens, EG 1995: 815; 852), zum Ausgang des Gottesdienstes – als Wechsel vom Sakralen zum Profanen – oder zu Beginn einer Reise als signifikanter Ortswechsel – bleibt dieser Charakter des Segens als »rite de passage« (vgl. dazu Heckel 2008: 1085; Cornelius-Bundschuh 2000: 93) nachvollziehbar. Gegenwärtig kann hier jedoch auch eine Tendenz zu einem inflationären oder trivialisierten Gebrauch des Segens bei allen möglichen zwar existentiell wichtigen, aber nicht unbedingt existenzialen Besonderheiten und Übergängen im Lebenslauf festgestellt werden (vgl. Cornelius-Bundschuh 2000: 93; 94). Dabei setzt sich der Segen nicht aus unterschiedlichen konkret zu benennenden und inhaltlich distinkt voneinander abzuhebenden Schöpfungsordnungen (etwa Ehe und Familie, Arbeit und Wirtschaft, Staat und Kirche) zusammen oder ist nur da zu finden, wo Menschen in der einen oder anderen »Schöpfungsordnung« leben – und außerhalb dieser gäbe es keinen Segen und kein gesegnetes Leben. Denn im Grunde gibt es nur eine einzige Schöpfungsordnung, nämlich im Sinne eines angemessenen Modus, in welcher Lebensform und in welchen Lebensumständen auch immer das Selbstverständnis als Geschöpf und der eigenen wie der anderen Geschöpflichkeit transparent werden zu lassen.

Und so, wie sich im Sinne von Hannah Arendts Konzept von »Natalität« (Arendt [1967] 2010: 16–21) niemand selbst, wohl aber andere erschaffen, ins Dasein bringen und erhalten kann, so kann sich auch niemand selbst, wohl aber andere segnen (im Unterschied auch zum Eid oder Schwur, der eine reflexive Selbstbindung des menschlichen Subjekts ist). Segen und Segnen erfordern daher eine Haltung besonnener Selbstbescheidung im Wissen *um eine letztliche Unverfügbarkeit der Bedingungen*, unter denen das Leben zu seiner gelingenden Bestimmung kommen kann, im Wissen um eine letztlich passivische Konstitution der menschlichen Existenz. So gesehen empfinden auch viele den Segen am Ende eines Gottesdienstes als einen Höhepunkt, da hier besonders deutlich wird, dass Gottesdienst nicht Dienst der Menschen vor Gott, sondern Gottes Dienst für die Menschen ist. Vor diesem Hintergrund erschließt sich auch die strukturanaloge Verbindung, die Paulus zwischen Segen und Rechtfertigung (*sola gratia*) sehen kann (Röm 3,6–9). Sprachlich kommt diese weise schöpfungstheologisch hergeleitete Begrenzung eines ins Totale ausgreifenden Autonomie- oder Autarkiekonzepts (vgl. Hildebrandt 2000: 88 f.; Frettlöh 2005: 382) schlicht dadurch zum Ausdruck, dass wohl auf Menschen und ihrem Leben Segen liegen kann, aber nicht *in* ihnen drin. Segen und Segnen ist also ein Geschehen *extra nos*, das nicht »von sich her« (griech.: φύσει; lat.: *natura sua*) aus dem eigenen inneren Wesen entstehen, sondern das vielmehr nur empfangen werden kann. Daher ist in theologischer Interpretation das Subjekt des Segens – anders als beim Gebet – nicht ein jeweils segnender Mensch mit seinen eigenen (verfügbaren) Segensmöglichkeiten, sondern es ist letztlich Gott selbst (vgl. Beyer 1935: 753), der unbedingte und unverfügbare Schöpfer als alles bestimmende Wirklichkeit, der durch die Segnenden hindurch segnet (vgl. z. B. Gen 27, insbesondere V. 38).

Im Blick auf das alttestamentliche, hebräische Wort für »Segen« und »Segnen« – בְּרָכָה *berākâ*/ ברך *brk* – könnte man unter diesem Gesichtspunkt einen sprachlichen wie sachlichen Zusammenhang mit רוּחַ *rûaḥ*: »Geist« (s. בְּרוּחַ *berûaḥ*: »im Geist [sein]«) herstellen, um so nochmals das unverfügbare lebensschaffende und -stärkende Wirken des göttlichen Geistes *extra nos* zu unterstreichen (vgl. Müller 2004: 537). Insofern ist die auch biblisch gebräuchliche Redewendung von einer Segnung Gottes durch Menschen, derzufolge Gott der Adressat und ein Mensch Subjekt des Segens ist, theologisch problematisch und höchstens als metaphorischer Ausdruck für Dank und Dankbarkeit (bis hin zur ironisierenden oder gar sarkastischen Aufforderung zur Absage an Gott und seine Fürsorge z. B. nach Hi 2,9) sinnvoll.

4. Seg(n)en als interpersonale Ausrichtung auf Gutes und Lebensförderliches

In dieser Hinsicht, bezogen auf das handelnde Subjekt, unterscheidet sich der Segen und das Segnen auch von Magie und Zauberspruch ebenso wie im Blick auf die Gerichtetheit auf die notwendigen Bedingungen der Möglichkeit des Lebens im ganzen einerseits oder auf einzelnes konkretes Wirkliches oder Mögliches andererseits. Hinzu kommt, dass Segen und Segnen – wie das Gebet und das Beten – immer auf Gutes und Lebensförderndes (allerdings in einer nicht immer zu durchschauenden Spannung zwischen

Intellektualismus und Voluntarismus hinsichtlich des Seins- wie Erkenntnisgrundes des Guten) ausgerichtet ist (vgl. Heinrich 1996: 190), Magie und Zauberspruch jedoch zum Guten wie zum Bösen, zum Nutzen wie zum Schaden ausgeübt werden kann (»weiße« und »schwarze« Magie). Einen Segen zum Schaden gibt es nicht – das wäre dann ein Fluch als kontradiktorischer Gegensatz zum Segen –, auch wenn sich das Gute nicht immer nach unserer Einsicht von dem richtet, was wir für gut halten (Intellektualismus), sondern in religiöser Perspektive von dem abhängt, was Gott für uns will (Voluntarismus). Entscheidender ist jedoch der Unterschied, der auch zur Abgrenzung von Gebet und Magie in Anspruch genommen werden kann, dass nämlich beim Segnen letztlich die Unverfügbarkeit des Segens gewahrt bleibt. Segen und Segnen funktionieren nicht *ex opere operato* (vgl. Hildebrandt 2000: 89). Segen kann daher nicht zum unverlierbar eigenen Besitz und schon gar nicht käuflich erworben werden. Segen wird gegeben, gewährt, gespendet – und er kann auch verloren gehen. Auch hierin spiegelt sich im Segen eine angemessene Verhältnisbestimmung zwischen Geschöpf und Schöpfer, denn der Schöpfergott ist in seiner Heiligkeit und Transzendenz wesentlich unverfügbar (vgl. Ex 3,14). Daher kann der Segen und das Segnen theologisch mit Recht als Wunder und als Wunderbares verstanden werden (Ulrich Mann) – nicht, weil hier in besonders spektakulären Fällen Naturgesetze durchbrochen werden, sondern weil hier in der Haltung des ehrfürchtigen Staunens die letztlich passivische Konstitution des (menschlichen) Lebens in seiner fragilen Unverfügbarkeit, aber auch in seiner solidarischen Verbundenheit mit der gesamten Schöpfung (vgl. Veijola 2000: 1128) wahrgenommen wird.

Wenn dieser Zug der Unverfügbarkeit konstitutiv zur Bestimmung des Segens und des Segnens gehört, dann folgt daraus, dass im Grunde nicht Dinge bzw. Objekte gesegnet werden können, auch wenn dies gängige religiöse Praxis ist. Denn deren Bezug zum Subjekt Mensch ist gerade durch prinzipielle, wenn auch nicht immer faktische Verfügbarkeit charakterisiert. Wohl aber sind Menschen gemäß der theologischen Bestimmung der Gottebenbildlichkeit (*imago Dei*) wie Gott durch Unverfügbarkeit ausgezeichnet (die freilich im Unterschied zur Unverfügbarkeit Gottes auch als Unberechenbarkeit sich und anderen gegenüber in Erscheinung tritt, was in theologischer Interpretation als Erkenntnisgrund von ›Sünde‹ verstanden werden kann). Darin besteht die Personalität von Menschen im Unterschied zu Dingen (vielleicht auch im Unterschied zu Tieren und Pflanzen, allerdings dann mit fließenden Grenzen im Blick auf ihre in graduellen Abstufungen vorhandene organische Selbstbezüglichkeit qua Lebendigkeit). Daher kann Segen und Segnen im Grunde nur ein interpersonales Geschehen sein: nicht Dinge segnen oder können gesegnet werden, sondern Personen segnen und können gesegnet werden (vgl. Müller 2004: 537). Und es werden im Kern auch nicht etwa Lebensformen, Berufe oder Stände als solche gesegnet, sondern Personen in bestimmten Lebensformen, Berufen oder Ständen. Somit können prinzipiell, der Möglichkeit nach alle Personen als solche (und nicht im Blick auf besondere Eigenschaften) Segen spenden und/oder Segen empfangen, und unter der Voraussetzung einer prinzipiellen Unterscheidung von Person und Werk nach reformatorischer Anthropologie dürfte auch niemandem (z. B. aus moralischen Gründen) ein Segen verweigert werden.

5. Empirische Nicht-Verifizierbarkeit

Weil Segen wesentlich unverfügbar ist – so wie die transzendentalen, also notwendigen und allgemeinen Bedingungen der Möglichkeit von etwas für dieses etwas als elementare Vorgaben seiner Existenz wesentlich unverfügbar sind –, kann Segen letztlich auch nicht empirisch experimentell überprüft, kontrolliert und nach ökonomischen oder anderen Erfolgsskalen berechnet werden. Die Tatsache, dass auch ein gesegneter Mensch Leid und Übles erfährt, Krankheit und Tod, Misserfolg und Scheitern, ist daher – analog zum Theodizeeproblem – nicht gleich ein Einwand gegen den Segen und das Segnen, wie auch umgekehrt ein sichtbarer Erfolg und Wohlstand kein eindeutiger Beleg für ein gesegnetes Leben ist (vgl. Greiner 1998: 27). Einen (nach Max Webers Interpretationen) in calvinistischer Tradition verbreiteten, seelsorgerlich vielleicht hilfreichen, aber der Sache nach problematischen *syllogismus practicus* kann es hier im Grunde nicht oder nur insofern geben, als damit ein Anlass entsteht, über Erfolg, gelingendes Leben und Glück anders als in Objekt-Kategorien der Ding- und Warenwelt, nämlich vielmehr in Existenzialien der Personalität nachzudenken. Auch ein ökonomisch oder sozial vordergründig gescheitertes Leben kann durchaus ein gesegnetes sein, ohne freilich durch solche Beschreibungen Misserfolg und Scheitern, Leid und Unglück verklären oder aus der empirischen Not eine theologische Tugend machen zu wollen. Leid und Unglück jeglicher Art ist zwar das, was ist, aber was letztlich nicht sein und daher auch nach Kräften überwunden werden soll. Segen bedeutet in diesem Zusammenhang nur, dass Gott auch im Leid und im Unglück, wenn es denn passiert, nah und da sein, auch hier als tragender Grund des Lebens erfahren und insofern Leid und Übel in das eigene Dasein (produktiv) integriert werden kann, nicht aber, dass Leid und Übel paradoxer Weise selbst ein Segen sein können, selbst wenn es im Nachhinein so von Betroffenen aufgefasst wird, wie etwa Martin Luther vom »Heiltum des Kreuzes« als ein (wenn auch nicht so gewisses) Kennzeichen der Kirche gesprochen hat (Luther, *Von den Konziliis und Kirchen* 125 f.). Doch letztlich kann – wenn überhaupt – nur jeder Mensch für sich bezüglich der eigenen Lebensumstände und eigentlich erst am Lebensende in der Rückschau (in abschiedlicher Haltung zum Beschluss des eigenen und zur Weitergabe des Lebens an andere in solidarischer Schöpfungsgemeinschaft) sagen und feststellen, ob das eigene Leben ein gesegnetes (gewesen) ist oder nicht. Vorwärts leben und rückwärts verstehen – dieses Sören Kierkegaard zugeschriebene Diktum (vgl. Cappelørn 1975: 61) kann auch und gerade für das Verständnis des Segens und des Segnens gelten. Die durch die Urteile anderer vermittelte Außenperspektive kann hier wohl ein Motiv und Anlass sein, auf die eigene gesegnete oder nicht gesegnete Existenz aufmerksam zu werden, aber sie ist nicht eo ipso maßgeblich. Der bekannte Liedvers »Lobe den Herren, der sichtbar dein Leben gesegnet [...]« (EG 1995: 316,4) ist daher als Feststellung eines Sachverhalts zwar problematisch, wohl aber im appellativen Sinne als Aufforderung zur Selbstbesinnung gerechtfertigt. Diese Relativierung der Beurteilung durch andere bei aller relationalen Angewiesenheit der menschlichen Existenz auf Intersubjektivität kommt in theologischer Perspektive nicht zuletzt durch die Vorstellung vom ›jüngsten Gericht‹ (über Gutes wie Böses) zum Ausdruck, das zuletzt eben Gott und nicht den Menschen vorbehalten ist.

Segen ist daher unbeschadet seiner Performativität nicht die empirisch eindeutige und nachprüfbare Beschreibung eines objektiven Zustandes, sondern vielmehr eine existential-hermeneutische Verhältnisbestimmung, ein Modus des sich Verstehens im Blick auf die Transparenz der jeweiligen Lebensumstände zum alles tragenden und bestimmenden Grund des Seins, ein theologisches Werturteil über den Sinn des Lebens, ein argumentationsresistenter »blik« (Richard M. Hare) auf die Welt und ihr Leben im ganzen aus der Innenperspektive – ein ästhetisches Urteil (im Sinne Kants in Abhebung sowohl von einem Erkenntnis- als auch von einem moralischen oder Geschmacksurteil nach seiner Kritik der Urteilskraft: Kant, *Kritik der Urteilskraft* § 1–4) aus der Außenperspektive.

6. Segen als präeschatisches Wohlergehen

Von besonderer systematisch-theologischer Relevanz ist nun noch eine nötige Unterscheidung zwischen Segen und Sakrament, gerade weil die bisher genannten Momente in der Abhebung des Segens und des Segnens von Wunsch, Gebet, Magie und Zauberspruch auch auf das Verständnis des Sakraments und der sakramentalen Feier zutreffen. Der entscheidende Unterschied zwischen Segen und Sakrament ist jedoch darin zu sehen, dass ein Sakrament als *medium salutis* eschatisches Heil (lat.: *salus*) durch das (sichtbare) Verkündigungswort im Glauben, der Segen aber »nur« präeschatisches Wohlergehen vermittelt, ohne selbst Verkündigung (Evangelium) und damit an den Glauben gebunden bzw. auf Glaubende beschränkt zu sein (vgl. Greiner 2004: 1130). Insofern gehört der Segen, um mit Dietrich Bonhoeffer zu sprechen, zu den »vorletzten«, nicht aber zu den »letzten Dingen«. Seine Thematisierung gehört im weitesten Sinn zum dogmatischen Topos der Gottes- und Schöpfungslehre, aber nicht oder nur indirekt zum Topos der Soteriologie und Eschatologie. Diese kategoriale Unterscheidung zwischen Heil und Segen, die in alltagssprachlichen Redewendungen, aber hin und wieder auch in theologischer Fachliteratur verwischt wird (vgl. Greiner 2004: 1136), ergibt sich konsequent aus dem bisher über Segen und Segnen Gesagten.

Segen und Segnen beziehen sich auf die ästhetisch-ethische Wahrnehmung der transzendentalen, also notwendigen und allgemeinen, ganz elementaren Bedingungen der Möglichkeit des Lebens und seiner bestimmungsgemäßen Entfaltung im Kontext der gesamten Schöpfung, wie es partikular und fragmentarisch auch je und dann wirklich wird oder wirklich werden kann. Insofern ist beim Segen der Blick nicht unbedingt auf das Zukünftige oder Jenseitige im Modus der Hoffnung gerichtet, sondern vielmehr auf das, was diesseits (vor-)gegeben und gegenwärtig ist. Eschatisches Heil meint demgegenüber jedoch die umfassende, endgültige, unangefochtene Verwirklichung des bestimmungsgemäßen Lebens, über die hinaus Größeres nicht mehr erwartet, ja noch nicht einmal gedacht werden kann, um hier eine Erläuterung des Begriffs »Eschatologie« von Wilfried Härle und Eilert Herms aufzugreifen (vgl. Härle/Herms 1979: 198), worauf wir im Modus der Hoffnung gerichtet sind.

Insofern ist es durchaus sinnvoll, das Segenshandeln Gottes von seinem Rettungshandeln zu unterscheiden (Westermann 1968). Segen ist das Heil Gottes im vorläufigen Prozess der »Essentifikation« (nach Friedrich W.J. Schelling und Paul Tillich), einer zunehmenden und kontinuierlichen Entwicklung der wesentlichen Bestimmung (lat.: *essentia*) des geschöpflichen Lebens für alle Menschen, und nicht nur für Gläubige oder Auserwählte, auch nicht nur als »Mitgesegnetsein mit Israel«, wie es Magdalene L. Frettlöh im Anschluss an Friedrich-Wilhelm Marquardt sieht (vgl. Frettlöh 2005: 340–345), ja für alles Lebendige überhaupt. Eschatisches Heil meint dagegen das letzte und endgültige Ziel dieses Prozesses, das durch das diskontinuierliche Rettungshandeln Gottes *sola gratia* ermöglichte Erreichen der Essenz, der wesentlichen Bestimmung. Ob auch hier alle Menschen, ja alles Lebendige überhaupt eigeschlossen ist, hängt von der jeweils leitenden eschatologischen Vorstellung vom ›jüngsten Gericht‹ und seinen Ausgängen ab (doppelter Ausgang; Allversöhnung; *annihilatio*). Daher kann ein Leben solange als ein gesegnetes – trotz aller dann in ihrer Bedingtheit zu relativierenden

Erfahrungen von Leid und Übel – bezeichnet werden, als immer noch im Modus einer Horizonterweiterung Lebensmöglichkeiten zur Verwirklichung der je eigenen Bestimmung dankbar gesehen werden und die eigene Existenz insgesamt als sinnvoll wahrgenommen werden kann. Ein Leben ist gesegnet, solange Menschen in ihrem Leben und in ihren Lebensumständen »die Rose im Kreuz der Gegenwart« sehen können (nach Hegel, *Grundlinien der Philosophie des Rechts* 26). Wird dieser Blick getrübt oder werden diese Horizonte verstellt, wird der Dank von der Klage, das ehrfürchtige Staunen von der Resignation oder Verzweiflung verdrängt, können Leid und Übel in ihrer destruktiven Kraft nicht mehr (produktiv) ins eigene Dasein integriert und aufgehoben werden, dann kann ein Leben nicht (mehr) als gesegnet gelten. Ein gesegnetes Leben ist ein sinnvolles Leben – ein Leben dagegen, das sich selbst als sinnlos wahrnimmt, ist ein ungesegnetes Leben. Dabei muss allerdings deutlich zwischen Sinn als existenzial-hermeneutischer Kategorie »innere[r] Erfülltheit« (Hildebrandt 2000: 91) und Zweck als (gesellschaftlich oder ökonomisch) funktionaler Kategorie unterschieden werden. Ein disfunktionales (gesellschaftlich oder ökonomisch) ineffektives Leben kann durchaus sinnvoll – und ein funktionales (gesellschaftlich oder ökonomisch effektives) Leben kann durchaus sinnlos sein.

Segen und Segnen vermitteln die lebensfördernde und lebenserhaltende Nähe Gottes im ambivalenten Alltag (vgl. Veijola 2000: 78) mit seinen Aufs und Abs, sie bieten – analog zum diakonischen Handeln (vgl. Greiner 2004: 1130) – Schutz, Heilung, Stärkung und Frieden im Blick auf ein gelingendes Leben in solidarischer Schöpfungsgemeinschaft mit Gottes Beistand in dieser Welt. Sakramente aber vermitteln die erlösende Nähe Gottes in eindeutiger, endgültiger, eschatischer Gewissheit für das ewige Leben. Trotz dieses Unterschieds gehören Segen und Sakrament aber auch wiederum in einen gemeinsamen Verweisungszusammenhang. Sie beziehen sich aufeinander wie Bild und Abgebildetes oder wie Gleichnis und Verglichenes (nicht im Sinne postmoderner Medientheorie, sondern im Sinne neuplatonischer Ontologie). Segen ist so gesehen das (immer noch abständige) Bild oder das Gleichnis des eschatischen Heils, gleichsam essentielles Sein unter den Bedingungen der Existenz, um mit Paul Tillichs Begriffen zu sprechen. Heil dagegen ist existentielles Sein unter den Bedingungen der Essenz. Nach Søren Kierkegaards Auslegung von Jak 1,17–22 könnte man den Segen daher inhaltlich als »alle gute Gabe« verstehen, die »vom Himmel herab« kommt und sich auf Erden als Friede, Schönheit, stille Festlichkeit, Wahrheit und Gerechtigkeit zeigt (vgl. Kierkegaard, *Erbauliche Reden* 22 f.). In dieser Hinsicht ist Segen die Spiegelung des Himmels im Erdenleben (vgl. ebd. 23), alttestamentlich personifiziert in der Gestalt des Joseph, dem schönen Idealbild einer weisen Lebensführung (Gen 37–50), die auch auf den sozialen Kontext zur Beförderung des Guten bei Freund und Feind ausstrahlt (vgl. Gen 39,2.5.21).

Die analoge Unterscheidung zwischen Segen und Heil, Schöpfung und Erlösung, Proton und Eschaton bildet den dogmatischen Hintergrund dafür, dass Segen und Segnen im Grunde und phänomengerecht als synergistisches, Heil und Erlösung dagegen als monergistisches Geschehen *sola gratia* verstanden werden können (vgl. Frettlöh 2005: 23 f.). So, wie Menschen als Geschöpfe Gottes im Blick auf die Erhaltung und Gestaltung der Welt als Schöpfung Mitarbeiter Gottes (*cooperatores Dei* nach Martin Luther) im Rahmen seiner Lenkung, Erhaltung und Vorsehung sein können, so wirken sie auch beim Segen und beim Segnen positiv wie negativ mit: Menschen können mitverantwortlich etwas für den Segen, seine Ausbreitung und seinen Bestand tun, auch wenn sie letztlich nicht über ihn verfügen können, auch wenn das Subjekt des Segens und des Segnens letztlich Gott selbst ist. Das Wohlergehen der Menschen ist so gesehen »weder eigenes Verdienst noch zufällig oder die Laune eines blinden Schicksals […], sondern Ausdruck der gnädigen Begleitung Gottes« (Hildebrandt 2000: 90). Menschen können den Segen aber auch behindern oder ersticken. Daher stellt die alttestamentliche Weisheitsliteratur den Segen in einen letztlich theonomen Tun-Ergehen-Zusammenhang bei der Gestaltung alltäglicher Lebensabläufe. Das Handeln Gottes im Segen kann als notwendige Bedingung der Möglichkeit des Handelns der Menschen aufgefasst werden, so dass die kategoriale Verschiedenheit, aber auch die synergistische Zusammengehörigkeit von Gott und Mensch im segnenden Handeln zur Geltung gebracht werden kann. So gesehen ist der Segen und das Segnen – gerade als »rite de passage« an entscheidenden Wendepunkten des Lebens – ein (geistgewirkter) Appell an ein Umdenken, ein Überdenken, eine Umkehr (griech.: μετάνοια, traditionell mit »Buße« übersetzt), für die und deren Auswirkungen Menschen auch eine (sozial-)ethische Verantwortung tragen. Diese durchaus auch gesellschaftskritisch relevante Umkehr angesichts einer deutlichen Wahrnehmung des Unterschieds »zwischen gottgewollter und vorfindlicher Lebenswirklichkeit« (Frettlöh 2005: 380) vollzieht sich zum einen als Abkehr von allem Unwesentlichen, Zerstreuenden und Akzidentellen, und zum anderen als Hinwendung zum Wesentlichen und Substantiellen des Daseins als Prozess einer Essentifikation.

Die Betonung ihres synergistischen Charakters macht nun allerdings auch deutlich, dass Segen und Segnen nicht im strengen Sinne christologisch interpretiert werden sollten, sofern Christologie in erster Linie eine Funktion der Soteriologie ist und diese wiederum das alleinige Heils- und Rettungshandeln Gottes thematisiert. Von einem dezidierten Segen Christi (Röm 15,29) z.B. als ein Segen des Kreuzes im Unterschied zu einem Schöpfungssegen Gottes zu sprechen oder im Namen Christi des Erlösers und Retters zu segnen, ist daher theologisch zwar aufgrund einer trinitätstheologisch begründeten Schöpfungsmittlerschaft Christi sinnvoll, im Blick auf das Erlösungshandeln Gottes in Jesus Christus aber eine interpretationsbedürftige, letztlich problematische Ausweitung, wenn auch zur Unterstreichung des Zusammenhangs von Schöpfung und Erlösung bedenkenswert – so z.B. Martin Luthers trinitätstheologische Auslegung des aaronitischen Segens in WA 30/3: 572–582 oder seine dihairetisch-synthetische Unterscheidung zwischen einem »leiblichen« und einem »geistlichen« Segen etwa bei seiner Auslegung der vierten Bitte des *Vater unser* im Großen Katechismus (vgl. dazu Greiner 1998: 214 f.). Dennoch ist Segen nicht identisch mit Seligkeit, obgleich das eine dann durchaus Oberbegriff für das andere (und umgekehrt) sein könnte und sachlich der Segen »im ewigen Heil zur Vollendung« kommt (Heckel 2008: 1086). Bei einer allzu engen Zusammenführung von präeschatischem Segen und eschatischem Heil besteht allerdings die Gefahr, dass entweder das eine oder das andere absorbiert, nivelliert oder teleologisch suspendiert wird. Phänomengerechter und auch systematisch-theologisch stimmiger ist dagegen in diesem Fall eine deutliche Unterscheidung, wenn auch keine Trennung – analog zur lutherischen Bestimmung des Verhältnisses von »Gesetz« und »Evangelium« (vgl. Greiner 1998: 239). Daher wird ein gesegnetes Leben wohl nicht eschatisch verloren gehen, aber ein nicht gesegnetes Leben dennoch eschatisch gerettet werden können.

7. Segen in der ›vorletzten‹ Zeit der Postmoderne

Wenn nun aber in Zeiten der Gottesferne das Reden vom eschatischen Rettungshandeln Gottes in Jesus Christus aus bestimmten o. g. Gründen fragwürdig, zweifelhaft und problematisch geworden ist und alles zeitlich oder qualitativ ›Letzte‹ (eschatische) skeptisch eingeklammert oder ausgesetzt wird (wie es z.B. auch ein Kennzeichen der gegenwärtigen ›Postmoderne‹ ist), dann wird im umgekehrten ontologischen Ranggefüge das Präeschatische, das Bild, das Gleichnis wichtiger und lebensweltlich zugänglicher als das Eschatische, das Abgebildete oder das Verglichene – somit auch die Rede vom Segen zugänglicher als die vom Heil. Vor diesem Hintergrund ist auch ein feststellbares zunehmendes Bedürfnis von kirchennahen wie kirchenfernen Menschen nach Segenshandlungen zu den unterschiedlichsten Anlässen, insbesondere im Blick auf Krankheit, Heilung und Gesundheit, erklärlich (vgl. Frettlöh 2005: 11.15) ebenso wie der empirische Befund von Umfragen, dass vielen Gottesdienstbesuchern der Segen zum Ausgang mehr bedeutet als etwa die Predigt (vgl. Pohl-Patalong 2011: 161 f.). Daher rückt in einer an biblischen Weisheitstraditionen orientierten, sapientialen systematisch-theologischen Erörterung, die eine solche zunehmende Erfahrung von Gottesferne heute rekonstruiert und reflektiert, das Thema ›Segen‹ und ›Segnen‹ mehr und mehr in den Vordergrund. Auf diese Weise wird auch die oftmals festgestellte oder beklagte Marginalisierung des Themas in der Systematischen Theologie (vgl. Mann 1979: 91 f.) vor dem Hintergrund eines so nicht mehr überzeugenden, offenbarungstheologisch begründeten, aber eigenschaftslosen eschatologischen Gewissheitspathos aufgehoben. Daher ist diese Segens-Vergessenheit weniger ein Ausdruck von Naturmissachtung oder gar Leibfeindlichkeit in Theologie und Kirche (vgl. Frettlöh 2005: 18 f.), sondern eher eine Folge von Eschatologie-Versessenheit. Wenn dann aber der eindeutige Bezug des Vorletzten zum Letzten wegen dessen uneindeutiger Wahrheitsansprüche nicht (mehr) gegeben und nur noch das Vorletzte lebensweltlich zugänglich ist, dann vermitteln Segen und Segnen die Gegenwart nicht mehr des nahen, sondern des verborgenen und fernen Gottes in das individuell-persönliche, alltägliche Leben der Menschen im Kontext von Natur und Gesellschaft hinein – analog zur hermeneutischen Brückenfunktion der Engel in Zeiten zunehmender Gottesferne. So sorgen Segen und Segnen noch für eine Sakralisierung des Alltags (vgl. Thole 2004: 1129) bei zunehmender Profanisierung oder Sinnentleerung des Religiösen in seinen theologischen Hochformen von metaphysischen Letztbegründungen.

Inhaltlich betrachtet steht der Segen dann für den Sinn, den Wert, den Erfolg, das ganzheitliche Gelingen und Glücken des (menschlichen) Lebens angesichts seiner vielfältigen Ambivalenzen. In der hebräischen (alttestamentlichen) Tradition kann dies mit שָׁלוֹם *šālôm* (Frieden) wiedergegeben werden, was nicht nur Abwesenheit von Krieg und Gewalt meint, sondern die positive Entfaltung aller Lebensmöglichkeiten innerhalb einer Schöpfungsgemeinschaft. In der antik-philosophischen Tradition kann dies mit εὐδαιμονία (Glückseligkeit) oder *beatitudo* (Glück) in einer epikureische, stoische sowie augustinisch-neuplatonische Aspekte aufnehmenden Dreieinigkeit von Sinnenfreude (griech.: ἡδονή), Tugendhaftigkeit (griech.: ἀρετή) und Wahrheit (griech.: ἀλήθεια) zum Erreichen von ausgeglichener Seelenruhe (griech.: γαλήνη), furchtloser Unerschütterlichkeit (griech.: ἀταραξία) und schöner, auf das Wesentliche konzentrierter Lebensführung jenseits der Extreme von Askese einerseits und Maßlosigkeit andererseits (griech.: καλῶς ζῆν) zusammengefasst werden (vgl. Epikur, *Brief an Menoikeus*; Seneca, *De vita beata*; Augustinus, *De beata vita*). So gesehen zeigen Segen und Segnen – gegen ein Diktum von Theodor W. Adorno (vgl. Adorno 1951: 43) –, dass durchaus ein richtiges Leben im falschen möglich und – mit Georg W. F. Hegel zu sprechen (vgl. Hegel, *Grundlinien der Philosophie des Rechts* 24) – das Vernünftige im Wirklichen zu finden ist. Und so verbindet sich die gegenwärtige Relevanz des Themas »Segen und Segnen« mit der zunehmenden Relevanz des lange vernachlässigten und oft beargwöhnten Themas »Glück« in der (systematischen) Theologie (vgl. Lauster 2003; Claussen 2005).

Dabei liegt eine Besonderheit des biblisch-theologischen Verständnisses von Segen und Segnen im Unterschied zu antikphilosophischen eudaimonia-Konzepten darin, dass hier nicht individuelles Lebensglück entpolitisiert gegen oder unabhängig vom gesellschaftlichen Wohl gestellt oder in dezidierter, elitärer, angestrengter Abständigkeit von der ›Masse‹ bei Hochschätzung des Ideals der Freundschaft (griech.: φιλία) gesucht, sondern ein ethisch-religiöser Zusammenhang des Selbst-, Welt- und Gottesverhältnisses in den Blick genommen wird, der nicht hergestellt, wohl aber vorgefunden und aufmerksam im Blick auf die elementaren und essentiellen Erfordernisse der Gegenwart in eidetischer Reduktion auf Beständigkeit und Erfüllung im Geist der Liebe (griech.: ἀγάπη) gestaltet werden kann.

Quellen- und Literaturverzeichnis

1. Quellen

Adorno 1951: Adorno, Theodor W.: *Minima Moralia. Reflexionen aus dem beschädigten Leben*, Berlin u. a. 1951.

Arendt 2010: Arendt, Hannah: *Vita activa oder vom tätigen Leben* (1967), München 2010^9.

Augustinus, Aurelius: *De beata vita*/Über das Glück (lat.-deutsch), hg. und übers. von Ingeborg Schwarz-Kirchenbauer/Willi Schwarz, Stuttgart 1982.

Bultmann 1980: Bultmann, Rudolf: *Welchen Sinn hat es, von Gott zu reden?* (1925), in: ders.: Glauben und Verstehen I, Tübingen 1980^8, 26–37.

Cicero, M. Tullius: *De natura deorum*/Über das Wesen der Götter, lat.-deutsch, hg. und übers. von Ursula Blank-Sangmeister, Stuttgart 1995.

Epikur, *Brief an Menoikeus*, in: ders.: Briefe, Sprüche, Werkfragmente, griech./deutsch, herausgegeben und übersetzt von Hans-Wolfgang Krautz, Stuttgart 1980, 40–51.

Hegel, Georg W. F.: *Grundlinien der Philosophie des Rechts* (1821), hg. von Eva Moldenhauer/Karl Markus Michel, Theorie Werkausgabe, Bd. 7, Frankfurt a. M. 1970.

Kant, Immanuel: *Kritik der reinen Vernunft* (1781), hg. von Wilhelm Weischedel, Theorie Werkausgabe, Bde. 3 u. 4, Frankfurt a. M. 1968.
Kant, Immanuel: *Kritik der Urteilskraft* (1790), hg. von Wilhelm Weischedel, Theorie Werkausgabe, Bde. 9 u. 10, Frankfurt a. M. 1968.
Kierkegaard, Søren: *Erbauliche Reden* (1843/44), Gesammelte Werke, hg. von Emmanuel Hirsch/Hayez Gerdes, 7., 8., u. 9. Abt. GTB 6066, Gütersloh o. J.
Luther, Martin: *Morgensegen, Abendsegen*, in: Evangelisches Gesangbuch. Ausgabe für die Nordelbische Evangelisch-Lutherische Kirche, Hamburg/Kiel 1995², Nr. 815; 852.
Luther, Martin: *Von den Konziliis und Kirchen* (1539), in: Hans H. Borchert/Georg Merz (Hg.): Martin Luther. Ausgewählte Werke, Erg.-Reihe Bd. 7, München 1963³.
Meister Eckhart: *Deutsche Predigten und Traktate*, hg. und übers. von Josef Quint, München 1978⁵.
Platon: *Philebos*, Platon – Werke, Bd. 7 (griech.-deutsch), hg. von Gunther Eigler, Darmstadt 1990, 255–443.
Seneca, Lucius Annaeus: *De vita beata*/Über das glückliche Leben, in: ders.: Philosophische Schriften (lat.-deutsch), Bd. 2, hg. von Gunther Eigler, Darmstadt 1982, 1–77.
Schleiermacher, Friedrich Daniel Ernst: *Der christliche Glaube* (1821/22), hg. von Hermann Peiter, Bd. 1, Berlin/New York 1984.
Tillich, Paul: *Über die Idee einer Theologie der Kultur* (1919), in: ders.: Die religiöse Substanz der Kultur, GW IX, hg. von Renate Albrecht, Stuttgart 1975², 13–31.

2. Sekundärliteratur

Beyer 1935: Beyer, Hermann W.: Art. εὐλογέω κτλ., ThWNT 2, Stuttgart 1935, 751–763.
Cappelørn 1975: Cappelørn, Niels J.: Kierkegaards eigener »Gesichtspunkt«: »Vorwärts zu leben, aber rückwärts zu verstehen«, NZSTh 17 (1975), 61–75.
Claussen 2005: Claussen, Johann H.: Glück und Gegenglück. Philosophische und theologische Variationen über einen alltäglichen Begriff, Tübingen 2005.
Cornelius-Bundschuh 2000: Cornelius-Bundschuh, Jochen: Art. Segen/Segen und Fluch, VI. Praktisch-theologisch, TRE 31, Berlin/New York 2000, 93–96.
Frettlöh 2005: Frettlöh, Magdalene L.: Theologie des Segens. Biblische und dogmatische Wahrnehmungen, Gütersloh 2005⁵.
Greiner 1998: Greiner, Dorothea: Segen und Segnen. Eine systematisch-theologische Grundlegung, Stuttgart u. a. 1998.

Systematische Theologie

Greiner 2004: Greiner, Dorothea: Art. Segen und Fluch, V. Theologiegeschichtlich und dogmatisch, RGG⁴ 7, Tübingen 2004, 1136–1137.

Härle/Herms 1979: Härle, Wilfried/Herms, Eilert: Rechtfertigung. Das Wirklichkeitsverständnis des christlichen Glaubens, Göttingen 1979.

Heckel 2008: Heckel, Ulrich: Art. Segen, TRT 3, Göttingen 2008⁵, 1082–1086.

Heinrich 1996: Heinrich, Klausjürgen: Segen, EKL 4, Göttingen 1996³, 190–194.

Hildebrandt 2000: Hildebrandt, Bernd: Art. Segen/Segen und Fluch, V. Dogmatisch, TRE 31, Berlin/New York 2000, 88–93.

Kauer-Hain 2005: Kauer-Hain, Monika: Die Relativierung des Bedingten. Systematische Erwägungen zum Gebet bei Paul Tillich, Münster 2005.

Knobloch 2004: Knobloch, Stefan: Art. Segen/Segnung praktisch-theologisch I, RGG⁴ 7, Tübingen 2004, 1128.

Lauster 2003: Lauster, Jörg: Die Rückkehr des Glücks, ZEE 47 (2003), 248–263.

Maier 2000: Maier, Bernhard: Art. Segen/Segen und Fluch, I. Religionsgeschichtlich, TRE 31, Berlin/New York 2000, 75–76.

Mann 1979: Mann, Ulrich: Das Wunderbare (HST 17), Gütersloh 1979.

Müller 2004: Müller, Hans M.: Art. Segnung, LKSR 3, hg. von Axel Frhr. v. Campenhausen u. a., Paderborn u. a. 2004, 537.

Pezzoli-Olgiati 2004: Pezzoli-Olgiati, Daria: Art. Segen und Fluch, I. Religionsgeschichtlich, RGG⁴ 7, Tübingen 2004, 1131–1132.

Pohl-Patalong 2011: Pohl-Patalong, Uta: Gottesdienst erleben. Empirische Einsichten zum evangelischen Gottesdienst, Stuttgart 2011.

Rosenau 2012: Rosenau, Hartmut: Vom Warten. Grundriss einer sapientialen Dogmatik, Berlin 2012.

Thole 2004: Thole, Reinhard: Art. Segen/Segnung praktisch-theologisch II, RGG⁴ 7, Tübingen 2004, 1129.

Veijola 2000: Veijola, Timo: Art. Segen/Segen und Fluch, II. Altes Testament, TRE 31, Berlin/New York 2000, 76–79.

Westermann 1968: Westermann, Claus: Der Segen in der Bibel und im Handeln der Kirche, München 1968.

3. Literaturhinweise zum vertiefenden Studium

Frettlöh, Magdalene L., Theologie des Segens. Biblische und dogmatische Wahrnehmungen, Gütersloh 2005⁵.

Greiner, Dorothea: Segen und Segnen. Eine systematisch-theologische Grundlegung, Stuttgart u. a. 1998.

Rosenau, Hartmut, Vom Warten. Grundriss einer sapientialen Dogmatik, Berlin 2012.

Praktische Theologie

Ulrike Wagner-Rau

Unverbrüchlich angesehen –
Der Segen in praktisch-theologischer Perspektive

1. Segen als religiöse Praxis in der Spätmoderne

Die Aufmerksamkeit für die Theologie und Praxis des Segnens ist in den letzten beiden Jahrzehnten stetig gestiegen. Lange wurde – und teils gilt dies bis in die Gegenwart – der Segen in der wissenschaftlichen evangelischen Theologie als ein eher unspezifisches – und insofern weniger zentrales – religiöses Ritual angesehen. Gründe dafür sind, dass der Segen in anderen Religionen ebenso geübt wird wie im Christentum, dass er im Verdacht steht, als eine »magische« Handlung missverstanden zu werden und – vor allem –, dass er der reformatorischen Konzentration auf die Rechtfertigung des sündigen Menschen nicht zu entsprechen scheint. Magdalene Frettlöh spricht deshalb vom *Segensschweigen* der evangelischen Dogmatik (Frettlöh 1998: 15). Mittlerweile hat sich die Perspektive in mancher Hinsicht verwandelt. Der Segen ist in den Blick gerückt als eine religiöse Praxis, die von den meisten Menschen als sehr bedeutsam empfunden wird, die sich unmittelbar verknüpft mit zentralen Themen des Alltags und die theologisch vielschichtig reflektiert und mit reformatorischen Grundeinsichten in Verbindung gebracht wird. Folgende Aspekte sind aus praktisch-theologischer Perspektive zentral für diese *Neubewertung des Segens*:
- Der Segen ist *ein Ritual der Zuwendung*, das den Menschen in ihrer Existenz Lebensrecht und Akzeptanz unverbrüchlich zuspricht. Damit antwortet es auf den beunruhigenden Zwang zur Selbstreflexivität, dem die Einzelnen in der individualisierten

und pluralisierten Gesellschaft nicht entkommen können. Die Freiheitsgewinne der Spätmoderne, die den Menschen aus den Zwängen sozialer Festlegungen und selbstverständlicher Zuordnungen entlassen hat, sind zugleich erkauft mit einer Verunsicherung im Blick auf die Frage, wie man leben solle (Beck/Beck-Gernsheim 1994). Die Einzelnen sind beständig konfrontiert mit der Frage, ob sie den Anforderungen in Beruf und Privatleben entsprechen können und ob sie in ihrer Individualität respektiert werden. Für jeden Menschen ist es entscheidend, Anerkennung zu erfahren in den Begegnungen mit Anderen ebenso wie in gesellschaftlichen und rechtlichen Strukturen, die das Leben neben den individuellen und privaten Ressourcen formen (Honneth 1994). Dem erhöhten Zwang, sich mit der eigenen Lebensgestalt auseinanderzusetzen und dafür Verantwortung zu übernehmen, begegnet der Segen mit dem unbedingten Zuspruch Gottes, der das je individuelle Leben fundiert.

– Mit der Individualisierung der Gesellschaft insgesamt subjektiviert sich auch die Religion. Die selbstverständliche Prägung durch die traditionell gegebenen Formen des christlichen Glaubens verliert sich. Die Präsenz unterschiedlicher Religionen in der Kultur ist zur Normalität geworden. Die Einzelnen entscheiden selbst, ob und wie sie religiös sein wollen, welche Religionslehren ihnen plausibel erscheinen und wie sie ihre religiöse Praxis gestalten. In diesem Zusammenhang schätzen viele Menschen religiöse Angebote, deren inhaltliche Substanz nicht zu einer eindeutigen Stellungnahme zwingt. Ihre Suche gilt deutungsoffeneren Ausdrucksgestalten des Glaubens, die dazu anregen, sie von den jeweiligen Lebensthemen her mit Sinn und Bedeutung zu füllen und sie auf die eigene Lebenswelt zu beziehen. Der Segen ist ein solches *deutungsoffenes Ritual*, das alles andere als inhaltsleer, aber offen dafür ist, aus unterschiedlicher Nähe oder Ferne zum christlichen Glauben auf verschiedene Weise empfangen und rezipiert zu werden.

– Diese Deutungsoffenheit steht in einer engen Verbindung zur *ästhetischen Qualität* des Segnens: Es ist ein körperbezogenes Ritual, bei dem die sinnliche Resonanz der gebenden und der empfangenden Person eine wichtige Rolle spielt. Der Segen wird in poetischen Worten, unter Umständen auch in musikalischer Form zugeeignet. Er berührt den Menschen in seiner Bezogenheit auf sich selbst, auf das Gegenüber, auf Gott. In dieser Intensität des Erlebens aber zwingt er nicht zu einem spezifischen Bekenntnis, sondern man kann ihn sich gefallen lassen und ihn auf je eigene Weise – ausgesprochen und unausgesprochen – mit Bedeutung erfüllen.

In der evangelischen Tradition gilt der Segen vor allem den Menschen. Aber auch Sachen werden gesegnet. Wer z. B. das tägliche Brot segnet, nimmt es auf eine bestimmte Weise in Gebrauch. Es wird als eine Gabe Gottes mit Dank angenommen und gegessen im Bewusstsein der Verantwortung für die Nächsten. Das Brot wird durch den Segen nicht verwandelt, sondern sein Verzehr wird geheiligt. Der Segen gilt nicht dem Ding an sich, sondern seinem gesegneten Gebrauch durch die Menschen. Dieses Verständnis des Segens hängt mit dem Verständnis seiner Wirksamkeit zusammen. Denn wenn die Überzeugung ernst genommen wird, dass nicht der segnende Mensch den Segen spendet, sondern Gott, kann man nicht von einer im schlichten Sinn magischen Verwandlung der Wirklichkeit sprechen, die sich im Akt des Segnens vollzieht. Eine solche Vorstellung – z. B. dass durch den Segen ein Mensch vor allem Unglück geschützt werde – würde der Unverfügbarkeit Gottes ebenso widersprechen wie der Realitätserfahrung. Gleichwohl kann man nicht leugnen, dass der Segen im kommunikativen Vollzug eine Wirksamkeit hat, dass das Segnen die Erfahrung von Wirklichkeit verwandelt. Diese wirksame Dimension des segnenden Handelns, die aber keinen magischen Automatismus beinhaltet, wird mit dem kulturwissenschaftlichen Begriff der Performanz eingeholt (Fischer-Lichte 2004). Indem Menschen die Worte und Gesten des Segens vollziehen, treten sie in einen Prozess ein, der sie auf eine spezifische Art und Weise zu Gott, zu sich selbst und zur umgebenden Wirklichkeit ins Verhältnis setzt. Im performativen Handeln und Sprechen verwandelt sich die Welt, obwohl sie sich in vieler Hinsicht gleich bleibt.

2. Wie segnen? Der Vollzug des Segens

Charakteristisch für den Vollzug des Segnens ist *das Ineinander von Wort – gesprochen oder gesungen – und Geste*, die in *eine dichte Beziehungserfahrung* eingebettet sind. Der Segen konstituiert eine Beziehung zwischen Gott und den Menschen. Er inszeniert den Glauben, dass Gott sich den Menschen zuwendet. Diese Verbindung zwischen Gott und den Menschen vermittelt sich durch eine Beziehungsaufnahme und Zuwendung unter Menschen, die in Berührung, Körperausdruck und/oder Blickwechsel und gleichzeitigem Segenswort zum Ausdruck kommt. Nicht zuletzt diese Gleichzeitigkeit von sprachlicher und körperlicher Kontaktaufnahme erklärt, dass der Segen als *intensive kognitive, emotionale und leibliche Erfahrung* wirkt. Körperliche und geistige Eindrücke und emotionale Reaktionen verstärken und deuten einander wechselseitig (Greiner 1998: 34–42).

Kurze, geprägte Segensworte sind z. B. »Gott segne dich«, »Sei behütet«, »Gott mit dir«. Die längeren Formeln werden vor allem im Gottesdienst gebraucht. Sie zu sprechen setzt eine größere Vertrautheit mit der christlichen Tradition voraus, so vor allem der klassische *trinitarische Segen* (»Es segne euch der allmächtige Gott, der Vater, der Sohn und der Heilige Geist«) und der *aaronitische Segen* (Num 6,24–26). Aber sowohl in der privaten wie in der öffentlichen Segenspraxis sind auch alternative und freie Formulierungen gebräuchlich.

Zu unterscheiden sind der *Segenswunsch* oder die *Bitte um Segen* (»Wir bitten dich, Gott, um deinen Segen ...«) und der Segen, der durch die Sprachform des Jussiv gekennzeichnet ist: »Gott segne dich!« Das Segensgebet artikuliert die Bedürftigkeit und die Sehnsucht nach Segen. In der Jussiv-Formulierung hingegen stellt sich die potenzielle und verheißene Erfüllung dieser Sehnsucht dar. Der Mensch kann Gott zwar nicht befehlen, ihn zu segnen, aber im Segen nimmt er Gottes Versprechen in Anspruch. Im performativen Akt erfährt er Vergewisserung im Blick auf die Einlösung dieser Zusage. Sie gewinnt an Realität, ohne dass sie damit in die Verfügbarkeit des Menschen gestellt würde.

Das Segnen ist oft auf unterschiedliche Weise mit einer direkten *körperlichen Berührung* verbunden: Eine oder beide Hände werden auf den Kopf des zu segnenden Gegenübers gelegt. Möglich – und in mancher Seelsorgesituation angemessen, weil zurückhaltender – ist es auch, die Schulter oder die Hand zu berühren. Im Traugottesdienst wird der Segen zuweilen so gesprochen, dass der Pfarrer oder die Pfarrerin die Hand auf die zusammengefügten Hände des Paares legt. Wenn eine Gruppe einander segnet, können die Menschen sich bei der Hand nehmen oder jeweils die Schulter oder den Rücken des Nachbarn oder der Nachbarin berühren, um die Zusammengehörigkeit und wechselseitige Zuwendung erlebbar zu machen. Eine solche unmittelbare körperliche Berührung, insbesondere unter Menschen, die sich im Alltag nicht selbstverständlich verbunden sind, ist etwas Ungewöhnliches. Sie hebt die Erfahrung des Segnens aus dem sonstigen Erleben hinaus, macht sie aber auch *ambivalent*. Viele empfinden es als wohltuend, wenn sie mit Achtung und Behutsamkeit, aber zugleich mit spürbarer Wärme berührt werden. Für manche Menschen überschreitet eine solche Handlung unter Fremden hingegen die Schranken der Intimität oder rührt die Berührung gar an die Angst vor Übergriffen. Auch unter Vertrauten ist die Berührung beim Segen etwas Besonderes bzw. kann es von Fall zu Fall werden. Fulbert Steffensky beschreibt plastisch, wie die alltägliche, ganz normale Segnung, die er als Kind durch seine Mutter erfahren hat und die er hinnahm wie das Zähneputzen, in speziellen Situationen zu einer ganz außerordentlichen und eindrücklichen Erfahrung wurde (Steffensky 1993: 3).

Verstärkt wird die segnende Berührung durch den *Blickkontakt*. Auch hier muss man mit einer ambivalenten Rezeption solcher Nähe rechnen: Menschen können sich ebenso freundlich angesehen und wahrgenommen wie auch aufdringlich betrachtet fühlen.

Das *Auflegen der Hände* ist in der Bibel viele Male bezeugt. Es ist eine der ältesten kultischen Gebärden, die Menschen praktiziert haben. In ihr mischen sich das Motiv der Übertragung von Kraft und Eigenschaften des Empfängers mit dem einer Bemächtigung durch den Segnenden (Bieritz 2004: 225). Diese *Ambiguität des Phänomens zwischen Kraftübertragung und Unterwerfung* bietet eine zusätzliche Erklärungsmöglichkeit dafür, dass nicht jeder Mensch sich einem Segen unterziehen möchte.

Im öffentlichen Gottesdienst segnet der/die Geistliche, indem die Arme mit zur Gemeinde hin geöffneten Händen erhoben werden. Das ist von ihrem Ursprung her eine priesterliche Geste, durch die erkennbar wird, dass der Pfarrer oder die Pfarrerin nicht selbst den Segen spendet, sondern in dieser Situation zum Medium wird, durch das der Segen Gottes an die Gemeinde weitergegeben wird. So kann man auf Grabsteinen der Angehörigen des jüdischen Priesterstammes der Kohanim, die als Nachkommen Aarons gelten, Abbildungen der Geste der geöffneten Hände sehen, die mit dem Sprechen des aaronitischen Segens verbunden war. Im evangelischen Gottesdienst – allerdings nicht in der reformierten Tradition – wird diese Geste bei den Worten »und gebe dir Frieden« mit dem Kreuzeszeichen abgeschlossen: der vom Wortlaut her jüdische Segen wird christologisch gedeutet. Die erhobenen Hände werden im Christentum seltener auf den jüdischen Priestersegen bezogen, sondern vor allem als eine an das Kollektiv gerichtete Handauflegung verstanden (Bieritz 2004: 225).

In der christlichen Kirche hat sich das Segnen insgesamt früh mit dem *Kreuzeszeichen* – und das heißt: mit dem *Verweis auf Christus* – verbunden. Das Kreuz wurde mit dem Daumen auf die eigene Stirn oder die des anderen gezeichnet. Auch der Mund konnte so signiert und gereinigt werden, z. B. vor einer Schriftlesung. Beim sogenannten »großen Kreuz« zeichnen die Gläubigen das Kreuz in den eigenen Körper ein, indem sie mit den ausgestreckten Fingern der rechten Hand eine Senkrechte von der Stirn zur Brust und eine Waagerechte von linker zu rechter Schulter ziehen (Bieritz 2004: 226–228). In dieser Praxis vollzieht man die performative Handlung gewissermaßen an sich selbst, und der Mensch zeichnet durch eigenes Handeln den Grund und das Maß seiner Existenz in Gott ins Körpergedächtnis ein.

3. Wann und wo? Situationen des Segens

Der Segen ist *nicht an einen spezifischen Kontext gebunden*, sondern er kann auf allen Ebenen der religiösen Praxis seinen Ort finden. Er ist ein Ritual des Alltags ebenso wie des Sonntags. Er wird im privaten Leben der Menschen gespendet und ebenso im öffentlichen Gottesdienst. Er gehört in die Kirche, aber auch in die Schulen und Kindertagesstätten, in die Krankenhäuser und Gefängnisse wie in die gesamte Praxis der Seelsorge an ihren verschiedenen Orten. Bei aller Verschiedenheit der Kontexte hat der Segen eine gemeinsame Qualität: Er markiert *eine Situation des Übergangs* bzw. des Abschieds und Neubeginns.

Insofern gilt: Der Segen ist ein *Übergangsritual* bzw. Teil eines Übergangsrituals. Der Begriff des Übergangsrituals bzw. *rite de passage* geht zurück auf den Religionswissenschaftler Arnold van Gennep, der 1909 eine Studie zu diesem Thema veröffentlichte (van Gennep 1986). Aus der Beobachtung der Initiationsriten traditionaler Gesellschaften konstruierte er einen dreigliedrigen Ritualprozess: Auf die Phase der Ablösung von einer vertrauten und geordneten Situation folgt die Phase des Übergangs oder der Liminalität, die durch Anomie gekennzeichnet ist und offen erscheint im Blick auf die Richtung, in die sich der Prozess entwickelt. Sie mündet schließlich ein in die Phase der Integration, mit der ein neuer Status erreicht wird. Dieser Prozess, so van Gennep, ist von starker Emotionalität und von sozialer und kognitiver Verunsicherung begleitet. Das Ritual dient dazu, Emotionalität und Unsicherheit zu begrenzen und in geprägte soziale Handlungen zu überführen. Dadurch werden die Übergänge von den Einzelnen einerseits intensiv durchlebt. Sie erleben eine Verwandlung. Andererseits unterliegt der Veränderungsprozess einer traditionell verankerten Form und ist orientiert an den gesellschaftlichen Werten und Sitten der Gemeinschaft. In der späteren Ritualtheorie (Turner 1989; Grimes 2000) wird weniger die *stabilisierende Funktion* des Rituals betont als die *spielerische Komponente* darin: Rituale entstehen als kreative Gestaltungsformen des von zahlreichen Veränderungen und Brüchen gekennzeichneten Lebens der modernen Menschen. Im Zuge der Individualisierung und Pluralisierung der Gesellschaft sind Rituale individueller und vielfältiger geworden. Neben dem Gebrauch der traditionellen werden neue Formen erfunden. Diese *rituelle Vielfalt* kann man auch in der Praxis des Segnens beobachten.

Gesegnet also wird, wenn sich das Leben verändert, etwas zu Ende geht und etwas Neues anfängt. Das kann sich auf ein alltägliches Ereignis des Familienlebens beziehen. Zum Beispiel werden allabendlich viele Kinder gesegnet zwischen dem Abschied vom Tag und dem Kommen des Schlafes. Der Segen hat aber ebenso in den außerordentlichen Situationen des Lebens einen Ort. So wird etwa der Segen über einen Toten gesprochen, ehe er am Ende einer Trauerfeier aus der Kapelle getragen wird, um seine letzte Ruhestätte zu finden. Das Segnen kann eine sehr intime und private Geste sein, aber es gehört auch selbstverständlich an das Ende des öffentlichen Gottesdienstes.

3.1. Alltagsrituale

Der Segen ist in vieler Hinsicht *Teil des Alltags*. In der alttestamentlichen Tradition – so ein weitgehender Konsens der Forschung – ist eine seiner Wurzeln und sein anfänglicher Sitz im Leben die Grußsituation, ehe er sich als eine kultische Praxis etablierte (Frettlöh 1998: 44; s. o. Leuenberger, in diesem Band S. 53). Martin Luther leitete seinen *Morgen- und Abendsegen* mit der Aufforderung ein, sich »mit dem Zeichen des heiligen Kreuzes« zu segnen, ehe die Worte des Segens gesprochen werden. Bis in die Gegenwart hinein ist der Segen in alltäglichen Vollzügen verankert. Das heißt auch: *Den Segen kann jeder Mensch spenden.* Er ist nicht an ein geistliches Amt gebunden. In vielen Grußformeln ist nach wie vor der Segen enthalten, allerdings im Vollzug kaum noch bewusst: »Grüß Gott«, »Adieu«, »Tschüs« sagen die meisten Menschen, ohne dabei die religiöse Grundierung dieser Formeln im Sinn zu haben. Aber nach wie vor ist das Bedürfnis vorhanden, beim Abschied dem Gegenüber etwas Gutes zu sagen oder mitzugeben: Der Wunsch »Mach's gut!« kann entsprechend als eine säkularisierte Form des Segens gelesen werden. Die Selbstverständlichkeit und Vielfalt der Segenspraxis, in der bis in die Mitte des 20. Jahrhunderts hinein z. B. ein frisches Brot vor dem Anschneiden durch ein Kreuzeszeichen signiert wurde, die Eltern ihre Kinder beim Verlassen des Hauses segneten ebenso wie Daheimbleibende die Reisenden beim Aufbruch in die Fremde, sind aus dem modernen Alltag weitgehend verschwunden. Reste finden sich vor allem im Zusammenhang mit dem *familiären Abendritual*, durch das Kinder in den Schlaf begleitet werden. Eine empirische Untersuchung von Christoph Morgenthaler zeigt, dass im kulturellen Kontext der Deutschschweiz in vielen christlichen und nichtchristlichen Familien ein solches Ritual begangen wird (Morgenthaler 2011). Dabei sind die Erinnerung an die eigene Kindheit und der Rückbezug auf generationenübergreifende Texte und Lieder bedeutungsvoll. Der Segen spielt hier – explizit, aber vor allem implizit – nach wie vor eine Rolle. Zwar wird ein expliziter Segen in einer geprägten christlichen Form nur in solchen Familien praktiziert, die den konfessionellen Milieus nahestehen, implizit aber ist die Motivik des Segnens in vielen Ritualen vorhanden. Die Zuwendung der Eltern zu den Kindern in diesen Ritualen des Übergangs wird durch Lieder, Gebete, Erzählungen, Gesten auf eine Dimension hin transzendiert, die stabiler ist als das familiäre Miteinander und auf das verweist, was das Leben grundsätzlich trägt. Im Vollzug der Rituale öffnet sich ein Raum, der angstreduzierend und beruhigend wirkt und in dem die beglückenden und beunruhigenden Themen des Tages abgelegt werden können, ehe sich die Kinder dem unbekannten Dunkel des Schlafes anvertrauen (Morgenthaler 2011: 121–155).

Der Segen im Alltag wird in der Öffentlichkeitsarbeit der Kirchen, in Zeitschriften und auf Homepages häufig thematisiert. In der tatsächlichen Alltagspraxis aber spielt er eine eher begrenzte Rolle. Wir haben keine Erkenntnisse darüber, dass der erhöhten theologischen Aufmerksamkeit für den Segen auch eine gesteigerte Segenspraxis im Alltag der Christinnen und Christen entspräche.

3.2. Segen im Gottesdienst

Im *Gottesdienst* taucht der Segen an verschiedenen Stellen der Liturgie auf. Alle diese Positionen sind dadurch gekennzeichnet, dass sich in ihnen eine Veränderung vollzieht: In der Eingangssequenz des Gottesdienstes konstituiert sich die Gemeinde als zusammengehörige Gemeinschaft, im Abendmahl macht sie sich bereit für die verheißene Präsenz Christi, am Schluss gehen die Menschen wieder auseinander. Der Segen markiert jeweils eine Schwelle in diesen Zusammenhängen.

In der *Eingangsliturgie* ist der Segenswunsch präsent in dem liturgischen Wechselgruß »Der Herr sei mit euch – Und mit deinem Geist«. Liturg bzw. Liturgin und Gemeinde grüßen sich gegenseitig. Sie nehmen Beziehung zueinander auf und stärken einander im Namen Gottes.

Bei der *Einsetzung des Abendmahls* werden das Brot und der Kelch mit dem Kreuzeszeichen gesegnet. Auch hier gilt: Brot und Wein werden durch diesen Segen nicht verwandelt, sondern verbinden sich mit der Erinnerung an das letzte Mahl Jesu Christi, sie treten in Verbindung zum Geschehen von Kreuz und Auferstehung, sie werden sichtbar als die Gabe Gottes an die Menschen, als die Selbsthingabe Jesu Christi für alle.

Und schließlich wird der Gottesdienst *durch den Segen beendet*. Auch hier markiert er die Situation des Übergangs: Die aktuelle gottesdienstliche Gemeinschaft ist ans Ende gekommen. Die Menschen trennen sich voneinander und von der gemeinsamen Feier. Der Weg der Einzelnen zurück in den Alltag wird durch die Zusage, dass Gott mitgehen wird, gestärkt.

Im evangelischen Gottesdienst wird zum Abschluss meist der *aaronitische Segen* (Num 6,24–26) gesprochen, der von Martin Luther in der »Deutschen Messe« (1526) als Abschluss des Gottesdienstes eingeführt wurde. Dieser Segen hat sich vor allem im Sonntagsgottesdienst als die normale Form durchgesetzt, die in den Agenden vorgegeben ist. Daneben wird in Andachten und anderen Gottesdiensten weiterhin die seit der Alten Kirche gebräuchliche Form des *trinitarischen Segens* verwendet. In der Gegenwart finden sich außerdem – oft trinitarisch strukturierte – *moderne Fassungen des Segens* (Domay/Köhler 1997: 667–718).

Empirische Untersuchungen zeigen, dass für die Besucher und Besucherinnen des Gottesdienstes der Segen *eine hohe Bedeutung* hat. Auffallend viele Menschen, die Uta Pohl-Patalong in einer Rezeptionsstudie zum Sonntagsgottesdienst befragt hat, nennen den Segen am Ende des Gottesdienstes »wichtig« (Pohl-Patalong 2011: 161–167). Diese Wichtigkeit wird unterschiedlich bestimmt. So wird der Segen als ein unverzichtbarer Abschluss des Gottesdienstes empfunden, dessen Fehlen allen Anwesenden auffallen würde. Der Segen ist »ein runder Abschluss von dem Ganzen« (ebd.: 163). Außerdem wird die Begleitung durch den Segen akzentuiert: man nimmt aus dem Gottesdienst etwas mit nach Hause. Der Segen wird beschrieben als eine Kraft, die in den Alltag hinein ausstrahlt und auch an andere Menschen weitergegeben werden kann. Manche der Befragten legen Wert auf die Zusage, dass im Segen die Gegenwart Gottes zugesprochen und irgendwie auch erfahren wird. Dem entsprechen die Aussagen, die ausdrücken, dass Menschen den Segen als Schutz empfinden und dass sie es schätzen, individuell gesehen zu werden als ein besonderer Mensch in der Gemeinschaft von Christinnen und Christen.

Diese Äußerungen bestätigen, dass der Segen für vielfältige Deutungen offen ist und vielleicht nicht zuletzt deshalb auf eine positive Resonanz trifft. Alle Motive, die genannt werden, lassen sich theologisch vertiefen, aber individuell stehen bestimmte Motive im Vordergrund, die jeweils als bedeutsam angesehen und die persönlich anverwandelt werden.

In alternativen Gottesdienstformen gibt es auch das Angebot einer *persönlichen Segnung*. Dieses findet sich zum Beispiel in der aus Finnland stammenden »Thomasmesse«, einem Gottesdienstangebot, das sich an Zweifler und Suchende wendet (Fiola 2007). Kennzeichnend für eine Thomasmesse ist eine ausführliche Gebetsphase, die den Menschen diverse Angebote an verschiedenen Orten der Kirche macht. Regelmäßig ist die Möglichkeit dabei, sich persönlich segnen zu lassen. Die persönliche Segnung kann auch mit einer Salbung der Stirn oder der Hand verbunden sein.

3.3. Die Kasualien

Die an herausgehobenen Stationen der Lebensgeschichte situierten Gottesdienste, die sogenannten *Kasualien*, haben eine besondere Beziehung zum Segen. Für viele Menschen – das zeigen durchgehend die Kirchenmitgliedschaftsuntersuchungen der Evangelischen Kirche in Deutschland – sind sie einer der wesentlichen Gründe, um in der Kirche zu bleiben: Sie möchten getauft, konfirmiert, getraut und bestattet werden und dabei den Segen empfangen, der sie auf ihrem Lebensweg orientiert und vergewissert.

Auch die liturgischen Formen der Kasualgottesdienste weisen die zentrale Bedeutung des Segens bei diesen Handlungen auf: Die

Segnung des Kindes wie der Eltern und Paten steht in Verbindung mit der *Taufhandlung*. Im *Einschulungsgottesdienst* kommen immer zahlreicher werdende Kinderscharen aus christlichen, konfessionslosen und auch muslimischen Familien, um sich persönlich segnen zu lassen. Der Segen der Jugendlichen bildet das Zentrum der *Konfirmation*, die insgesamt auch als »Einsegnung« bezeichnet wird. Neben dem Versprechen ist der Segen der entscheidende Höhepunkt des *Traugottesdienstes*, der – wie auch der Konfirmationssegen – nach 25 bzw. 50 Jahren »silbern« oder »golden« erneuert werden kann. Nach einer *Aussegnung* wird ein toter Mensch traditionell aus dem Haus getragen. Und schließlich wird bei der *Bestattung* – in reformatorischer Theologie zunächst durchaus umstritten – ein Segen über den Toten gesprochen, ehe der endgültige Abschied vom Sarg erfolgt.

Insofern ist es folgerichtig, dass der Segen in Korrespondenz zur Rechtfertigungstheologie in allen gegenwärtigen Kasualtheorien als *wesentliche theologische Deutungsperspektive der Handlungen* thematisiert wird (Albrecht 2006: 163–165, Grethlein 2007: 63–73, Fechtner 2011: 40f.; Wagner-Rau 2008). Im Segen verdichtet sich die christlich-religiöse Sicht auf die Lebensgeschichte: »Einerseits werden die Lebensgeschichten in dem, was sie sind, gewürdigt und wertgeschätzt. Andererseits gibt er die Möglichkeit dazu, Atem zu holen von dem latenten Zwang, das Leben aus sich heraus mit Erfüllung und Sinn zu versehen. Und schließlich ist der Segen die Erinnerung an die Angewiesenheit der menschlichen Existenz und damit an die Grenze, die Menschen zu Menschen macht und sie vor Unbarmherzigkeit bewahrt gegenüber sich selbst und allem, was lebt. In der Kasualpraxis erfahren Menschen in wichtigen Momenten ihres Lebens, dass sie gesehen und angesehen werden: Es ist gewollt, dass es dich gibt. Es ist nicht bedeutungslos, wie du lebst. Letztlich hängt deine Zukunft nicht an dem, was dir gelingt« (Wagner-Rau: 2008: 181.237).

3.3.1. Segen und Taufe

Die *Taufe* nimmt unter den Kasualgottesdiensten als Sakrament eine besondere Stellung ein. *Die Taufe ist nicht identisch mit dem*

Segen, aber der Segen gehört von Anfang an zur Taufe. Bereits in der *Traditio Apostolica,* einer lateinischen Kirchenordnung, die zwischen dem 2. und dem 4. Jahrhundert datiert wird, findet die Taufe ihren Abschluss in einer Salbung unter Auflegung der Hand auf den Kopf der Täuflinge und das Zeichnen eines Kreuzes auf ihre Stirn (Meyer-Blanck 2001: 93). Ebenso werden auch heute nach dem dreimaligen Wasserguss die Getauften gesegnet, wird ihre Zugehörigkeit zu Christus mit dem Kreuzeszeichen auf Stirn und Brust besiegelt.

Eine empirische Untersuchung zur Taufe hat gezeigt, dass Eltern, die ihre Kinder taufen lassen, *Taufe und Segen oft gleichsetzen* (Müller 2010: 231). Sie verstehen die Taufe als einen Segen. Theologisch wird das zuweilen problematisiert, weil mit einer solchen Haltung der Entscheidungscharakter der Taufe als einer Handlung, die Glauben voraussetzt, nivelliert werde (z. B. Josuttis 1997: 110–112). *Einer Segnung fehle das Moment des Bekennens*, das bei der Kindertaufe stellvertretend durch Eltern und/oder Paten repräsentiert wird. Der Segen sei ein vergleichsweise harmloses Ritual, das als Zuwendung Gottes zum Kind den Schutzbedürfnissen der Eltern entgegenkomme und ansonsten keine weiteren Ansprüche stelle.

Christoph Müller insistiert meines Erachtens zu Recht darauf, dass mit solchen Einschätzungen eine *Verharmlosung des Segens* vorliege (Müller 2010: 231–239). Die biblische Bezeugung des Segens zeigt, dass dieser keineswegs harmlos ist, sondern oft mit hohem Einsatz erkämpft werden muss (vgl. z. B. Gen 32 und 33). Insgesamt greift die theologische Zuordnung von Segen und Schöpfung auf der einen und Rechtfertigung und Erlösung auf der anderen Seite zu kurz (Frettlöh 1998: 46–54; Greiner 1998: 89–100). Außerdem lassen die qualitativen Untersuchungen zur Elternperspektive im Blick auf die Taufe ein differenzierteres Bild erkennen (Sommer 2009). Erstaunlich häufig wird die Taufe mit der Gefährdung des Lebens durch Tod, Krankheit und soziale Marginalisierung in Verbindung gebracht. Zudem zeigen sich die Eltern nicht so naiv wie oft unterstellt. Ein befragter Vater, erkennbar kirchenfern und ohne theologische Bildung, weiß, dass eine naive Vorstellung des Schutzes durch Gott nicht realitätsgerecht ist und dem Glauben nicht entspricht. Er entwickelt in seiner Äußerung ein vielschichtiges Ineinander von Vorstellungen, die er selbst als kindlich bezeichnet, und dem Wissen, dass diese nicht weit tragen. Schließlich sagt er: »Wir sind ja nicht unverwundbar [...] Wenn ihr [gemeint ist die getaufte Tochter] halt was passiert, dann passiert halt was [...] Aber in dem Moment, wo was passiert, hält man sich trotzdem an dem Glauben fest [...] Denn nur so geht's ja dann weiter« (Sommer 2009: 128 f.). Der Vater weiß, dass die *Gewissheit des Glaubens eine andere Art des Vertrauens in das Leben* meint, als die eigene Bemühung garantieren kann, und dass solche Gewissheit nicht identisch ist mit der Vorstellung, dass einem Menschen im Leben nichts Böses zustoßen könne.

Mit einer offenen oder latenten Entwertung des Segens wie der Taufe wird man also den Verhältnissen nicht gerecht. Taufe und Segen sind theologisch nicht identisch, und es bleibt eine Aufgabe, die Differenz zu vermitteln. Die religiöse Haltung der Eltern scheint aber differenzierter zu sein, als es oft unterstellt wird. Sie wissen, dass keine menschliche Handlung ihr Kind aus seiner Verletzlichkeit erlösen kann. Und sie suchen offenkundig gerade deshalb die Taufe wie den Segen und werden darin durchaus beidem gerecht.

Dennoch bleibt es wichtig, Taufe und Segen zu unterscheiden. Das wird spätestens deutlich, wenn Eltern den Krankenhausseelsorger bitten, *ihr totes Baby zu taufen*. Hinter einer solchen Bitte steht der Wunsch, noch etwas für das Kind zu tun in einer Situation absoluter Hilflosigkeit. In der Geschichte der Taufe war der Glaube leitend, dass ein ungetauftes Kind verloren sei. Heute wird die Gnade Gottes theologisch nicht von der Taufe abhängig gemacht. Aber der Wunsch der Eltern bleibt dennoch nicht selten bestehen und stellt die Seelsorge vor eine schwierige Entscheidung. In einem solchen Fall kann es helfen zu verdeutlichen, dass mit der Taufe die Perspektive der Entscheidung und des Hineinwachsens in eine christliche Existenz verbunden ist, während die Verheißung der unverbrüchlichen Zuwendung Gottes, die die Eltern ja für ihr Kind suchen, auch im Segen dargestellt wird.

3.3.2. Segen für Heranwachsende: Konfirmation und Einschulungsgottesdienste

Kinder und Jugendliche sind auf ihrem Weg in die Selbstverantwortung hinein in besonderer Weise gefährdet und insofern auch in besonderer Weise des Segens bedürftig. Das hat sich immer schon im Ritual der Konfirmation gespiegelt, in der die *Einsegnung* eine zentrale Rolle spielt. Konfirmation, darin besteht heute Übereinstimmung, ist mit verschiedenen theologischen Bedeutungen verbunden: Sie ist Fürbitte der Gemeinde für die Jugendlichen auf der Schwelle zum Erwachsenwerden, sie ist Bestätigung der in der Taufe zugeeigneten Gnade, sie ist Abschluss der Zeit des Unterrichts und der Einführung in den christlichen Glauben, sie ist die Entscheidung der Jugendlichen, ihrer Kirchenmitgliedschaft zuzustimmen. In dieser Bedeutungsvielfalt ist die Segnung die integrierende und bestätigende Handlung, in der sich für die Konfirmanden und Konfirmandinnen die gnädige Zuwendung Gottes zu ihrem Leben verdichtet.

Eine außerordentlich große Bedeutung hat in den letzten Jahrzehnten die Segnung – oft als persönliche Einzelsegnung – im *Einschulungsgottesdienst* gewonnen (Saß 2010). Am Beginn der für das Fortkommen in der Wissensgesellschaft so wichtigen Schulbildung besteht offenbar vor allem bei den Eltern der Wunsch, ihrem Kind, das nun deutlich schneller ihrer Einflusssphäre entwachsen wird, den transzendenten Schutz des Segens zukommen zu lassen. Auch für die Kinder selbst entsteht durch den Segen eine emotional dichte Situation, die dem – für sie meist als Freudentag des Größerwerdens empfundenen – Schuleintritt ein eigenes Gepräge gibt. Bei den Einschulungsgottesdiensten, deren Besuch mittlerweile ähnliche Zahlen wie die Gottesdienste am Heiligabend aufweist, kommen auch viele Kinder aus konfessionslosen oder muslimischen Familien. Hier, wie auch bei anderen Kasualien, stellt sich die Frage, wie sich Gottesdienst und Segnung auf die Situation einer multireligiösen Feier einstellen. Ähnliche Fragen entstehen auch bei Gottesdiensten zum Abschied aus der Kindertagesstätte.

3.3.3. Trauung und Segnung

Der evangelische *Traugottesdienst* ist theologisch als ein Segnungsgottesdienst zu verstehen. Durch den Segen wird zum Ausdruck gebracht, dass die Verheißung der Gnade das Paar auf seinem Weg begleitet. Er stärkt die Zuversicht, dass ihr Leben in vieler Hinsicht gelingen wird, dass sie Gutes miteinander erfahren haben und zukünftig erfahren werden. Er verspricht, dass das Paar in Zeiten der Krise nicht gottverlassen sein wird. Er stellt nicht zuletzt eine Auseinandersetzung mit den Ansprüchen an die wechselseitige Liebe dar, indem er deutlich macht, dass in einer Ehe das Gelingen zwar in vieler Hinsicht vom Verhalten der Ehepartner und ihrer Fähigkeit zur Kommunikation abhängt, letztlich aber das Heil nicht in der Hand der Menschen liegt, dass sie vielmehr Angewiesene bleiben, denen die entscheidende Bejahung ihres Lebens von Gott geschenkt wird – unabhängig vom Gelingen oder Misslingen ihrer Partnerschaft.

Empirische Studien zur Haltung der Paare zeigen, dass für sie neben der Segnung auch die Bestätigung des wechselseitigen Versprechens im Traugottesdienst eine große Bedeutung hat (Fopp 2007; Merzyn 2010). Obwohl viele Paare bereits lange zusammen leben und sie sich auf dem Standesamt das Ja-Wort bereits gegeben haben, wird diese Bestätigung wechselseitiger Verbindlichkeit der Beziehung im Gottesdienst sehr wichtig genommen. Der Segen begleitet dieses Versprechen durch die Zusage göttlichen Schutzes.

Mehrere Jahrzehnte schon dauern die kirchlichen Auseinandersetzungen über die *Segnung verbindlicher homosexueller Partnerschaften* an. Immer deutlicher ist in diesen Auseinandersetzungen geworden, dass die Ablehnung eines Segensgottesdienstes für eine solche verbindliche Partnerschaft theologisch kaum zu rechtfertigen ist (Wagner-Rau 2008: 212–224; Krohn 2011). Seit die staatliche Gesetzgebung mit der Einführung der eingetragenen Partnerschaft auch einen rechtlichen Rahmen für eine verbindliche gleichgeschlechtliche Gemeinschaft geschaffen hat, mehren sich in den Kirchen die Entscheidungen, öffentliche Segnungsgottesdienste für homosexuelle Paare zuzulassen, wobei in den meisten Fällen an der Unterscheidung der Bezeichnungen »Segnung« bzw. »Trauung«

festgehalten wird. Die liturgische Gestalt der Segnung einer eingetragenen Partnerschaft ist aber von einer Trauung theologisch und formal nicht zu unterscheiden.

Ebenso diskutiert wird die Frage, ob nicht auch den Menschen, die in einer *Scheidung* stehen, ein Segen anzubieten sei (Burgk-Lempart 2010). Dafür sind vor allem seelsorgliche Gründe ausschlaggebend. Ebenso aber spielt es eine Rolle, dass Geschiedene, deren Ehe mit einem Versprechen in der Trauung begonnen hat, durchaus das Bedürfnis äußern, liturgisch aus diesem Versprechen entlassen zu werden. Faktisch gilt der Segen nur in Ausnahmefällen einem Paar in einem Trennungsprozess. Meist werden Einzelne gesegnet, so z. B. in speziellen Gottesdiensten in Citykirchen.

3.3.4. Segen über die Toten

Im Todesfall kann der Segen an verschiedenen Stationen des Abschieds vom verstorbenen Menschen eine Rolle spielen: Unter Umständen gibt es eine Andacht direkt nach dem Eintritt des Todes, in der der Tote gesegnet wird. Oft wird diese Andacht gleichgesetzt mit der sogenannten Aussegnung, die ihren traditionellen Ort eigentlich vor dem Heraustragen des Leichnams aus dem Haus hat. Dieses kann im Fall einer Aufbahrung bis zu 36 Stunden nach dem Eintritt des Todes liegen. Schließlich wird bei der Trauerfeier ein Segen über dem Toten gesprochen, ehe der Sarg aus der Kapelle getragen wird.

In der reformatorischen Theologie war es lange umstritten, ob dem Toten überhaupt Gebet und Segen gelten solle, weil in rechtfertigungstheologischer Perspektive nichts mehr für die Toten getan werden muss, man sie vielmehr getrost der Gnade Gottes anvertrauen kann. Insofern finden sich Gebet und Segen für die Toten regelmäßig erst seit dem 19. Jahrhundert in evangelischen Bestattungsliturgien. Es hat lange gebraucht, bis man auch die zeitbedingten Aspekte der Abwehr der mittelalterlichen Totenriten und Seelenmessen, die u. a. Martin Luthers Haltung bestimmt haben, als solche erkannt und überwunden hat. Denn der Segen über die Toten drückt ja eine Überantwortung der Verstorbenen aus. Man überlässt sie der Liebe Gottes, nachdem von Seiten der Menschen nichts mehr getan werden kann. Insofern ist dieser Segen kein »Gauckelwerk« für die Toten (Luther, *Vorrede zur Sammlung der Begräbnislieder* 477), sondern ein Akt des Glaubens und des Vertrauens.

3.4. Segen in der Bildungsarbeit

Im Kontext der *Schulseelsorge*, aber auch durch die neue pädagogische Aufmerksamkeit für das *Ritual in Bildungskontexten*, sei es in der Schule oder sei es im Konfirmandenunterricht, ist der Segen auch in diesem Zusammenhang neu in den Blick gerückt. Dabei spielt die strukturierende Kraft des Rituals eine Rolle: Mit dem Segen ist das *Ende einer Unterrichtseinheit* erreicht. Er bringt noch einmal Konzentration und Zusammenhalt in die Lerngruppe.

Auch in der pädagogischen Situation markiert der Segen den Übergang vom Zusammensein in der Lerngruppe zur Entlassung der Kinder und Jugendlichen in ihren Alltag. Die Zusage Gottes geht stärkend und vertrauensstiftend mit ihnen. Wie ernst eine solche Zuwendung gerade von solchen Kindern genommen wird, die aus chaotischen Verhältnissen stammen und die in ihrer Lebensgeschichte vielfältig traumatisiert sind, macht das eindrucksvolle Buch von Inger Hermann, »Halt's Maul, jetzt kommt der Segen«, deutlich (Hermann 2011). Die vielen berührenden Szenen aus dem Unterricht mit Kindern aus Familien, die durch Armut, Verfolgung, Flucht, Gewalt gezeichnet sind, machen deutlich, wie stark die tragende Kraft des Segens wahrgenommen wird. Gerade der aaronitische Segen spricht Menschen auf einer fundamentalen Ebene des Vertrauens ins Leben an, die nicht nur für christlich sozialisierte Menschen äußerst bedeutungsvoll sein kann. *Der Segen teilt sich mit, auch wenn man sonst nichts vom christlichen Glauben weiß.*

3.5. Segen in der Seelsorge

Nicht zuletzt in der *Seelsorge* spielt das Segnen – besonders der Kranken – durch die Geschichte hindurch eine wichtige Rolle. Das Ritual wird geschätzt als eine spezifische Form der religiösen Kommunikation, die in verdichteter Form religiöse Anliegen in der Seelsorge aufnehmen und darstellen kann (Morgenthaler 2009: 268–282). Freilich gilt es hier zu beachten, dass in der intimen Situation der Seelsorge *das Ritual im Gespräch vorbereitet* werden muss, es nur mit dem Einverständnis des anderen zu praktizieren ist und oft auch wieder ins Gespräch zurückführt.

Die Dimension der Zuwendung spielt eine zentrale Rolle im seelsorglichen Handeln. Sie ist die Basis dafür, dass im seelsorglichen Gespräch Vertrauen und Offenheit entstehen kann. Sie legt die Grundlage dafür, dass die Beziehung Tragfähigkeit gewinnt und auch Konflikte in der Begegnung überdauert. Zugleich sind aber auch die Grenzen menschlicher Zuwendung im Bewusstsein zu halten. Über diese Grenzen hinweg, so wird im Akt des Segnens ausgedrückt, besteht die Zuwendung Gottes fort. Im intermediären Raum der Gottesbeziehung kann Lebensgewissheit immer neu entstehen (Wagner-Rau 2008). Der Segen beansprucht, Ohnmacht, Angst und Schuld zu transzendieren. Er verspricht *eine haltende Beziehung*, deren Tragfähigkeit die Brüche und Grenzen des menschlichen Erlebens und Handelns übersteigt.

4. Was bedeutet Segen? Eine pastoralpsychologische Perspektive

Die pastoralpsychologische Deutung des Segens bietet eine Erklärung für die *starke emotionale Besetzung* des Segens. Warum reagieren viele Menschen zustimmend auf diese Geste, die sie der Zuwendung Gottes vergewissert? Wesentliche Einsichten ermöglicht der Bezug auf Erkenntnisse der verhaltenswissenschaftlichen und psychoanalytischen *Babyforschung*, durch die die fundamentale Bedeutung der frühen Austauschprozesse zwischen Baby und primären Bezugspersonen für die psychische und geistige Entwicklung des Menschen gezeigt werden konnte (Stern 2007). *Der mimetische Dialog der Gesichter und das lautliche Wechselspiel* zwischen Eltern und Kind sind für das entstehende Selbst- und Weltverhältnis des Kindes von großer Wichtigkeit: Zuwendung wie Abwendung, freundliche Bestätigung wie Missbilligung, Interesse wie Gleichgültigkeit, die sich im Spiegel des Gesichtes zeigen, nimmt das Kind sensibel auf und reagiert darauf. Es ringt um Aufmerksamkeit und Zuwendung und resigniert, wenn es damit erfolglos ist. Im Gesicht ihres Gegenübers suchen Menschen nach Hinweisen, die ihre Daseinsberechtigung bestätigen. Sie brauchen die Erfahrung, mit ihrem Verhalten Resonanz zu erzeugen und freundlich angesehen zu werden.

Mit diesen Erfahrungen aus der frühen Kindheit, so die pastoralpsychologische Perspektive, verbinden sich die Erfahrungsweisen und Lesarten des Segens im späteren Leben. Die Zusage der Begleitung, der Bestärkung und des Versprechens fortdauernder Liebe, die im Akt des Segnens dargestellt wird, knüpft an Empfindungen und Erinnerungen an, die jeden Menschen am Beginn seines Lebens prägen. *Die Angewiesenheit auf ein zugewandtes Gegenüber wird im Segen aufgenommen.* Besonders deutlich wird die Verbindung zwischen den frühen Beziehungserfahrungen des Kindes und dem Segen Gottes in den Formulierungen des aaronitischen Segens, die die Erfahrung des leuchtenden und gnädigen Angesichts aufrufen. Der Segen Gottes ist nicht identisch mit dem freundlich zugewandten Angesicht der Eltern, aber die metaphorische Redeweise des Segenswortes und die begleitende Geste erinnern an Erfahrungen, die das Leben von Anfang an stärken und grundlegendes Vertrauen in die Wirklichkeit vermitteln.

Zwischen den Gesichtern der Menschen jedoch zeigen sich nicht nur Zuwendung und Bestätigung. Auch *Zorn und Missachtung* spiegeln sich im visuellen Austausch. Wenn Ablehnung und Verurteilung darin dominieren, kann er zur Quelle ohnmächtiger Angst und Wut werden. Ein »böser Blick«, in dem sich eine ablehnende Beziehung symbolisch verdichtet, kann ein Menschenleben wie ein *Fluch* verfolgen und zerstören (Wagner-Rau 2009). Demgegenüber ist der Segen eine Stärkung, die zur Auseinandersetzung mit schweren Erfahrungen ermutigt, indem sie an die grundlegende Akzeptanz eines jeden Lebens erinnert, die in Gottes Namen zugesprochen wird.

Es wäre eine problematische Verkürzung zu denken, man könne die destruktiven Seiten aus den Geschichten der Menschen vertreiben, indem man sie segnet. Hilfreich aber ist die *Vorstellung, dass der Segen einen Beziehungsraum öffnet.* Destruktivität, Verletzung und Tod sind in diesem Raum eingegrenzt und gehalten von dem Glauben, dass die Verbindung Gottes mit den Menschen unzerstörbar ist. Gesegnet, signiert, wird im christlichen Glauben mit der Auflegung der Hände wie mit dem Zeichen des Kreuzes. Das verweist darauf, dass die Verheißung Gottes der ganzen Wirklichkeit gilt und in ihr auch die schmerzlichen und unfassbaren Erfahrungen aufgehoben sind.

Quellen- und Literaturverzeichnis

1. Quellen

Domay/Köhler 1997: Domay, Erhard/Köhler, Hanne: *Der Gottesdienst*. Liturgische Texte in gerechter Sprache, Bd. I, Der Gottesdienst, Gütersloh 1997.

Luther 1526: Luther, Martin: *Deudsche Messe und ordnung Gottis diensts* (1526): D. Martin Luthers Werke. Kritische Gesamtausgabe, Bd. 19, Weimar 1897, 72–148.

Luther 1542: Luther, Martin: *Vorrede zur Sammlung der Begräbnislieder* (1542), D. Martin Luthers Werke. Kritische Gesamtausgabe, Bd. 35, Weimar 1923, 477–480.

Meyer-Blanck 2001: Meyer-Blanck, Michael (Hg.): *Traditio Apostolica*. In Auszügen abgedruckt und kommentiert: Liturgie und Liturgik. Der Evangelische Gottesdienst aus Quellentexten erklärt, Gütersloh 2001, 88–107.

2. Sekundärliteratur

Albrecht 2006: Albrecht, Christian: Kasualtheorie, Tübingen 2006.

Beck/Beck-Gernsheim 1994: Beck, Ulrich/Beck-Gernsheim, Elisabeth: Individualisierung in modernen Gesellschaften. Perspektiven und Kontroversen einer subjektorientierten Soziologie, in: dies.: Riskante Freiheiten. Individualisierung in modernen Gesellschaften, Frankfurt a. M. 1994, 10–39.

Bieritz 2004: Bieritz, Karl-Heinrich: Liturgik, Berlin/New York 2004.

Burgk-Lempart 2010: Burgk-Lempart, Andrea: Wenn Wege sich trennen. Ehescheidung als theologische und kirchliche Herausforderung, Stuttgart 2010.

208 Praktische Theologie

Fechtner 2011: Fechtner, Kristian: Kirche von Fall zu Fall. Kasualien wahrnehmen und gestalten, Gütersloh 2011².

Fiola 2007: Fiola, Reinhard: Thomasmesse, in: Lutz Friedrichs (Hg.): Alternative Gottesdienste, Hannover 2007, 66–79.

Fischer-Lichte 2004: Fischer-Lichte, Erika: Ästhetik des Performativen, Frankfurt a. M. 2004.

Fopp 2007: Fopp, Simone: Trauung – Spannungsfelder und Segensräume, Stuttgart 2002.

Frettlöh 1998: Frettlöh, Magdalene L.: Theologie des Segens. Biblische und dogmatische Wahrnehmungen, Gütersloh 1998.

Van Gennep 1986: Gennep, Arnold van: Übergangsriten, Frankfurt a. M. 1986.

Greiner 1998: Greiner, Dorothea: Segen und Segnen. Eine systematisch-theologische Grundlegung, Stuttgart 1998.

Grethlein 2007: Grethlein, Christian: Grundinformation Kasualien. Kommunikation des Evangeliums an den Übergängen des Lebens, Göttingen 2007.

Grimes 2000: Grimes, Ronald L.: Deeply into the Bone. Re-Inventing Rites of Passage, Berkeley u. a. 2000.

Hermann 2011: Hermann, Inger: Halt's Maul, jetzt kommt der Segen. Kinder auf der Schattenseite des Lebens fragen nach Gott, Stuttgart 2011¹⁰.

Honneth 1994: Honneth, Axel: Kampf um Anerkennung. Zur moralischen Grammatik sozialer Konflikte, Frankfurt a. M. 1994.

Josuttis 1997: Josuttis, Manfred: »Unsere Volkskirche« und die Gemeinde der Heiligen. Erinnerungen an die Zukunft der Kirche, Gütersloh 1997.

Krohn 2011: Krohn, Wiebke: Das Problem kirchlicher Amtshandlungen an gleichgeschlechtlichen Paaren. Sozialwissenschaftliche, theologische, ethische, poimenische und liturgiewissenschaftliche Perspektiven, Göttingen 2011.

Merzyn 2010: Merzyn, Konrad: Die Rezeption der kirchlichen Trauung. Eine empirisch-theologische Untersuchung, Leipzig 2010.

Morgenthaler 2009: Morgenthaler, Christoph: Seelsorge, Gütersloh 2009.

Morgenthaler 2011: Morgenthaler, Christoph: Abendrituale. Tradition und Innovation in jungen Familien, Stuttgart 2011.

Müller 2010: Müller, Christoph: Taufe als Lebensperspektive. Empirisch-theologische Erkundung eines Schlüsselrituals, Stuttgart 2010.

Pohl-Patalong 2011: Pohl-Patalong, Uta: Gottesdienst erleben. Empirische Einsichten zum evangelischen Gottesdienst, Stuttgart 2011.

Saß 2010: Saß, Marcell: Schulanfang und Gottesdienst. Religionspädagogische Studien zur Feierpraxis im Kontext der Einschulung, Leipzig 2010.

Sommer 2009: Sommer, Regina: Kindertaufe – Elternverständnis und theologische Deutung, Stuttgart 2009.

Steffensky 1993: Steffensky, Fulbert: *Segnen*. Gedanken zu einer Geste, PTh 82 (1993), 2–11.

Stern 2007: Stern, Daniel: Die Lebenserfahrung des Säuglings, Stuttgart 2007[9].
Turner 1989: Turner, Victor: Das Ritual. Struktur und Antistruktur, Frankfurt a. M./New York 1989.
Wagner-Rau 2008: Wagner-Rau, Ulrike: Segensraum. Kasualpraxis in der Moderne, Stuttgart 2008[2].
Wagner-Rau 2009: Wagner-Rau, Ulrike: Segen und Fluch, in: Anja Kramer u. a. (Hgg.): Ambivalenzen der Seelsorge, Neukirchen/Vluyn 2009, 59–70.

3. Literaturhinweise zum vertiefenden Studium

Frettlöh, Magdalene L.: Theologie des Segens. Biblische und dogmatische Wahrnehmungen, Gütersloh 1998.
Greiner, Dorothea: Segen und Segnen. Eine systematisch-theologische Grundlegung, Stuttgart 1998.
Wagner-Rau, Ulrike: Segensraum. Kasualpraxis in der Moderne, Stuttgart 2008[2].

Zusammenschau

Martin Leuenberger

»An Gottes Segen ist alles gelegen«?

1. Noch einmal: Segen und Segensvorstellungen

Segen und Segnen als Chiffren für ein glückendes und gelingendes, gutes und sinntragendes Leben stellen ein Grundthema von Religion und Kultur dar, wie oben einleitend umrissen wurde. Das Thema zeichnet sich, wie die Einzelbeiträge konkretisiert haben, durch eine Reihe von Charakteristika aus, die es seit je her, hierzulande aber in jüngster Zeit wieder verstärkt als ebenso fundamental wie attraktiv und lebensweltlich affin erweisen: Zunächst gilt es an die religions- und kulturübergreifende Verbreitung von expliziten oder impliziten Segensvorstellungen zu erinnern, auch wenn es dazu durchaus Alternativkonzeptionen oder zumindest gegenläufige Aspekte gibt (s. Feldtkeller, in diesem Band S. 39–46). Dies korrespondiert zweitens mit einer entsprechenden lebensweltlichen Weite, die alle wichtigen Aspekte namentlich der religiösen Praxis bzw. Praxen einschließt und dabei als genuiner Sitz im Leben alltägliche, biographische oder gesellschaftliche Übergangssituationen, die mittels *rites de passage* bewältigt werden, erkennen lässt (s. besonders Wagner-Rau, in diesem Band S. 192–205). Drittens kommt auf breitester Front eine dezidiert materielle Komponente des Seg(n)ens hinzu, sodass der ganze Mensch in seinen konkreten materiellen, ökonomischen, politischen und gesellschaftlichen Lebensverhältnissen wahrgenommen wird. Schließlich schwingt bei all dem viertens eine zumindest implizit religiöse Codierung bzw. Tiefendimension mit, wenn sich hier eine handlungssinntranszendente Kontingenzbewältigungspraxis Ausdruck verschafft (s. Leuenberger, in diesem

Band S. 9–12); dadurch zeigt sich das Thema aktuell gerade hierzulande für breite säkulare wie kirchliche Kreise als lebensweltlich relevant und anschlussfähig.

Gegenüber dieser neuerdings wiederholt herausgestellten Segensaffinität bzw. Segensbedürftigkeit weiter Teile der Gesellschaft (Frettlöh 2005: 13; s. o. Leuenberger, in diesem Band S. 8; Rosenau, in diesem Band S. 183 f.; Wagner-Rau, in diesem Band S. 187–189) bestehen namentlich in evangelischer Tradition ältere wie neuere theologische Reserven, die insbesondere dort, wo auf eine *differentia specifica* christlicher Religion bzw. Theologie abgehoben wird, geltend gemacht werden: Die religions- und kulturübergreifende Verbreitung der Segensthematik wird dann gerade als (menschengemachte) Religion kritisiert. Im Horizont eines (meines Erachtens allzu einseitig) zugespitzten Rechtfertigungsverständnisses werden Segensvollzüge als magische Handlungen diskreditiert, auch wenn sie sich selbst nur eingeschränkt als verfügbar und selbstwirksam präsentieren.

Die hiermit angedeuteten sowie weitere Aspekte sollen in der folgenden interdisziplinären ›Zusammenschau‹ noch einmal knapp und prägnant zur Sprache kommen. Im Rückgriff auf die fachwissenschaftlichen Beiträge wird dabei der Versuch unternommen, konsensfähige Ausgangspunkte, kontroverse Problemfelder und diskussionsbedürftige Folgerungen des Themas ›Seg(n)en‹ zu umreißen. So zeigen sich Konturen eines gesamttheologischen Themen-Diskurses, der in Bezugsfelder gegenwärtig relevanter Kulturwissenschaften eingebunden ist.

2. Exemplarische Theologiegeschichte: Das Kirchenlied »Alles ist an Gottes Segen / Und an seiner Gnad' gelegen«

Um diese aktuellen Bezugsfelder wenigstens exemplarisch auch theologiegeschichtlich zu verankern, orientieren sich die folgenden thematisch fokussierten Überlegungen lose an dem bekannten Klassiker unter den Kirchenliedern, der mit dem titelartigen Leitmotto beginnt, das hier als Kapitelüberschrift gewählt und im Blick auf die damit verbundenen Erörterungen mit einem Fragezeichen versehen wurde.

1. Alles ist an Gottes Segen
Und an seiner Gnad' gelegen,
Über alles Geld und Gut.
Wer auf Gott sein' Hoffnung setzet,
Der behält ganz unverletzet
Einen freien Heldenmut.

2. Der mich hat bisher ernähret
Und mir manches Glück bescheret,
Ist und bleibet ewig mein.
Der mich wunderlich geführet
Und noch leitet und regieret,
Wird forthin mein Helfer sein.

3. Viel' bemühen sich um Sachen,
Die nur Sorg' und Unruh' machen
Und ganz unbeständig sind.
Ich begehr' nach dem zu ringen,
Was mir kann Vergnügen bringen
Und man jetzt gar selten find't.

4. Hoffnung kann das Herz erquicken;
Was ich wünsche, wird sich schicken,
So es anders Gott gefällt.
Meine Seele, Leib und Leben
Hab' ich seiner Gnad' ergeben
Und ihm alles heimgestellt.

5. Er weiß schon nach seinem Willen
Mein Verlangen zu erfüllen,
Es hat alles seine Zeit.
Ich hab' ihm nichts vorzuschreiben;
Wie Gott will, so muss es bleiben,
Wenn Gott will, bin ich bereit.

6. Soll ich länger allhier leben,
Will ich ihm nicht widerstreben,
Ich verlasse mich auf ihn.
Ist doch nichts, das lang bestehet,
Alles Irdische vergehet
Und fährt wie ein Strom dahin.

Das Segenslied unbekannter Verfasserschaft aus dem späteren

17. Jahrhundert erschien erstmals in Nürnberg 1676 und avancierte rasch zum Klassiker, wie auch die diversen Melodien bezeugen (s. zum Lied knapp Büchner/Fornaçon 1958: 469f. [J. Kulp]); dafür zeichnet zweifellos die lebensweltlich-biographische Relevanz seines segenstheologischen Aussagegeflechts verantwortlich, die es bis heute anschlussfähig machen – unbeschadet der zumal für (post)moderne Leser unübersehbaren Zeitbedingtheit der Sprache und vor allem der Theologie: Es klingen – freilich mit teilweise dezidierter Wertung – die meisten elementaren Aspekte und thematischen Grundspannungen an, die eine jede Segenstheologie traktieren muss.

3. Segenstheologische Hauptaspekte

3.1. Wohl und Heil – der materielle Grundzug von Segen

Segen nimmt seit den frühesten religionsgeschichtlich greifbaren Ursprüngen den ganzen Menschen – »Seele, Leib und Leben« – in den Blick. Damit ist eine unhintergehbar materielle Dimension gegeben, die auch weite Teile der biblischen und nachbiblischen Segensvorstellungen prägen. »Der mich hat bisher ernähret / Und mir manches Glück bescheret« staunt die zweite Strophe des Liedes, die Parallelen in den übrigen Strophen aufweist. Das materielle Wohlergehen betrifft hier die elementaren Lebensgrundlagen, die anhand der (seit je und namentlich auch zeitgenössisch keineswegs selbstverständlichen) Nahrungsversorgung konkretisiert werden.

Dieser Fokus auf die für ein gelingendes Leben erforderlichen Ressourcen prägt weite Teile auch der nicht-abrahamitischen Religionsgeschichte, so etwa auch den Konfuzianismus oder die namibianischen Herero, wiewohl es auch grundsätzliche Infragestellungen gibt wie im älteren Buddhismus (s. o. wie Feldkeller in diesem Band S. 30–33, 41–44). Ähnliches trifft für die biblische Tradition zu, wobei im AT durchaus eine Wertschätzung des über das Lebensnötige hinausgehenden Wohlstandes, Reichtums, ja bisweilen Luxus überwiegt, während dies im NT und in der nachbiblischen Rezeptionsgeschichte mehr oder weniger stark zurücktritt zugunsten einer ›Spiritualisierung‹, die statt der ökonomischen die sozialen und immateriellen Aspekte gelingenden und gesegneten Lebens in den Vordergrund rückt; so verbindet der 1. Petrusbrief Segen mit der leidenden Nachfolge Christi. Ohne in reduktive Vereinseitigungen zu verfallen – was mit Blick auf den berüchtigten *syllogismus practicus* oder dessen säkulare Erben auch gegenwärtig nicht ganz abwegig erscheint –, besitzt die unverkrampfte und zugleich ausbalancierte Weltzugewandtheit der (meisten) biblischen und nachbiblischen Segensvorstellungen auch hierzulande in aktuellen Kontexten fundamentale Anschlussmöglichkeiten, denen ebenso erhebliche Erschließungschancen für religiöse Wirklichkeitsverständnisse korrespondieren. Leicht zugespitzt formuliert: Segen umfasst sowohl materielles Wohl als auch immaterielles Heil, und beides ist für ein gesegnetes Leben in Fülle konstitutiv. Anzufügen bleibt, dass sich der mit dem Begriff des Heils bezeichnete Sachverhalt in diesem weiten Verständnis ebenfalls auf die irdischen Lebensverhältnisse bezieht, ohne damit eine eschatologische Perspektive, wie sie Hartmut Rosenau mit seiner prägnanteren Deutung von ›Heil‹ als eschatischer Größe anvisiert (s. o. Rosenau, in diesem Band S. 175–182), ausblenden zu wollen; dies soll der folgende Abschnitt kurz erläutern.

3.2. Segen im Diesseits

Wie bereits in der Einleitung angesprochen (s. o. S. 10 f.) und dann in mehreren Beiträgen ausgeführt wird, realisiert sich Segen üblicherweise im irdischen Leben: Es geht um diesseitige Lebenssicherungen und -steigerungen oder wie unser Lied in der zweiten Strophe fortfährt: »Der mich wunderlich geführt / Und noch leitet und regieret, / Wird forthin mein Helfer sein.« Freilich wird hier alles Irdische in einer für die christliche Rezeptionsgeschichte insgesamt bezeichnenden Weise durch eine prominente Jenseitsperspektive relativiert, die schon im »forthin« anklingt, im Lied insgesamt dominiert und auch den Schlussakkord bildet: »Ist doch nichts, das lang bestehet, / Alles Irdische vergehet«. So sehr dies nach vielen (nicht nur christlichen) Theologien *sub specie aeternitatis* ›korrekt‹ und ›richtig‹ ist, so sehr droht dabei die Einmaligkeit und Unverwechselbarkeit alles irdischen Lebens nivelliert, ja verspielt zu werden. Denn in jedem Fall kommt dem vorletzten, diesseitigen, vergänglichen Lebensvollzug ein unverwechselbarer, einmaliger Charakter zu, der diesem entscheidende Bedeutung verleiht: Sei es als solchem, sei es in seiner Relevanz für das wahre, jenseitige, ewige Leben. Unbeschadet davon, ob und wie man eine Jenseits- und Verewigungsperspektive in Anschlag bringt, besteht also das Proprium der Segensvorstellungen in ihrer Diesseitsorientierung. Das Wohl und Heil diesseitigen Segens besitzt auch als irdisches Fragment jenseitiger Heilsvollendung sein eigenes, kaum zu überschätzendes Gewicht.

Dies verschärft sich natürlich zusätzlich in jeder sogenannten Diesseitsreligion, wie sie namentlich auch das AT bezeugt, das »eine Konzeption des Heils entwickelt, die vor der Todesgrenze Erfüllung sucht« (Theißen 2009: 24; s. dazu o. Leuenberger, in diesem Band S. 66–68). Wenn denn angesichts des Todes ein ewiges Leben im Diesseits unerreichbar bleibt, so gilt es gleichwohl, in diesem Leben Sinn und Gelingen zu erfahren, Glück und Erfolg zu haben und in alttestamentlicher Perspektive nicht zuletzt auch Wohlstand oder gar Reichtum zu erlangen. Ohne auch hier spätere Auswüchse und verhältnislose Unmäßigkeiten legitimieren zu wollen, wird die ganze Breite und Vielschichtigkeit dieses Spektrums durch den althergebrachten und stark von der biblischen Tradition geprägten Begriff des Segens paradigmatisch verkörpert. Er erweist sich daher gerade im (post)säkularen und multikulturellen Westen des frühen 21. Jahrhundert weiterhin in hohem Maße als anschlussfähig, ja sogar als außerordentlich attraktiv.

3.3. Einbindung in personale Begegnungssituation

Auch wenn es rezeptionsgeschichtliche Zusammenhänge geben mag, lassen sich jedoch zumal in jüngster Zeit wieder vermehrt zu beklagende verhältnislose Unmäßigkeiten nicht mit – gar biblisch fundierten – Segensvorstellungen begründen und rechtfertigen. Wie ebenfalls schon in der Einleitung herausgestellt wurde, gilt es die letztlich unhintergehbare anthropozentrische Weltwahrnehmung klar von einem hypertrophen und tendenziell partikular-individualistischen Anthropomonismus zu unterscheiden: Die in den umfassenden biblischen Segensaussagen ausgedrückten Wirklichkeitsverständnisse nehmen die ›Umwelt‹ in prägnanter anthropozentrischer, aber nicht solipsistischer Weise in Gebrauch, um die kontingente menschliche Existenz in ihren ›Umwelt‹bezügen lebensförderlich zu bewältigen.

Angesichts von klassischen und modernen Missverständnissen gilt es zudem daran zu erinnern, dass der materielle Grundzug des Segens weder Selbstzweck ist, noch absolut gesetzt wird. Vielmehr vollzieht sich Segen nach biblischem Verständnis grundlegend in personalen Begegnungssituationen: Theologisch ist dabei die Gott-Mensch-Relation von konstitutiver Bedeutung, wie sich in biblischer, qumranischer, jüdischer oder islamischer Tradition und auch weit darüber hinaus zeigt. Auf dieser Grundlage und in diesem Horizont fungiert dann auch die zwischenmenschliche Kommunikation von Segen als *rite de passage*, mit dessen Hilfe Übergänge, Brüche und Zäsuren lebensgünstig bewältigt werden können; exakt in dieser Einbindung – und nur in ihr – kommen dann schließlich auch die materiellen Segensgaben in den Blick, die entsprechend nach dem Kriterium ihrer umfassenden Lebensförderlichkeit und -günstigkeit für den Menschen in seinen (auch die ›Mit- und Umwelt‹ einschließenden) Lebensverhältnissen bewertet werden.

Angemerkt sei in diesem Zusammenhang, dass Segen dort an seine inhärenten Grenzen stößt, wo sich der Empfänger seiner zu bemächtigen sucht: Segnen bzw. Segen zusprechen kann man sich eigentlich nicht selber. Darin ist sich die biblische und theologische Tradition weithin einig, auch wenn es als Grenzfälle vereinzelte Ausnahmen gibt: In der HB ist einmal (kritisch) vom ›Sich selber im eigenen Herzen Segnen‹ die Rede (Dtn 29,18; dagegen steht in den Hitpaʿel-Belegen Gen 22,18; 26,4 eine wechselseitige Segnung im Blick [s. a. Ps 72,17; Jes 65,16; Jer 4,2]), und die Qumrangemeinde kennt im Rahmen ihrer Aufnahmeliturgie eine Selbstsegnung (s. o. Hamidović, in diesem Band S. 84). Diese Grundsatzperspektive gilt es auch bei theologisch verantworteten heutigen Segensvollzügen in Anschlag zu bringen: ›Automatischer‹, technisch verfügbarer oder etwa online virtuell abrufbarer Segen erfolgt jenseits aller personaler Kommunikation und verliert damit seinen genuinen Charakter, der sich nur innerhalb personaler Begegnungssituationen entfalten kann.

3.4. Magisch (un)verfügbarer Segen?

Nur innerhalb dieser personalen Begegnungssituation lässt sich meines Erachtens auch ein sachgemäßes Verständnis desjenigen oft und scharf kritisierten Aspekts von Segensvorstellungen gewinnen, den man gern als magische Verfügbarkeit bezeichnet.

Dabei besteht die lebensweltliche Ausgangskonstellation von Segen ja in der im Rahmen eines universalen Schöpfungshorizontes für den Menschen unübersehbaren Unverfügbarkeit gelingenden und gesegneten Lebens sowie in produktiven menschlichen Umgangsweisen damit, die das Komplexe, Kontingente und Unverfügbare symbolisch reduzieren, bewältigen und verfügbar machen können (s. o. Leuenberger, in diesem Band S. 9–12; Feldtkeller, in diesem Band S. 28–31; Rosenau, in diesem Band S. 169–173). Am radikalsten wird dieses Wirklichkeitsverständnis vermutlich von einer – den Sinnhorizont weit über ›diese‹ Welt hinaus ausdehnenden – strikten Karma-Konzeption bestritten (s. Feldtkeller, in diesem Band S. 39–41), doch bleiben Gelingen und Segen für das (in dieser Perspektive freilich ohnehin grundsätzlich relativierte) menschliche Individuum offenkundig auch hier weitgehend unverfügbar. Und selbst im frühen Buddhismus gilt das erstrebte Erlöschen der (isolierten) personalen Existenz lediglich als – nach entsprechenden Vorbereitungen – erwartbar, ohne es aktiv herbeiführen zu können. In Bezug auf diesen Gesichtspunkt der Unverfügbarkeit besteht somit Übereinstimmung mit der christlichen Standardposition, wie sie das Segenslied in Strophe 4 formuliert: »Was ich wünsche, wird sich schicken, / So es anders Gott gefällt«, und in Strophe 5 wird nachgedoppelt »Er weiß schon nach seinem Willen / Mein Verlangen zu erfüllen«. Dieser theo-logische Vorbehalt impliziert mithin eine Fundierung horizontal-zwischenmenschlicher Segensvollzüge und sämtlicher hier vermittelten Inhalte in einer vertikal-gottmenschlichen Segensbeziehung, sodass es sich letztlich nur um Segenswünsche handelt (s. dazu Spehr, in diesem Band S. 160).

Demgegenüber finden sich namentlich in den frühen biblischen Traditionen auch Vorstellungen, in denen Segen – ähnlich wie der Fluch als sein negatives Gegenstück – nach Art eines magischen Transfers von Lebenskraft funktioniert (s. besonders Gen 27*; 32*; Dtn 28*, dazu s. o. Leuenberger, in diesem Band S. 57–62.67): Die Segensvermittlung ist selbstwirksam, bleibt irrevozibel und gewinnt transpersonale Qualität, sodass eine heilvolle Segenssphäre mit einer gewissen Autonomie gegenüber dem (menschlichen) Spender in den Blick kommt. Derartige urtümliche Elemente veranschaulichen, dass und inwiefern die »Magie« eben »manchmal mehr Wahrheit als die pure Aufgeklärtheit [enthält]« (Steffenski 1993: 10; s. 1997: 13). Damit bieten sie meines Erachtens auch für aktuelle Segenstheologien wichtige und produktive Anknüpfungspunkte, wie etwa das Wahrnehmen der wirklichkeitsverändernden Kraft von performativen Segensvollzügen (s. Wagner-Rau, in diesem Band S. 189) oder das Verständnis des Segens als eines interpersonalen Geschehens (s. Rosenau, in diesem Band S. 173–175) belegen.

In diesen Hinsichten erfolgt zu Recht eine beschränkte Rehabilitierung magisch-selbstwirksamer Funktionsweisen von Segen, ohne sie als bloß menschengemachte Religion zu verunglimpfen. Gerade wenn man diese Stoßrichtung aus Überzeugung unterstützt, gilt es aber zugleich ein Doppeltes festzuhalten: Zum Einen erfolgen diese zwischenmenschlichen Segensvollzüge im Rahmen personaler Begegnungssituationen und bleiben mithin trotz einer gewissen dynamischen Verfügbarkeit vonseiten des Spenders wie des Empfängers zugleich für beide Akteure partiell unverfügbar: Die situative Einbindung des Segens schließt eine personale Begrenzung jedes *ex opere operato*-Charakters ein. Und zum Anderen wird die sich im angesprochenen Phänomen ausdrückende elementare Segensbedürftigkeit des Menschen in der biblischen Tradition sowohl aus traditionsgeschichtlicher als auch aus systematischer Perspektive unter den oben umrissenen theo-logischen Vorbehalt der (prä)eschatisch einzuholenden Sanktionierung und Validierung durch Gott gestellt.

3.5. Gott als Spender alles Segens?

Ist die Verhältnisbestimmung von Gott und Mensch im Rahmen von Segensvollzügen im vorangehenden Abschnitt gleichsam ›von unten‹, aus der menschlichen Warte und frei nach der vielfach bewährten (vielfach aber auch uneingelösten) Lebenserfahrung »Sich regen bringt Segen« beschrieben worden, so muss nun die zuletzt bereits angeklungene komplementäre Perspektive ›von oben‹, aus göttlicher Warte ergänzt werden. Sie bildet nicht nur das anfängliche Leitmotto unseres Liedes: »Alles ist an Gottes Segen / Und an seiner Gnad' gelegen, / Über alles Geld und Gut«, sondern zugleich dessen bestimmenden Grundtenor, wie etwa die 4. Strophe deutlich macht: »Meine Seele, Leib und Leben / Hab' ich seiner Gnad' ergeben / Und ihm alles heimgestellt«.

Der Grundtenor liegt also in massiver Eindeutigkeit darauf, dass Gott der exklusive Spender alles Segens für den Menschen ist. Menschlicherseits bleibt der Segen damit komplett unverfügbar und kontingent, er hängt durchgängig von Gott ab. Aus moderner abendländischer Perspektive muss man sich zunächst klar machen, dass diese Unverfügbarkeit, Kontingenz und Abhängigkeit des Segens nun auf Seiten des Menschen nicht Unsicherheit und Angst evozieren, sondern vielmehr positiv als Getragensein, Begleitung und Versorgung durch Gott gedeutet werden, wie es das Lied exemplarisch belegt. Die gesamte Segens-Konstellation wird also von einem grundlegenden Vertrauensverhältnis getragen, das den Menschen radikal entlastet und befreit; dem korrespondiert die menschliche Reaktion, Gott zu danken, zu loben, zu preisen – und eben auch zu »segnen«, wie es alttestamentlich geläufig, im antiken Judentum sukzessiv gesteigert (s. Hamidović, in diesem Band S. 105 f.) und im NT (etwa im Jakobusbrief) bekannt (s. Ostmeyer, in diesem Band S. 124), aber etwa auch im Islam wichtig (s. Feldtkeller, in diesem Band S. 35–39) und darüber hinaus auch im Christentum (s. Spehr, in diesem Band S. 145 f.) verbreitet ist.

Die konkreten Verhältnisbestimmungen zwischen menschlichem und göttlichem Segensvollzug variieren dementsprechend vielfältig. Insbesondere auch gegenüber der im vorigen Abschnitt gewürdigten partiellen Selbständigkeit ›magischer‹ Segensvollzüge zwischen Menschen formuliert das zitierte Kirchenlied eine dezidiert einseitige Position: Es ist »alles« an Gottes Segen gelegen und »alles« wird ihm anheimgestellt. So sehr damit der Mensch entlastet wird, so sehr gerät damit die beschränkte Verfügbarkeit von Segen, wie sie in den erwähnten alttestamentlichen Textzeugnissen zum Ausdruck kommt, aus dem Blick. Nicht manches oder vieles, nein, alles hängt von Gott ab, und zwar auch im ›präeschatischen‹ Bereich des irdischen Lebens. Hier zeigen sich sowohl die biblischen als auch die weiteren religionsgeschichtlichen Zeugnisse wesentlich vielschichtiger und den konkreten Lebensverhältnissen gegenüber sensibler, was meines Erachtens theologisch sachgemäß ist.

Dies gilt auch dann, wenn man über das erörterte Spektrum an (formalen) Verhältnisbestimmungen hinaus zugleich die inhaltlichen Aspekte der Segensvorstellungen mit einbezieht: Jenseits einer funktionalen Beschreibung spielt es für das religiöse Binnenverständnis offenkundig eine entscheidende Rolle, wie das ›Göttliche‹ materialiter gedacht wird. Um es nur für die hier im Zentrum stehende biblische und christliche Tradition zu konkretisieren: Im AT lässt sich theologiegeschichtlich nachvollziehen, wie Segensaussagen mit zunehmender Nachdrücklichkeit und Präzision in den als Jhwh benannten Gott Israels, der sich konstitutiv als beziehungsreicher Gott präsentiert, integriert werden; dieser ist nach dem NT der Vater Jesu Christi, und entsprechend spielt hier die christozentrische Zuspitzung des Segens eine grundlegende Rolle (s. Ostmeyer, in diesem Band S. 116–118); darauf fußen dann trinitarische Segensverständnisse und -theologien in der christlichen Rezeptionsgeschichte bis in die Gegenwart, wiewohl eben in jüngerer Zeit auch hierzulande wichtige Neubesinnungen eingesetzt haben. Dabei greifen formale und materiale Segens-Verständnisse und -Konzeptionen integrativ ineinander, und diesen Sachverhalt gilt es auch bei weiter ausgreifenden kultur- und religionsgeschichtlichen Vergleichsbemühungen zu beachten, die damit freilich an Grenzen stoßen (s. Feldtkeller, in diesem Band S. 25–28).

4. Die Gott und Mensch verbindende Wirklichkeitssphäre des Segens

Die theologische Pointe der vorangegangenen Überlegungen zu wichtigen segenstheologischen Brennpunkten lässt sich nun von der biblischen Tradition her so auf den Punkt bringen, dass in der Sphäre des Segens Gott mit dem ganzen Menschen in seinen vielschichtigen Lebensverhältnissen sowie mit der Welt verbunden ist: Das Band des Segens bringt und hält Gott mit dem Menschen und der Welt in einer gemeinsamen Wirklichkeitssphäre zusammen. Diese eröffnet, mit Hans-Peter Müller formuliert, »einen Indifferenzraum zwischen Transzendenz und Immanenz Gottes« (Müller 1990: 32), der sich durch »so etwas wie Gotthaltigkeit der Welt selbst« und des Menschen selbst auszeichnet (Müller 1990: 1). Begrifflich präzis kommt dies in der theologisch-anthropologischen Reziprozität von ברך *brk*: »segnen« und εὐλογεῖν: »segnen« in der Bibel zum Ausdruck, welcher Sprachgebrauch ja eine Entsprechung in der sich ausweitenden Segnung Gottes im antiken Judentum besitzt (s. Hamidović, in diesem Band S. 105 f.).

Eine Segenstheologie, die auf diese Weise konzipiert wird, vermag auf der einen Seite die gegenwärtig wieder virulentere Segensbedürftigkeit vieler Menschen sensibler aufzunehmen, als es gerade in der evangelischen Tradition oft der Fall war; auf der anderen Seite besitzt sie das Potential, diese zugleich kritisch zu evaluieren: Spannungsvolle bis widersprüchliche Lebens- und Wirklichkeitserfahrungen insbesondere an alltäglichen, biographischen und gesellschaftlichen Übergängen und Zäsuren können mithilfe von Segensvollzügen, die sich als *rites de passages* verstehen lassen, produktiv und sinnstiftend aufgenommen werden. Weil der biblische und christliche Gott sich konstitutiv als Gott in dynamischer Bewegung und in lebendiger (und mithin inhaltlich qualifizierter) Beziehung erschlossen hat, müssen die menschlichen Gegenerfahrungen nicht in ein glattes und starres theologisches System mit einem unbewegten Bewegergott nivelliert werden, sondern lassen sich in ein partiell auch magische Aspekte einschließendes Segens-, Lebens- und Wirklichkeitsverständnis integrieren, das eben dadurch theologisch interessant und lebenspraktisch ›verifizierbar‹ wird – etwa in einer sorgfältig konzipierten kirchlichen Segenspraxis (s. Wagner-Rau, in diesem Band S. 195–205), aber auch darüber hinaus: Im Rahmen der christlichen Tradition, die – wie immer sie im Einzelnen gefasst wird – von der eschatologischen Selbsterschließung Gottes in der diesseitigen Ostererfahrung lebt, kommt dem Wohl und Heil irdischen Segens als Fragment jenseitiger Heilsvollendung ein kaum zu überschätzendes Gewicht zu.

Aufs Ganze stellen Segen, Segensvorstellungen und Segensvollzüge so Abbreviaturen des glückenden und gelingenden, guten und sinntragenden Lebens dar. In der hier entfalteten Weise konkretisiert und auch mit inhaltlich gefüllten Konturen profiliert, tragen sie, so bleibt zu hoffen, dazu bei, ein Grundthema von Kultur, Religion und Theologie zu erschließen, das hierzulande gerade in jüngster Zeit mit vollem Recht intensivere Aufmerksamkeit auf sich gezogen hat.

Quellen- und Literaturverzeichnis

1. Sekundärliteratur

Büchner/Fornaçon 1958: Kulp, Johannes: Die Lieder unserer Kirche. Eine Handreichung zum Evangelischen Kirchengesangbuch. Bearb. und hg. von Arno Büchner/Siegfried Fornaçon, Göttingen 1958.

Frettlöh 2005: Frettlöh, Magdalene L.: Theologie des Segens. Biblische und dogmatische Wahrnehmungen, Gütersloh 2005[5].

Müller 1990: Müller, Hans-Peter: Segen im Alten Testament. Theologische Implikationen eines halb vergessenen Themas, ZThK 87 (1990), 1–32.

Steffensky 1993: Steffensky, Fulbert: Segnen. Gedanken zu einer Geste, PTh 82 (1993), 2–11.

Steffensky 1997: Steffensky, Fulbert: Segen: Grundgeste der jüdisch-christlichen Tradition, Arbeitsstelle Gottesdienst 28 (1997), 1–15.

Theißen 2009: Theißen, Gerd: Der Eigenwert des Alten Testaments. Überlegungen eines Neutestamentlers aus reformierter Tradition, in: Manfred Oeming/Walter Boës (Hgg.): Alttestamentliche Wissenschaft und kirchliche Praxis. Festschrift für Jürgen Kegler (Beiräge zum Verstehen der Bibel 18), Münster 2009, 15–27.

2. Literaturhinweise zum vertiefenden Studium

Häusl/Ostmeyer 2009: Häusl, Maria/Ostmeyer, Karl-Heinrich: Art. Segen und Fluch, in: Frank Crüsemann u. a. (Hgg.): Sozialgeschichtliches Wörterbuch zur Bibel, Gütersloh 2009, 515–518.

Hahn 2002: Hahn, Udo: Segen. Grundbegriffe Christentum (Gütersloher-TB 688), Gütersloh 2002.

Hangartner/Vielhaus 2006: Hangartner, Li/Vielhaus, Brigitte (Hgg.): Segnen und gesegnet werden. Reflexionen, Impulse, Materialien, Düsseldorf 2006.

Heckel 2002: Heckel, Ulrich: Der Segen im Neuen Testament. Begriff, Formeln, Gesten. Mit einem praktisch-theologischen Ausblick (WUNT 150), Tübingen 2002.

Homolka 2004: Homolka, Walter: Segen und Segnen nach jüdischem Glaubensverständnis, JCR 476 (2004) (http://www.jcrelations.net/de/?id=2376).

Leuenberger 2008: Leuenberger, Martin: Segen und Segenstheologien im alten Israel. Untersuchungen zu ihren religions- und theologiegeschichtlichen Konstellationen und Transformationen (AThANT 90), Zürich 2008.

Obermann 1998: Obermann, Andreas: An Gottes Segen ist alles gelegen. Neukirchen-Vluyn 1998.

Rosenau 2000: Rosenau, Hartmut: Auf der Suche nach dem gelingenden Leben. Religionsphilosophische Streifzüge, Neukirchen-Vluyn 2000.

Wagner-Rau 2008: Wagner-Rau, Ulrike, Segensraum. Kasualpraxis in der Moderne, Stuttgart 2008².

Autorin und Autoren

Feldtkeller, Andreas, geb. 1961, Dr. theol., Professor für Religions- und Missionswissenschaft sowie Ökumenik an der Theologischen Fakultät der Humboldt-Universität zu Berlin.

Hamidović, David, geb. 1974, Dr. phil., Professor für Jüdische Apokryphe Literatur und Geschichte des Judentums in der Antike an der Fakultät für Theologie und Religionswissenschaft der Universität Lausanne.

Leuenberger, Martin, geb. 1973, Dr. theol., Professor für Altes Testament an der Evangelisch-Theologischen Fakultät der Eberhard Karls-Universität Tübingen.

Ostmeyer, Karl-Heinrich, geb. 1967, Dr. theol., (apl.) Professor für Neues Testament an der Evangelisch-Theologischen Fakultät der Philipps-Universität Marburg.

Spehr, Christopher, geb. 1971, Dr. theol., Professor für Kirchengeschichte an der Theologischen Fakultät der Friedrich Schiller-Universität Jena.

Rosenau, Hartmut, geb. 1957, Dr. phil., Professor für Systematische Theologie/Dogmatik an der Christian Albrechts-Universität Kiel.

Wagner-Rau, Ulrike, geb. 1952, Dr. theol., Professorin für Praktische Theologie an der Evangelisch-Theologischen Fakultät der Philipps-Universität Marburg.

Der vorliegende Band hat zwar ein handliches Format behalten, das seinem Zweck zugute kommen möge, wäre aber gleichwohl nicht zu realisieren gewesen ohne die zuverlässige und konstruktive Zusammenarbeit mit der Mitautorin und den Mitautoren, für die ich Ihnen sehr dankbar bin. Weiter gilt mein Dank David Cloutier

(Rottweil) für die kompetente Erstübersetzung des judaistischen Beitrags und Rahel Blum (Tübingen/Frankfurt a. M.) für die vielfältige und umsichtige Redaktionsarbeit mitsamt der Registererstellung. Zu guter Letzt gilt es die gewohnt zuverlässige Betreuung durch das Team des Verlags Mohr Siebeck zu verdanken.

Tübingen, im Januar 2015　　　　　　　　　　　　Martin Leuenberger

Namenregister

Aaron 56, 101, 192
Abra(ha)m 15, 34, 36, 59, 79, 87–89, 92, 95 f., 114, 116 f., 153
Adam 87 f., 117, 125 f.
Adorno, Theodor E. 183
Ananias 91
Arendt, Hannah 172
Aseneth 90
Asser 90
Augustin 138, 145–147, 152, 183
Aurelius 145

Balak 115
Barak 91
Benedikt von Nursia 145
Benjamin 90
Berlejung, Angelika 53
Bileam 96, 114 f.
Bucer, Martin 159
Buddha (Siddharta Gautama) 41–45
Bultmann, Rudolph 169

Calvin, Johannes 19, 152, 156 f., 175
Cicero 20, 166, 169
Cosmianus (Joseph) 102
Cotton, Hannah M. 100

Dalai Lama 46
Dan 90
David 93
Dina 87

El Šadday 58

Feldtkeller, Andreas 13
Flavius Josephus 16, 77, 91–93, 105
Franz, Adolph 157
Frettlöh, Magdalene L. 8, 178

Gad 90
Gennep, Arnold van 193
Gerhard, Johann 157

Hamidović, David 16
Hare, Richard M. 177
Härle, Wilfried 178
Hegel, Georg W. F. 183
Henoch 87
Herms, Eilert 178
Hiob 64 f.

Ibn Taymiyya 38
Isaak 57 f., 79 f., 87–89, 116
Issachar 90

Jael 91
Jakob 57 f., 87 f., 94 f., 116
Jakob/Israel 56
Jesus Christus 6, 18 f., 34, 36, 112 f., 121–123, 125, 128–130, 137–139, 142, 144 f., 150–154, 156, 181 f., 192, 199
Jesus, Sohn des Ananias 91
Jhwh 3, 13–16, 52–65, 79, 84, 93
Joseph 17, 58, 62, 86 f. 90, 180
Josephus 79, 91–93, 105
Justin der Märtyrer 137

Kant, Immanuel 170
Kierkegaard, Sören 176

Namenregister

Köhe, Wilhelm 160

Leuenberger, Martin 14
Levi 90
Lombardus, Petrus 151
Luhmann, Niklas 9
Luther, Martin 19, 152–157, 159, 176, 180 f., 194, 196, 203

Maimonides, Moses 17
Marquardt, Friedrich-Wilhelm 178
Martin von Tours 142
Melchisedek 92
Morgenthaler, Christoph 195
Mose 56, 61
Muhammad 36
Müller, Christoph 199
Müller, Hans-Peter 222

Naftali 90
Noah 87 f.

Ostmeyer, Karl-Heinrich 17
Otto, Rudolph 26

Papst Gregor I. 148
Paulus 18, 112, 114, 116–120, 124–129, 172
Petrus 128
Philo von Alexandrien 16, 77, 94 f., 105
Platon 168

R. Johanan 97
R. Jonatan 97
R. Yosi 97
Rebekka 89 f.
Robert, Louis 102
Rosenau, Hartmut 11, 19
Ruben 90

Salomo 93
Samuel 99
Sarah 89
Satan 65, 120, 127–129
Saul 116
Schelling, Friedrich W. J. 178
Schleiermacher, Friedrich D. E. 20, 169
Sem 87
Serapion 139
Severus 145
Simeon 90
Siricius 101
Sisera 91
Spehr, Christopher 18
Spener, Philipp Jacob 159
Steffensky, Fulbert 191
Sulpicius Severus 145

Tertullian 142
Theißen, Gerd 66
Thmuis, Serapion von 139
Tillich, Paul 20, 170

Wagner-Rau, Ulrike 5, 21, 211 f., 225
Westermann, Claus 10 f., 66
Wilhelm von Auvergne 151

Sachregister

70 n. Chr. 16, 77, 93

Abendland 148
Abendmahl 150, 152, 159, 195 f.
- Abendmahlsfeier 137
- Abendmahlskelch 119
- Abendmahlspräfation 138
Ablass 149, 152
Abrahamserzählung/-erzählkranz 15, 57 f.
Abschlussformel 102
Afrika 25, 30
Ägypten 37
Ahnen 13, 31–33, 40
- Ahnendienst 32
- Ahnenschrein 33
Alltag 17, 28, 33, 100, 129, 138, 140, 147, 177, 179, 183, 189, 191 f. 194–197, 204
Allversöhnung 178
Alte Kirche 142 f., 145, 149 f., 196
Alter Orient 10, 51
Altes Israel 27, 49–51, 54, 66–68
Ambrosiaster 140
Amen 80, 143
Amida 97–99
Amt 19, 140–149, 157
- geistliches 194
- kirchliches 140
- klerikales 19
- urchristliches 140
Amulett 52
Antike 225
Antiochien 137 f.
Apokryphen 105
Apologetik 166

Apostolische Konstitutionen 138 f., 144
Arabische Halbinsel 38
Arbeit 10, 56, 86, 156, 172
Armer 92, 112 f., 192
Askese 183
Auferstehung 117, 122, 196
Aufklärung 160
Avalokiteśvara 46

Babylon 55
Beatitudo → Glück
Befreiung 16, 40, 45 f., 139, 158
- Befreiungskriege 158
Begegnung 67, 90, 122, 146, 188, 205
- Begegnungssituation 8, 14, 66 f., 217–219
Begräbnis → Bestattung
Begrüßung → Gruß
Benediktion 19, 97, 143 f., 147, 149, 151, 155, 157 f.
Berakhot 5, 97 f.
Bergpredigt 113
Berührung 21, 36, 190 f.
Beschneidung 114
Besessener 139
Beständigkeit 184
Bestätigung 129, 201 f., 205 f.
Bestattung 22, 149, 159, 198, 204
- Bestattungskontext 17
- Bestattungsliturgie 203
Betender → Gebet
Bewahrung 89, 139 f., 145, 147, 159
- Bewahrung der Schöpfung 7
Bewältigungspraxis 9, 211

Beziehung 17, 30–35, 97, 105 f., 115, 123, 127, 206, 222
- Beziehungserfahrungen 206
- Beziehungsgeschehen 114 f., 129, 190, 196, 202, 205
- Beziehungsraum 22
- Beziehungswillen 49
Bhakti 14, 40 f.
Bibel 3 f., 34, 57, 79, 99, 111 f., 116, 152, 191, 222
- Altes Testament/AT (Hebräische Bibel) 3, 15–18, 33, 49, 53–55, 57, 59, 66, 78, 87, 98, 103–106, 110, 116, 129, 215–217
- Bibelexegese 153
- Bibelkommentar 156
- Bibelübersetzung 135
- Briefliteratur 113
- Neues Testament/NT 3, 17 f., 34, 111–113, 116, 119, 123, 125, 128 f., 135, 137, 215, 220 f.
Bildexegese 153
Bildung 201
- Bildungsarbeit 204
- Bildungskontext 22, 204
Bischof 137–144, 151
Bitte 20 f., 53, 67, 80, 96, 98, 106, 138, 140, 155, 160, 167, 170, 180, 190, 200
Bodhisattva-Ideal 14, 44–46
Brahmavihara 43 f.
Brauch 149, 152, 159
Brot 81, 137, 143, 147, 151, 189, 194
Bruder 32, 87, 126, 146
Buddhismus 14, 41–46, 215, 218
Bund 80, 84, 88 f., 99
- Abraham 56
- Bundeserneuerung 80, 89, 104
- Bundesschluss 56, 104
- Bundestheologie 152, 156
- Bundestreue 156
- Bundeszeremonie 84, 104
- Noah 56

Buße 80, 121, 151, 181
- Büßer 139, 148
- Bußgebet 106, 159

Christentum 25, 27, 35 f., 44, 135, 137, 140, 142, 144, 187, 192, 221
- Christenmensch 145, 150, 155
- Christentumsgeschichte 18, 136
- Christologie 114, 118, 123, 145, 181

Dämon 143, 147, 158
Dank 17 f., 119 f., 135, 137, 143, 149, 167, 170, 173, 179, 189
- Dankgebet 18, 92, 98, 137, 140, 159
- Danksagung 137, 143 f.
- Danksprüche 98
Deuteronomium 15, 55, 57, 60
Deutschland 159, 197
Diakon 138–141, 145, 148
Dienst 40, 140 f., 160, 172
Diesseits 11, 49, 54, 215 f.
- Diesseitsorientierung 216
- Diesseitsreligion 16, 66, 216

Eden 86, 90
Ehe 172, 202
- Ehefrau 32, 36
- Ehemann 32
- Ehepaar 149
- Eheschließung 142
- Ehesegen 19
Einweihung 149, 158
Einzelner → Individuum
Empfänger 4, 8, 17, 49, 53, 56, 79, 95 f., 101, 112, 121, 141, 191, 217, 219
En Gedi 53
Engel 16, 35 f., 79, 82 f., 89 f., 125, 146, 183
Epheserbrief 120
Epitaph 102 f.

Sachregister

Erde 58 f., 85 f., 88, 90, 116 f., 121, 144, 156
Erfüllung 10, 33, 66, 91–93, 97 f., 167, 184, 190, 198, 216
Erkenntnis 83, 122, 139, 170, 174 f., 177, 195, 205
Erlösung 40, 120, 154, 180 f., 199
– Erlöser 126, 181
– Erlöster 119
– Erlösungshandeln 181
– Erlösungsreligion 10
Erwählung 7, 92, 96, 98, 152, 156
Erzmutter 89
Erzvater 156
Eschatologie 165, 177 f., 182
Essen 33, 80
Essener 78–80
Ethik 165
Eucharistie 137 f., 142 f., 148 f., 151
Euchologion 139, 143
Eudämonie → Glück (Glückseligkeit)
Europa 144
Evangelium 122 f., 128, 145, 153, 155 f., 177, 182
Exil 55, 64
Exorzismus 151

Familie 97, 167, 172, 195, 198, 201, 204
– Familienandacht 166
– Familienleben 194
– Familienoberhaupt 166
– Kernfamilie 6
Feiertag 98
Feindesliebe 128, 146
Feindschaft 39
Fideismus 166
Firmung 150 f.
Fluch 4, 16, 18, 50 f., 54, 61 f., 64 f., 85, 91 f., 96, 104, 115, 117–120, 124–126, 128–130, 174
Formel 78, 80, 82 f., 88, 92, 102–104, 149
– Abschlussformel 102
– Entlassformel 138, 141
– Grußformel 137, 146, 194
– Segensformel 17, 36 f., 45, 52 f., 78 f., 83, 93, 98 f., 101, 103–106, 138, 143, 145–147, 154, 160
– Vollzugsformel 159
Friede 54, 80, 86, 90, 100 f., 113, 126, 138, 140, 156, 168, 179, 183, 192
Frömmigkeitspraxis 160
Fruchtbarkeit 13, 15, 29, 49, 58, 60 f., 89, 147, 153, 156, 170
Fürbitte 90, 130, 151, 157 f., 170, 201

Gabe 143 f., 153
Gebet 14, 18, 35 f., 63, 82 f., 93, 95, 98 f., 102, 106, 137–141, 143, 151, 155, 159, 167, 169 f., 173 f., 177, 195, 203
– Segensgebet 137–140, 143 f., 148, 159, 160, 190 f.
Gebot 92, 97–99
Geister 40 f., 86
Gekreuzigter 145
Gelingen 1, 171, 183, 203, 216, 222
Gelübde 45, 94
Gemeinde 81, 121, 127, 136–141, 148, 155–157, 160, 192, 195 f., 201, 218
– Gemeinderegel 80–82, 84
Gemeinschaft 7, 27 f., 30 f., 40, 79–81, 84, 114 f., 119, 123, 127, 129, 138–140, 195–197, 202
Genealogie 34
Genesis 15, 34, 55, 57, 60
Gerechtigkeit 35, 79, 86 f., 89, 113, 117, 180
Gericht 86, 91, 123, 177 f.
Geschichte 25, 37, 55, 77, 91
Geschöpf 147, 170–172, 174, 180
Gesegneter 10, 53, 83, 86, 91, 96, 111, 114, 119, 122–124, 128, 130, 135, 156, 178

Gesellschaft 41, 166, 168, 183, 188, 193, 212
Gesetz 39, 41, 92, 125 f., 182
- Gesetzgeber 91, 96
- Gesetzgebung 202
Geste 21, 129, 140, 145, 166, 189 f., 192, 194 f., 205 f.
Glaube 35, 115, 117 f., 123, 129 f., 152, 168, 177 f., 180, 190, 192, 199–201, 204, 207
- Glaubender 18, 34, 36, 97, 115, 117, 119 f., 122–124, 126, 129 f., 139, 152, 154, 157
- Glaubensexistenz 155
Gleichnis 179, 183
Glück (Beatitudo) 50, 147, 156, 176, 183 f., 213 f., 216
- Glückseligkeit (Eudämonie) 14, 40, 183
- Glückwunsch 157
- Lebensglück 5, 184
Gnade 113–115, 119–121, 124, 138, 140, 151, 158, 160, 200–203
Gott 5–8, 14, 16, 20–22, 29, 35–37, 40–42, 49–52, 56 f., 63 f., 67, 79 f., 82–84, 103, 106, 111–116, 118–122, 124, 126 f., 129 f., 135, 138 f., 143, 145 f., 148, 153, 155, 157 f., 170–174, 176 f., 180, 189 f., 192, 196, 199, 202, 220–222
- Gottes Gabe 19, 36, 152, 155, 189, 196
- Gottes Rede 59
- Gottes Wort 155, 159
Götter 62, 83
Gottesdienst 5, 18, 129, 136–138, 140–143, 147–148, 154, 156, 158 f., 166, 171 f., 192–197, 201, 203
- Einschulungsgottesdienst 198, 201
- Gottesdienstbesucher 159, 182
- Gottesdienstordnungen 154, 156
- Kausalgottesdienst 197 f.
- Segnungsgottesdienst 202
- Traugottesdienst 191, 198, 202
Gottheit → Gott
Grab 38, 159
Gruß 115, 138, 140, 146
- Begrüßung 1, 53
- Eingangsgruß 138
- Kanzelgruß 129
- Segensgruß 18, 137 f., 140

Hadith 36
Halacha 96, 99
Hanbaliten 38
Hebräerbrief 92, 121
Hebräische Bibel → Bibel
Heil 113–115, 118 f., 124–130
- Heilsbereich 17, 112, 115, 118, 127 f.
- Heilsein 113
- Heilsraum 119
- Heilstat 113, 118 f.
- Heilswerk 126, 154
Heilige Schrift → Bibel
Heiligenverehrung 145
Heiliger Geist 90, 122, 125, 138–141, 143, 148, 154, 190
Heiligtum 37, 56, 83, 103
Heiligung 139, 143, 147, 150, 154, 156
Heilung 38, 142 f., 145 f., 151, 179, 182
1 Henoch 85 f.
2 Henoch 87
Herero 13, 30 f., 34, 215
Herrenmahl 119, 129
Herrlichkeit 83, 90, 143, 156
Herrschaft 62, 86, 93, 95, 127 f.
- Herrscher 32, 95, 97, 120
Herz 80, 84, 96, 213, 218
Himmel 58, 85–89, 90, 92, 125, 180
- Himmelsrichtung 43
- Himmelswesen 83, 86
- Himmlisches Jerusalem 126

Hinduismus 40–42
Hiobbuch 16, 55, 64 f.
Ḥirbet el-Qom 52–54
Hodajot 104
Hymnus 93, 104, 106

Ikone 144 f.
Indien 41, 46
Indienstnahme 149, 155, 158
Individuum 5 f., 8, 166, 218
Inschrift 6, 53 f., 57, 77, 100 f., 105, 107
– althebräische 14, 51–54
– aramäische 100
– Grabinschrift 52, 102
– griechische 101
– hebräisch-griechische 101
– jüdische 17, 78, 100
– Mosaikinschrift 102
– thrakische 102
Interpretation 16, 26, 28, 30, 38, 96, 100, 117, 148, 150, 173, 175
Islam 12, 25, 27, 35–39, 44, 220
Israel 15 f., 27, 37, 49 f., 54–56, 58, 61, 63 f., 66–68, 81, 84, 98, 114, 116, 178
Israeliten 34, 62, 88, 92 f., 98, 102

Jabbok 58, 116,
Jakobusbrief 124, 220
Jakobzyklus 15, 57 f.
Jenseits 49, 61, 65, 183
– Jenseitsperspektive 215 f., 221
– Jenseitsvorstellung 10
Jerusalem 16, 37, 52, 55, 77, 81, 91, 122, 137
Johannes/Johannesevangelium 128
Johannesapokalypse 126
Jordan 61, 143
Josephsgeschichte 56, 59
Jubiläenbuch 87, 89
Juda 54, 90, 101
Juden 78, 80, 91, 114

Judentum 16, 25, 27, 35 f., 44, 77, 79, 94, 99, 103, 106, 220, 222
Jugendlicher 198, 201, 204
Jünger 122 f., 148, 154, 156

Kaaba 37
Karma 14, 39–42, 45, 218
Kaste 39
Kasualien 21, 197, 201
Kasualtheorie 21, 198
Katechismus 152, 155, 180
Ketef Hinnom 52–54
Kind/Kinder 6, 89, 101, 113, 122, 126, 142, 149, 191, 194 f., 198–201, 204–206
– Kinder Abrahams 117
– Kinder Adams 117
– Kindersegnung 142
– Kindertaufe 199
– Kinderwunsch 38
– Kindheit 195, 206
Kirche 142 f., 149, 151, 156, 159, 172, 176, 182, 192 f., 195, 197, 202
– anglikanische 159
– evangelische 158, 197
– Filialkirche 140
– katholische 157
– Kirchenagende, preußische 159
– Kirchenlied 212, 221
– Kirchenmitglieder 21
– Kirchenordnung 136, 138, 158 f., 199
– Kirchenweihe 19, 152, 158
– Kirchenwesen 152, 158
– lateinische 136
– lutherische 158
– römische 146, 149
Klage 106, 170, 179
Klerus 140 f., 144 f., 148
Kohanim 192
Kollektiv → Gemeinde, Gemeinschaft
Kolosserbrief 120

Kommunikation 4, 13, 18, 54, 60, 63, 66f., 97, 115, 120f., 124, 202, 205, 217f.
Komplexität 11f.
- Komplexitätsreduktion 9
Konfirmation 22, 149, 159, 198, 201
Konfuzianismus 13, 32, 34, 215
König 15, 57, 62, 64, 81, 83, 93, 97, 149
Kontext 3, 8, 21, 25f., 28f., 49, 61–63, 82–85, 87, 90–93, 104f., 122, 135f., 169, 178, 180, 183, 192, 195, 204, 215
Kontingenz 9f., 220
- Kontingenzbewältigung 9–12
- Kontingenzbewältigungspraxis 9, 211
Koran 35–37
- Koranexegese 35
Körper 82, 89, 95, 192
- Körperausdruck 190
- Körperhaltung 44
- Körperteil 30, 147
Kosmos → Welt
Krankheit 38, 96, 143, 175, 182, 199
Kreuz 3, 19, 122, 125, 169, 155, 176, 179, 181, 192, 194, 196
- Kreuzestod 129
- Kreuzeszeichen 3, 135, 144f., 169, 192, 194, 196, 198, 206
Krieg 39, 53, 83, 158, 183
Kult 15, 29, 56, 81, 157
Kultur 1, 4f., 9–12, 32f., 166, 168, 170, 188, 211f., 223
Kuntillet ʿAjrud 52f., 58

Laie 22, 139, 141, 146
Land 5, 36f., 46, 49, 60–62, 88f., 92, 170
Leben 1, 6f., 9f., 12f., 18, 20f., 27, 29f., 33f., 39, 41, 44, 49f., 66, 68, 78, 80, 89f., 92, 96, 116–118, 123, 126, 136, 143, 153–156, 170–179, 181–183, 188, 193f., 198–202, 204, 206, 211, 213–216, 220, 223
- ewiges 19, 86, 123, 126, 153, 179, 216
- irdisches 180
- Lebensbereich 60, 170
- Lebensende 92, 176
- Lebenserfahrung 10, 13, 22, 29, 61, 221f.
- Lebensförderlichkeit 143, 217
- Lebensform 45, 146, 175, 188
- Lebensführung 168, 171, 180, 183
- Lebensfülle 54
- Lebenskraft 57, 67, 219
- Lebender 31, 33f., 102f., 159, 178
- Lebenswelt 2, 11, 155, 188
- Lebenswirklichkeit 135, 168, 181
- Lebensordnung 6
- Lebensrecht 187
- Lebenssicherung 10, 216
- Lebenssituation 8, 68, 170
- Lebenssteigerung 57, 66
- Lebensumstände 1, 5, 7, 22, 172, 176f., 179, 211, 215, 221f.
- Lebensvollzug 5f., 60, 127, 216
Lehre 32, 35
- Buddha 41–43
- reformatorische 158
- Wahhabiten 38
Lehrer 38, 80, 139, 141, 145, 151
Leviten 80, 87
Licht 35, 85f., 88, 94
Liebe 89, 143, 152, 184, 202, 206
- Liebe Gottes 138, 140, 203
Liturgie 83, 106, 136–138, 148, 157, 194f., 203, 218
Lob 3, 17, 36, 93f., 96, 100, 135, 154, 167, 170
- Lobgebet 137, 140

– Lobpreis 19, 104–105, 120, 135, 139 f., 145, 167
– Lobspruch 17, 137
Logos 143
Lukas/Lukasevangelium 117, 122, 128
Lutherbibel 154

Maʾaser šeni 98
Macht 13, 28, 36 f., 82, 86, 88, 90, 94, 99 f., 116, 128, 130, 142, 145, 147, 169, 191
Magie 20, 25, 114, 167, 169, 173 f., 177, 219
Mahl 81, 98, 115, 137, 155
Markus/Markusevangelium 122
Matthäus/Matthäusevangelium 117, 122, 128 f.
Mekka 37
Menora 101 f.
Mensch 1, 5–7, 9, 11, 13, 16–18, 22, 27 f., 36, 38–40, 44, 49 f., 56, 60 f., 63, 66–68, 79, 86, 88 f., 92, 95 f., 100, 105, 111, 113–121, 124–130, 135, 143 f., 147, 151, 153–156, 158–200, 202–207, 211, 214, 217 f., 220–222
– Menschensohn 128
– Mitmensch 14, 118 f., 156
Messe 140, 148 f., 154
Messias 16, 80 f., 90
Midrasch 78, 97
Mischna 17, 78, 96, 98 f.
Mittelalter 18 f., 144 f., 147 f., 149 f.
Mittelmeerraum 78, 100, 106, 136
Mond 90
Morgengebet 98 f.
Musaf 97 f.
Muslim 36

Nachfolge 117, 124–126, 215
Nachkommen 15, 34, 36, 66, 87–90, 99, 117, 192
Namibia 13, 30

Nebenkirche 140
Nordafrika 137

Ohnmacht 205
Ökumene 160
Ölung 151
Ontologie 179
Opfer 28 f., 45, 79–82, 92 f., 98, 144
Orakel 91, 96
Ordination 141, 155, 159

Palästina 49, 78, 100 f.
Pastoralbriefe 18, 121
Pentateuch 15, 60, 62
1 Petrusbrief 124, 215
Pfarrer 155, 158, 191 f.
Pflicht 13, 32 f., 45, 62, 84, 86, 97, 103, 159
Philosophie 94, 179, 183
Pietät 32 f.
Pilger 39, 146
Piyyutim 100
Postmoderne 21, 182
Praxis 36, 41–43, 45, 135 f., 150, 158, 192–194, 211,
– Alltagspraxis 195
– Bewältigungspraxis 9
– Kasualpraxis 198
– Religionspraxis 5, 160
– Segenspraxis 18, 136, 158, 190, 194 f., 223
Predigt 125, 138, 152 f., 155 f., 158 f., 182
Presbyter 140 f.
Priester 40, 80 f., 87, 102, 140, 146, 150, 152, 156 f., 165 f., 171, 192
Priesterschrift 15, 55–57, 59
Priestersegen 101 f., 140, 192
Prophet 36, 38, 93, 99, 138
Prophetie 93
Protestantismus 160
Psalmen 16, 55, 63 f., 94, 104
– Psalmbeter 63, 100, 102
– Psalmen Salomos 90

Pseudepigraphen 105
Pseudo-Augustin 140
Pseudo-Jubiläen 79

Qumran 16 f., 78 f., 81, 85, 87, 103 f., 106, 218

Realität → Wirklichkeit
Rechtfertigung 113–114, 118, 152, 156, 172, 187, 198, 212
Reformator 152, 156, 159
Reich Gottes 18, 112 f., 117 f., 122–124, 127, 130
Reichtum 50, 214, 216
Reinheit 82, 89, 139
Religion 27, 30, 36, 156, 165, 168, 170, 187 f., 211 f., 219, 223
– Religionsbegriff 10, 20, 165,
– Religionsgeschichte 13, 28 f., 34, 49
– Religionsphänomenologie 25 f.
– Religionswissenschaft 9, 25–27
Retter 153, 181
Reziprozität von Segen 51, 63, 67, 222
Rite de passage →Ritual
Ritual 20, 82, 92 f., 141, 148 f., 157, 168, 187 f., 192–195, 199, 201, 204 f.
– Opferritual 28
– Reinigungsritual 82
– Ritualstruktur 6
– Ritualtheorie 193
– Segensritual 142
– Totenritual 33
– Übergangsritual (Rite de passage) 8, 21, 172, 181, 193, 217

Sabbat 56, 83, 79, 82, 98, 113
Sakrament 19, 129, 146, 149–152, 157, 167, 169, 177, 179, 198
Salbung 142 f., 150, 197, 199
Samsara 39–46
1 Samuelbuch 116

Scheidung 203
Scholastik 19, 50, 151–152
Schöpfer 16, 82, 86, 142, 170 f., 173 f.
Schöpfung 7, 15, 49, 55 f., 88, 91, 143, 154, 156, 170, 174, 177 f., 180 f., 199, 218
– Schöpfungserzählung 56
– Schöpfungsgemeinschaft 176, 179, 183
– Schöpfungsmittlerschaft 181
– Schöpfungsordnung 20, 171 f.
– Schöpfungssegen 7 f., 55, 57, 153, 181
Schrift(en) 16, 32, 78, 99, 103 f., 159, 166, 192
Schule 38, 136, 204
Schutz 139, 145, 147, 149, 178, 197, 199, 201 f.
Seder Olam Rabba 78, 97
Seele 37, 57, 95, 139, 159, 183, 203, 213 f., 220
Seelsorge 22, 191, 193, 200, 204 f.
Segen
– aaronitischer 19, 129, 140, 154, 156, 159 f., 181, 190, 192, 196, 204, 206
– Abrahamssegen 116
– Abschiedssegen 145 f.
– Abtssegen 145
– apostolischer 149
– Bamberger Blutsegen 147
– Beschneidungssegen 99
– Bischofssegen 145
– Diebessegen 147
– Ehesegen 19
– Einweihungssegen 98
– Entlassungssegen 21
– geistlicher 19, 153, 181
– Geldsegen 3
– Haussegen 6
– Heilungssegen 6
– Isaaksegen 62
– Jakob-Israelsegen 58

Sachregister 237

- Johannessegen 146
- Kanzelsegen 129, 159 f.
- Krankensegen 142
- leiblicher 19, 153, 181
- Lorscher Bienensegen 147
- Mosesegen 62, 102
- Pontifikalsegen 149
- Reisesegen 5, 19, 146
- Regensburger Augensegen 147
- Schlusssegen 18 f., 129, 138, 148, 154, 156, 159
- Schöpfungssegen 7
- Schwertsegen 19, 146
- Segensbedürftigkeit 8, 149, 212, 220, 222
- Segensbegriff 2, 4, 114, 135, 170
- Segensbereich 14, 54, 119, 128
- Segensbitte →Bitte
- Segensempfänger 12, 66, 114
- Segensformulierung 18, 50, 54, 105, 146
- Segensgabe 19, 61, 115, 135, 150, 153, 156, 217
- Segensgebet → Gebet
- Segensgehalt 6, 8, 66
- Segensgeste 135, 141 f., 144 f.
- Segensgruß → Gruß
- Segenshandlung 19, 34, 36, 81, 90, 130, 137 f., 141–143, 150–153, 155, 159, 183
- Segenskonstellation 8
- Segensphänomen 2–4
- Segenspraxis 18, 136, 190, 194–195
- Segensspender 8, 19, 153
- Segensverfügbarkeit 174, 190, 218 f.
- Segensverheißung 34, 153 f.
- Segenswunsch 8, 51, 138, 145, 160, 190, 195, 219
- Segenszauber 152
- Segenszuspruch 60, 62, 89, 116, 157
- Tischsegen 4
- Tobiassegen 147
- Trierer Pferdesegen 147
- trinitarischer 154
- Urbi et orbi 149
- Valetsegen 159
- Waldsegen 8
- Weingartner Reisesegen 146
- Wettersegen 158
- Wiener Hundesegen 147

Segnen (Vollzug) 5, 8, 20 f., 49, 83, 89, 96 f., 111, 114, 118–120, 122 f., 128–130, 135, 140, 146, 158, 165–184, 187–195, 204–206, 211, 217 f.

Segnung
- Aussegnung 198, 203
- Einsegnung 155, 159, 198, 201
- Einzelsegnung 201,
- Früchtesegnung 144
- Kindersegnung 142
- Pflanzensegnung 144
- Segnungsgottesdienst 202
- Selbstsegnung 218
- Wassersegnung 143

Selbstverfluchung → Fluch
Seligkeit 113 f., 155, 181
Sendungsgebet 139
Septuaginta/LXX 3, 113–114, 125
Sinn 20, 152, 171, 176 f., 183, 218, 221
Sohn 13, 32–34, 58, 87–89, 91, 100 f., 116 f., 123, 125, 143, 148, 155, 190
Sola gratia 20, 172, 178, 180
Soldat 146, 158
Sprache 3 f., 9, 18, 27, 35, 50, 96, 99, 105, 109, 113 f., 144, 147, 214, 222
Staat 64, 95, 158, 172
Stamm 15, 62, 92, 117
Standesamt 202
Sterbesegen 158
Sufismus 14, 37–39

Sünde 18, 117 f., 123, 125–127, 151, 153, 175
Synagoge 100, 102
Synoptiker 18, 122 f.

Talmud 145, 97
Taufe 21, 117, 126, 129, 139, 142 f., 149, 150 f., 155, 159, 198–201
Tempel 16, 37, 63, 77, 79, 81, 92 f., 98, 128
Testamente der zwölf Patriarchen 90
Thessaloniki 101
Thomasmesse 197
Thrakien 102
Tischsegen 4, 117, 155
Tod 13, 18, 32, 34, 102, 117, 124, 126, 171, 175, 199, 203, 207, 216
– Fluchtod 117
– Totenbeschwörung 116
– Totenreich 54
– Totenritual 33
– Toter 34, 103, 157, 194, 198, 203 f.
– Todesgrenze 66, 216
– Todesschwelle 52, 54, 57 f., 62
– Todesstunde 145
– Todesurteil 126
Tora 57, 62, 92
Tosefta 17, 77 f., 97 f.
Tradition 1 f., 4 f., 7, 13 f., 26, 30, 37, 40 f., 46, 56, 98 f., 129, 142 f., 146, 148, 159, 175, 183, 189 f., 192, 194, 215–217, 219 f. 222 f.
– Traditionsabbruch 166
– Traditionskette 88
– Traditionsliteratur 55
Transzendentalienlehre 170
Trauer
– Trauerfeier 194, 203
– Trauerkleidung 32 f.
Trauung 22, 155, 159, 202 f.
Tugendhaftigkeit 183

Tun-Ergehen-Zusammenhang 64 f., 180

Übergangsritual → Ritual
Umwelt 9, 11 f., 43, 45, 111, 217
Unheil 118, 126–128
Universum → Welt
Unreinheit 88
Unverfügbarkeit 174, 189, 218

Vater 32–34
Vätergeschichte 13, 15, 33 f., 55–60
Vaterunser 153, 180
Verfluchung 65, 128
Vernunft 94 f., 170
Verwandlung 85 f., 96, 189, 193
Volk 15, 37, 154
– Völker 57 f., 86
– Volk Israel 115
– Volksfrömmigkeit 34, 39, 56, 58 f., 63 f., 87–89, 93 f., 103, 114 f., 128, 139 f., 144, 147, 150
Vulgata 112, 135

Wahhabiten 38 f.
Wahrheit 80, 83, 85 f. 95, 123, 166, 180, 183, 219
Wallfahrtspsalter 63
Wasser 82, 143, 147, 149–151
Weihe 19, 141, 143, 149–151, 157 f., 167, 169 f.
– Altarweihe 152, 158
– Bilderweihe 152
– Diakonenweihe 137, 141, 146
– Presbyterweihe 141
– Priesterweihe 151 f.
– Weihehandlung 158, 170
Weihrauch 148
Wein 80 f., 143, 196
Weisheit 45, 64, 166, 180, 182
Welt 7 f., 10 f., 16 f., 37, 39–41, 45, 55, 57, 67 f., 93, 95, 97, 111–113, 118, 126–129, 145, 153, 166, 169, 177, 179 f., 184, 189, 218, 222

Sachregister **239**

Widersacher 139
Wirklichkeit 5, 9, 11, 20, 27, 43 f., 67, 168–171, 173, 189 f., 206 f., 222
- Wirklichkeitsdeutung 13, 42
- Wirklichkeitserfahrung 27, 35, 42, 67, 222
- Wirklichkeitsverständnis 11, 18, 43 f., 169, 215, 217 f., 223
Wirtschaft 7, 172
Wohl 11, 30, 32, 35, 49, 54, 66, 68, 157, 184, 216, 223
- Wohlergehen 6 f., 13 f., 20, 27 f., 30–33, 39–41, 44, 46, 54, 66, 100, 145, 150, 156, 177, 180, 214
- Wohlstand 5, 7, 49 f., 147, 175, 215 f.
- Wohltaten 46, 93, 101, 140, 153
- Wohlverhalten 121
- Wohlwollen 31–33, 41, 43 f., 94
Wunder 142, 174
Wunsch 5, 20, 49, 88, 100, 143, 156, 160, 167, 177, 194, 200 f.

Zauber 20, 146, 167, 169, 173 f., 177
Zeremonie 80, 148, 157
- Begräbniszeremonie 159
- Bundeszeremonie 80, 84, 104
- Fluchzeremonie 62
- Kirchenweihzeremonie 149
- Segenszeremonie 62
Zion 63
Zorn 206
- Zorn Gottes 124

Freiheit
Herausgegeben von Martin Laube

Der Freiheitsgedanke prägt die Geschichte des Christentums von Anbeginn; zugleich gehört er zu den zentralen Leitbegriffen der westlichen Moderne. In der Auseinandersetzung um die Freiheit bündelt sich der spannungsvolle Zusammenhang zwischen christlicher Tradition und neuzeitlicher Gegenwart. Die Autoren gehen in ihren Beiträgen den biblischen und philosophischen Wurzeln des Freiheitsbegriffs nach, verfolgen seine geschichtlichen Entwicklungslinien und bieten einen Überblick über die in Theologie und Philosophie geführten aktuellen Freiheitsdebatten. In ihrer gemeinsamen Ausrichtung auf das Thema ›Freiheit‹ eröffnen sie fruchtbare interdisziplinäre Perspektiven; zugleich schärfen sie das Bewusstsein für die Ambivalenzen, Herausforderungen und Potentiale des Freiheitsbegriffs.

»Die thematische Vielschichtigkeit des Bandes bringt eine teils dichte und komplexe Sprache mit sich. Doch die Lektüre lohnt sich durchaus für alle, die an einer aktuellen Übersicht zu den unterschiedlichen Facetten der Freiheitsthematik interessiert sind.«
Frank Dettinger in *Für Arbeit und Besinnung* 2015, Heft 6, S. 28–29

2014. X, 283 Seiten
(UTB S / Themen der Theologie 7).
ISBN 978-3-8252-3771-4
Broschur

Mohr Siebeck
Tübingen
info@mohr.de
www.mohr.de

Jesus Christus

Herausgegeben von Jens Schröter

Die Beiträge des Bandes behandeln in verständlicher Form Person und Wirken Jesu aus der Sicht der verschiedenen theologischen Disziplinen. Die großen Schriftencorpora des Alten Testaments werden als Deutungsraum des Wirkens Jesu in den Blick genommen, es wird nach dem Verhältnis von Wirken Jesu und Entstehung der Christologie gefragt, es werden Linien der von ihm ausgegangenen Wirkungen durch die Kirchengeschichte gezogen. Aus systematisch-theologischer Perspektive erörtern die Autoren die durch Jesus Christus eröffnete neue Gottesbeziehung, aus praktisch-theologischer Sicht fragen sie nach Formen der Aneignung der Person Jesu im Lichte des christlichen Glaubens. Der religionswissenschaftliche Beitrag beleuchtet Zugänge zu Jesus in anderen Religionen. Die Person Jesu Christi als Zentrum des christlichen Glaubens wird so im vorliegenden Band auf der Höhe des aktuellen Forschungsstandes und in auch für Nicht-Theologen zugänglicher Weise in eine umfassende theologische Perspektive gerückt.

»Eine wichtige Neuerscheinung auf der Höhe des aktuellen Forschungsstandes!«
Martin Schreiner in *theo-web* 13 (2014), S. 342–344

2014. XI, 338 Seiten
(UTB S / Themen der Theologie 9).
ISBN 978-3-8252-4213-8
Broschur

Mohr Siebeck
Tübingen
info@mohr.de
www.mohr.de